U0521779

本书系国家社会科学基金项目"当代自然神学前沿问题研究"(项目号：16BZJ025)的结项成果

当代自然神学前沿问题研究

刘金山 著

中国社会科学出版社

图书在版编目(CIP)数据

当代自然神学前沿问题研究／刘金山著．—北京：中国社会科学出版社，
2023.7
　ISBN 978－7－5227－2035－7

Ⅰ.①当… Ⅱ.①刘… Ⅲ.①自然神学—研究 Ⅳ.①B921

中国国家版本馆 CIP 数据核字(2023)第 108039 号

出 版 人	赵剑英
责任编辑	朱华彬
责任校对	张爱华
责任印制	张雪娇

出　　版	中国社会科学出版社
社　　址	北京鼓楼西大街甲 158 号
邮　　编	100720
网　　址	http://www.csspw.cn
发 行 部	010－84083685
门 市 部	010－84029450
经　　销	新华书店及其他书店
印　　刷	北京明恒达印务有限公司
装　　订	廊坊市广阳区广增装订厂
版　　次	2023 年 7 月第 1 版
印　　次	2023 年 7 月第 1 次印刷
开　　本	710×1000　1/16
印　　张	16.25
插　　页	2
字　　数	256 千字
定　　价	98.00 元

凡购买中国社会科学出版社图书，如有质量问题请与本社营销中心联系调换
电话：010－84083683
版权所有　侵权必究

目 录

绪　论 / 1

第一章　本体论证明 / 13
第一节　安瑟尔谟式证明的"戏仿论证"批评 / 17
第二节　笛卡尔式证明的"乞题"反驳 / 29
第三节　康德式"存在不是谓词"反驳的当代论辩 / 43

第二章　宇宙论证明 / 59
第一节　卡拉姆宇宙论证明的"实无穷"之辩 / 62
第二节　托马斯式宇宙论证明的因果怀疑论反驳 / 77
第三节　莱布尼茨式宇宙论证明的充足理由律问题 / 93

第三章　设计论证明 / 107
第一节　贝叶斯式设计论证明 / 111
第二节　微调论证 / 123
第三节　智能设计论 / 137

第四章　恶的问题 / 151
第一节　恶的逻辑问题与恶的证据问题 / 153

第二节　怀疑论的有神论 / 166
  第三节　扩展的自由意志辩护 / 179

第五章　神迹 / 192
  第一节　先天论证与"乞题指责"/ 195
  第二节　后天论证与"见证"的认知地位 / 210
  第三节　神迹事件是不是上帝存在的证据 / 222

结语：当代自然神学研究的特点与倾向 / 234

参考文献 / 241

Contents

Introduction / 1

Chapter I The Ontological Argument / 13

    1. The Parody Objection to St. Anselm's Argument / 17

    2. The Begging-The-Question Critics to Descartesian Argument / 29

    3. Current Debates on Kantian Critic of "Existence Is Not a Real Predicate" / 43

Chapter II The Cosmological Argument / 59

    1. The Debates on "Actual Infinity" in The *Kalām Cosmological Argument* / 62

    2. The Causal Skepticism Critic to Thomistic Cosmological Argument / 77

    3. The Problem of Sufficient Reason in Leibnizian Cosmological Argument / 93

Chapter III The Design Argument / 107

    1. The Bayesian Design Argument / 111

    2. The Fine-tuning Argument / 123

    3. The Intelligent Design Argument / 137

Chapter IV The Problem of Evil / 151

    1. The Logical and Evidential Problem of Evil / 153

2. The Sceptical Theism / 166

3. The Expanded Free-Will Defense / 179

Chapter V Miracles / 192

1. The Begging-The-Question Critics to the *a priori* Argument of Miracles / 195

2. The Epistemic State of Testimony in the *a posteriori* Argument of Miracles / 210

3. Are Miracles Evidences of The Existence of God? / 222

Conclusion: The Character and Inclination of Contemporary Natural Theology / 234

Bibliography / 241

绪　论

提起"自然神学"（natural theology），人们通常都会想起20世纪30年代发生在两位神学家卡尔·巴特（Karl Barth）和埃米尔·布隆那（Emil Brunner）之间的那场关于自然神学之地位的著名纷争。巴特在1937—1938年所做的吉福德讲座①中猛烈批评布隆那出版于1934年的《自然与恩典》（*Nature and Grace*）一书，坚持认为上帝与受造物完全不同，是"完全的他者"，而人的理性已经败坏，无法获得关于上帝的恰当知识，因此，试图通过理性寻求上帝的自然神学"只能是个偶像"②。巴特是在严格区分"哲学家的上帝"（the God of the philosophers）与"宗教信仰中的上帝"（the God of religious faith）这一前提下得出上述极端立场的。巴特的立场尽管在强调上帝的主动性方面有其道理，但在完全拒斥自然神学方面却失之偏颇。③ 对于自然神学的地位，当代自然神学研究领域的主流态度是托马斯·阿奎那式的：为自然神学划定界限，一方面充分利用哲学论辩为信仰提供理论根据，另一方面积极汲取信仰资源为哲学论辩注入思想动力。

历史地看，人们一般把"自然神学"概念追溯到阿奎那关于两类科学的

---

① 该讲座共由20讲构成，其内容结集为 *The Knowledge of God and the Service of God according to The Teaching of the Reformation* 一书于1938年出版。

② 当代牛津神学家 Alister E. McGrath 语，参见艾丽斯特 E. 麦葛福《自然神学的历史一瞥》，马晓秦译，《金陵神学志》2005年第3期。

③ 就这一点，麦奎利评论称："巴特和其他神学家对任何上帝知识中上帝的主动性之强调，作为对上帝可以像自然事实一样被发现这种观点的抗议，并作为对上帝给出自身知识的肯定，是十分正确、很有道理的；可是，当这些神学家试图把对上帝的认识限制为仅仅是他那方面自我显示的行动（即《圣经》的或基督的启示）时，他们的立场就被歪曲了，传统的自然神学在这一点上与之相反，主张有一种认识上帝的更广阔也确实更普遍的可能性，这倒十分正确又很有道理。"参见约翰·麦奎利《基督教神学原理》，何光沪译，上海三联书店2007年版，第48页。

划分。在《神学大全》第一集第一题第二节,阿奎那指出,任何科学(science)都是从自明的或者更高级的原则推演出来的,根据其原则的获得途径可以把科学分为两类,第一类科学如算术和几何等,它们是从"由理智的自然之光而知道的原则"推演出来的;第二类科学是"神圣科学"(sacred science),它是建立在"由上帝所启示的原则"之上的。① 此处,阿奎那所谓第一类科学即自然神学。作了这个区分之后,阿奎那随即通过探讨"神圣教义是否一个论证的问题"[即,神圣教义是否需要人的理性(human reason)为之提供论证]来说明自然神学的必要性:尽管神圣教义不论证自己的原则,但会从这些原则出发论证"其他东西",在此意义上神圣教义需要理性论证。② 阿奎那"恩典不摧毁自然,反而完善自然"这一洞见赋予了人的理性一定的认知地位,同时,阿奎那也强调指出,人的理性的角色只能是辅助信仰。后人把阿奎那立场的经典表述"恩典不摧毁自然,反而完善自然,自然理性应该像意志的自然倾向辅助仁慈一样辅助信仰"③ 称为"'托马斯主义'的公理"(the "Thomist" axiom)。④ 这个公理为自然神学赢得了发展空间,影响深远。

在当代研究中,"自然神学"概念有没有公认的定义呢?我们先来看看这几位当代学者对这一概念的描述。"描述一":海伦·德·克鲁斯和乔汗·德·斯迈德(Helen De Cruz and Johan De Smedt)认为:"在亚伯拉罕一神论传统中,有神论相信一位全知、全在、永恒、道德上完美的存在者存在,他创造了世界并不断维持这个世界……在其最常用的意义上,可以把自然神学理解为构造论证以支持或反对上帝的存在或上帝的某些属性。"⑤ "描述二":

---

① Thomas Aquinas, *Summa Theologica*, Vol. 1, Q. 1, Art. 2, translated by Fathers of the English Dominican Province, available from, http://www.freecatholicbooks.com/books/summa.pdf.

② St. Thomas Aquinas, *Summa Theologica*, Vol. 1, Q. 1, Art. 8. 在第一集第一题第八节的"对反驳2的答复"中,阿奎那明确指出,所谓"其他东西"即信仰(faith)之外的东西,这些东西需要理性来澄清:"但神圣教义也使用人的理性,实际上不是用以证明信仰(因为,如此以来的话,信仰的优点就会消失),而是用以澄清这个教义所提出的其他东西。"

③ St. Thomas Aquinas, *Summa Theologica*, Vol. 1, Q. 1, Art. 8, Reply Obj. 2.

④ See, Fergus Kerr, *Thomas Aquinas: A Very Short Introduction*, Oxford: Oxford University Press, 2009, p. 33.

⑤ Helen De Cruz and Johan De Smedt, *A Natural History of Natural Theology*, Cambridge Massachusetts and London: MIT Press, 2014, introduction, p. xiii.

阿尔文·普兰丁格（Alvin Plantinga）写道："何谓自然神学，对于当前的目的来说，我们可以简单地认为是为上帝存在提供证明或论证的努力。更确切地说，是为有神论提供证明或论辩的计划，（大致说来）有神论的观点是，存在着一位全能、全知、全善的人格，这位人格创造了世界。"①"描述三"：布莱恩·戴维斯（Brian Davis）称："我用'自然神学'意指这样的努力：上帝存在的信念能够仅靠理性或论证得到捍卫，这种理性和论证应被任何人而非那些已经相信上帝存在的人所接受。自然神学的倡导者包括这样一些著名哲学家：坎特伯雷的安瑟尔谟（1033—1109）、托马斯·阿奎那（1225—1274）、勒内·笛卡尔（1596—1650）、G. W. 莱布尼茨（1646—1716）以及约翰·洛克（1632—1704）。"②"描述四"：布莱恩·赫布尔思韦特（Brian Hebblethwaite）指出："可以把自然神学定义为对有神论宣称的理性探究，其目的是为我们所处之世界的存在和本性以及我们自身的存在与经验提供最佳解释。自然神学诉诸对所有人都开放的论证和思考，不考虑任何特定宗教传统，也不考虑任何特殊的启示宣称。不应把它等同于护教学，因为人们可能仅仅出于哲学兴趣而探究自然神学……"③"描述五"：查尔斯·托利弗（Charles Taliaferro）则认为："自然神学是在独立于真实的或显而易见的神圣启示、神圣经典的条件下对上帝的存在及本性的哲学反思。从传统上讲，自然神学包括对支持与反对上帝存在的诸论证的考量，它与启示神学（revealed theology）相对……在西方或近东，自然神学通常在有神论的上帝观下而得到研究，这种观点下，上帝是犹太教、基督教、伊斯兰教的上帝。但自然神学也被那些拒斥这些宗教传统的人［如伏尔泰（1694—1778）赞成有神论的自然神学，但他不相信基督教的启示］所倡导，哲学家们运用自然神学来辩称上帝有某些与正统的、宗教的上帝概念稍微不同或彻底相异的属性和特征。斯宾诺莎

---

① Alvin Plantinga, The Prospects for Natural Theology, in *Philosophical Perspectives*, Vol. 5, Philosophy of Religion (1991), pp. 287–315.
② Brian Davis, *Introduction to the Philosophy of Religion* (second edition), Oxford: Oxford University Press, 1993, p. 9.
③ Brian Hebblethwaite, Natural Theology, in Charles Taliaferro, Paul Draper and Philip L. Quinn (eds.), *A Companion to Philosophy of Religion* (Second Edition), West Sussex: Blackwell Publishing Ltd., 2010, p. 196.

(1632—1677)所阐发的关于上帝的哲学就是自然神学的一个例子,这种哲学中的上帝与斯宾诺莎同时代的犹太教信仰者和基督教信仰者的有神论完全不同。"①

综合上述五种描述,我们可以得到三个初步判断。第一,当代学者对"自然神学"概念的基本特征有着普遍共识,即,它是对上帝的存在及其某些属性的理性论证,这些论证不诉诸任何启示。第二,在"自然神学"概念的研究对象这个问题上,当代研究者们却有着相当不同的理解。描述一、二把自然神学的研究领域严格地限定在"亚伯拉罕一神论传统"中的"有神论";描述三、四中的"上帝"既包括神学家的上帝又包括哲学家的上帝;描述五则把"上帝"概念拓展到泛神论、无神论的用法。可见,五种描述给自然神学确定了由窄到宽三种不同的研究对象:神学家的上帝;神学家的上帝与哲学家的上帝;神学家的上帝、哲学家的上帝以及泛神论者、无神论者的上帝。第三,对于自然神学使命,研究者们也意见不一:描述二、三、四认为自然神学的使命是为有神论进行正面论证或辩护;而描述一、五则坚持自然神学的使命既包括为有神论进行正面论证也包括对之进行的反面批驳。

鉴于上述判断,我们可以为"自然神学"概念提供四种概括:(1)自然神学是为神学家的上帝之存在及性质进行理性论证的志业(描述二);(2)自然神学是为神学家的上帝之存在及性质进行理性论证或对之进行理性反驳的志业(描述一);(3)自然神学是为神学家的上帝、哲学家的上帝之存在及性质进行理性论证的志业(描述三、四);(4)自然神学是为最一般意义下的神灵(gods)之存在及性质进行理性论证或对之进行理性批驳的志业(描述五)。其中,概括(4)的外延最为宽泛,概括(1)的外延最为狭窄。本书的研究内容包括神学家、哲学家、泛神论者以及无神论者从正反两方面进行的理论探讨,因此,在本书的名称"当代自然神学前沿问题研究"中的"自然神学"概念所采纳的是概括(4)的意思。然而,由于本书不同章节所触及的具体内容各有差异,所涉及文献的相关理解亦各有不同,因此,在行

---

① Charles Taliaferro, The Project of Natural Theology, in William Lane Craig and J. P. Moreland (eds.), *The Blackwell Companion to Natural Theology*, West Sussex: Blackwell Publishing Ltd, 2009, p. 1.

文过程中会根据上下文对"自然神学"概念进行灵活理解。

在当代英文文献中,"自然神学"常与"宗教哲学"(philosophy of religion)、"哲理神学"(philosophical theology)两个概念交替使用,它们所探讨的内容有大量的交叉和重叠。"宗教哲学"被定位为哲学的一个分支学科,它是个现代概念,① 在19世纪才得到广泛使用,当时的意思是"对人的宗教意识及这种意识在思想、语言、感觉与实践中的文化表达所进行的表述和批评",其"最显著的特征"是"试图单独在理性的基础上确立关于上帝或绝对者的真理"。② 可见,在单单诉诸理性这个特征上,宗教哲学与自然神学是一致的,与自然神学概念类似,在不同哲学家的用法中,宗教哲学的研究对象和使命也会有所不同。因此,一般情况下可以把"自然神学"和"宗教哲学"作为同义词运用,其具体意思要借助上下文来判断。哲理神学与自然神学、宗教哲学存在着细微的差别,差别的关键在于哲理神学不完全排除启示,它可以把通过特定启示获得的知识作为研究的前提。③ 由于研究者们出于不同的考虑或偏好,有人在"自然神学",有人在"宗教哲学",也有人在"哲理神学"的名称下讨论本书所研究的问题,所以,在援引资料、展开论证的过程中我们不刻意在乎名称上的差异,仅以论辩的相关性、实质性为取舍的根据。

"自然神学"是个历史悠久的概念,按照对这个概念的不同理解,人们将其源头追溯到不同的年代。如果采纳最为宽泛的理解[即,概括(4)],我们可以认为,自然神学与哲学一样古老:前苏格拉底哲学家色诺芬尼就提出过神是万物之原因的教导,苏格拉底也在有生命之物的起源问题上坚持设计

---

① 布莱恩·戴维斯指出,黑格尔是明确提出作为哲学之分支学科的"宗教哲学"的第一人:"存在一个被称为'宗教哲学'这样一个哲学之分支学科的观念最早清晰地出现在 G. W. F. 黑格尔(1770—1831)的著作中。"See, Brian Davies, *Philosophy of Religion: A Guide and Anthology*, Oxford: Oxford University Press, 2000, General Introduction, p. 2.

② See, William J. Wainwright, Introduction to *The Oxford Handbook of Philosophy of Religion*, William J. Wainwright (ed.), Oxford: Oxford University Press, 2005, p. 3.

③ 凯利·詹姆斯·克拉克称:"哲理神学运用自然神学的理性方法,但它不局限于通过观察和理性而发现的前提,它可以恰当地利用通过特定启示而获知的前提。"See, Kelly James Clark, (ed.), *Our Knowledge of God: Essay on Natural and Philosophical Theology*, Amsterdam: Kluwer Academic Publishers, 1992, Introduction, p. 1.

说反对碰巧说,柏拉图和亚里士多德更是提出过诸如死后生命、神圣性(divinity)的概念及其在我们经验世界中的角色、变化之物的初始的、神圣的、不可改变的、非物质的源头等大量涉及自然神学的问题。在中世纪的犹太-基督教传统中,对自然神学的讨论在奥古斯丁的著作中就可以找到,奥古斯丁肯定哲学的地位,认为理性和信仰能够相互补充,哲学能够为神学提供帮助。经院哲学时代的安瑟尔谟和托马斯·阿奎那对自然神学的贡献为人们所熟知,此外,邓·司各脱(D. Scotus)、奥卡姆的威廉(William of Ockham)等也都是自然神学的倡导者,他们力图积极使用"自然之光"(即,人的理性)来为上帝的信念及性质辩护。在中世纪,处于犹太-基督教传统之外的阿尔-法拉比(Al-Farabi)、阿维森那、阿维洛依等阿拉伯哲学家也对自然神学的一些论辩进行过探讨。近代哲学家中,笛卡尔、莱布尼茨、洛克、休谟、康德、黑格尔、祁克果、尼采、马克思、费尔巴哈等都从不同角度,站在不同立场上对自然神学的相关主题展开过讨论。

20 世纪以来,在英美学界以"分析的宗教哲学"面目出现的自然神学经历了从被主流哲学家"拒斥"到逐步被接纳,然后一步一步获得发展的历程。一般地说,逻辑实证主义及其证实原则的崩溃使得"被拒斥"的形而上学重新复苏,20 世纪 60 年代末以后,宗教哲学也随着这个复苏的大潮实现复兴。更具体地说,威廉·哈斯克(William Hasker)把"分析的宗教哲学"的开端追溯至 20 世纪中叶,并将其在 20 世纪的复兴历程划分为五个阶段:孕育于 20 世纪 40 年代、诞生于 20 世纪 50 年代早期、20 世纪 60 年代是其童年、其青少年时期在 20 世纪 70 年代和 80 年代早期;此后进入成年和鼎盛期。① 哈斯克认为,直到他作出上述分期的 2005 年,分析的宗教哲学仍没有衰落的迹象。我们可以进一步看到,哈斯克作出上述判断将近二十年后的今天,分析的宗教哲学在英美学界依然生机勃勃,不少重要的分析哲学家都参与到关于宗教哲学话题的讨论中,每年也都有大量的论文、著作出现。本书的工作正是在这种充满生机的"分析的宗教哲学"视野中展开的。

---

① William Hasker, Analytic Philosophy of Religion, in *The Oxford Handbook of Philosophy of Religion*, p. 421.

绪　论

　　自然神学的话题包括上帝的属性、信仰与理性之关系、上帝存在的证明、恶的论证、宗教经验、宗教与道德之关系、宗教认识论、宗教语言、神迹问题、死亡与死后生命、宗教多元论等。这些话题相互缠绕、共同编织成一个宽泛而复杂的研究领域，笔者无力对之展开全面、综合的系统研究。这种无力感与格雷厄姆·欧佩（Graham Oppy）在考察宇宙论证明的过程中所描述的感受完全一致：欧佩发现，透彻讨论宇宙论证明需要彻底讨论时间、因果性、必然性与偶然性、无穷、充足理由以及当代宇宙学等话题，同时，他也意识到，讨论上帝存在的证明还需要关注这些证明所使用的概念所涉及的更广泛的哲学争论，这向一个研究者的能力、时间等提出了严峻挑战。问题的复杂性、任务的艰巨性促使他把研究策略转变为："选取宇宙论证明中出现的核心概念之一，然后审视那个概念在更广泛的哲学争论以及宗教哲学的其他领域中是如何得到处理的。"① 借鉴欧佩的经验，本书也把研究策略定位在这个努力方向上：选取自然神学的若干重要话题，进而再聚焦每个话题所涉及的几个典型争论，试图通过深入讨论有限棵树木的方式逐渐呈现一小片森林的整体风貌。

　　出于上述考虑，我们选择上帝存在的本体论证明、宇宙论证明、设计论证明、恶的论证以及神迹问题等五个话题予以专门讨论。如此选择的理由在于，相较而言，这五个话题与哲学研究的关联更为紧密，它们所涉及的论辩也尤为艰深：自中世纪以来，上帝存在的三大证明在各时代都得到重要哲学家的关注；恶的论证是困扰从希腊到当代哲学家的恒久话题；神迹问题则是近代哲学家反驳中世纪思考范式的突破口。出于布局谋篇的考虑，对于每个话题，我们都聚焦三个讨论最为热烈的具体问题，如此，本书的正文由五个话题合计十五个具体问题构成。在行文过程中，我们采纳分析哲学家的工作方式，注重探讨当代哲学家对古典问题的经典重构及由这些重构所衍生的一系列后继争论，并遵循分析哲学家一向坚持的语言分析与逻辑分析的研究路径，同时积极吸收当代自然科学研究的相关成果为哲学论辩提供经验支持。

---

　　① Graham Oppy, *Philosophical Perspectives on Infinity*, Cambridge: Cambridge University Press, 2006, Preface, pp. ix – x.

与五个话题、十五个具体问题的篇章设计相应,本书正文共包括五章,每一章都由三节组成,每一节讨论一个具体问题。

第一章讨论本体论证明,围绕针对本体论证明的"戏仿论证"、"乞题"以及"存在不是谓词"等三个典型批评所衍生的正反论辩展开。其中,"戏仿论证"批评的支持者尝试用"遗失的岛屿"、"最完美的火星人"以及"必然存在但不那么卓越的 NEC 家族三兄弟"等有限存在者来戏仿上帝,指出,通过构造与本体论证明平行的论证就能够证明出这些"古怪的存在者"都存在的荒谬结论,因此,本体论证明不成立;面对这个批评,本体论证明的当代支持者通过强调上帝拥有任何他物都不能具备的"内在极大性"、"必然存在"以及"现实性"等独特性质,力证上帝无法被戏仿,因此本体论证明依然成立。这些争论表明,恰当理解上帝本性的独特性对于本体论证明至关重要。针对本体论证明的"乞题"反驳指责本体论证明的前提之一"上帝存在是可能的"预设了该证明的结论"上帝存在",因此,本体论证明只是个"可笑的循环";该反驳的反对者通过指出"上帝存在"是由几个前提共同推出的,因而并非为"上帝存在是可能的"前提直接"预设"来捍卫本体论证明。"乞题"反驳的指向是本体论证明的论证结构,考虑到不同版本在构造论证上的差异,这个反驳显然过于简单化。"存在不是谓词"批评的当代支持者借助分析"存在"与谓词"咆哮"之间的差别、"语法的用法"与"逻辑的用法"之间的张力等思路重申康德的"存在不是实在的谓词"这一针对本体论证明的"教科书式反驳";这一批评的反对者则通过揭示语言用法的多样性使得"存在"在某些情况下依然是谓词、说明作为存在之三种模式之一的"现实性"是个能由"完美性"推出的谓词、指出本体论证明并没有把"存在"视作谓词的情况,因此康德式批评是不相干的等思路来消解此批评给本体论证明带来的挑战。这些讨论提示我们,"存在"是否"谓词"问题的复杂性远超康德原初的估计。

第二章讨论宇宙论证明,聚焦与该证明的三个经典版本卡拉姆宇宙论证明、托马斯式宇宙论证明以及莱布尼茨式宇宙论证明的当代论辩密切相关的三个问题,即,"实无穷"是否荒谬问题、因果推理的有效性问题以及充足理由律是否成立的问题。其中,卡拉姆宇宙论证明所聚焦的是"实无穷"问题。

绪 论

卡拉姆宇宙论证明由宇宙的存在有其原因推出作为其原因的上帝存在,"宇宙有始点"是该证明的重要步骤,该证明的当代版本以"事件不能无穷后退"为由证明这个步骤,进一步,事件之所以不能无穷后退的理由又在于"实无穷"不能存在。卡拉姆宇宙论证明的当代支持者为"实无穷"不能存在提供的论证是"诉诸荒谬的论证"(承认实无穷会导致荒谬)及"强化版的诉诸荒谬的论证"。通过考察当代数学家和逻辑学家对"无穷"概念的研究,我们指出,"诉诸荒谬的论证"仅仅在"我们身处的这个世界是唯一真实的世界"这一模态立场上得出,因此,卡拉姆宇宙论证明的上述当代版本并不足够强。托马斯式宇宙论证明聚焦的是因果性问题。休谟把阿奎那"五路证明"中的第二路"基于动力因的论证"(万物存在都有其动力因,第一动力因即上帝)阐释为"基于因果推理的论证"(万物存在都有其原因,终极原因即上帝),休谟的阐释使得因果问题成为托马斯式宇宙论证明的关键。休谟基于因果怀疑论对宇宙论证明提出了三个反驳,当代哲学家通过重构、回应这些反驳把这个证明所包含的宇宙论证明是否依赖本体论证明、宇宙的存在是否需要外在的原因、自然主义与有神论之争等问题揭示出来。莱布尼茨式宇宙论证明聚焦的是充足理由律问题。充足理由律是莱布尼茨式宇宙论证明的逻辑基础,莱布尼茨式宇宙论证明的当代讨论正是围绕质疑与捍卫充足理由律之间的交锋展开的。质疑的声音包括充足理由律存在"乞题"问题、"模态坍塌"问题、由于"偶然命题无须诉诸必然命题来解释"因而无须寻求充足理由以及自由意志与量子力学等"非决定论事件"是充足理由律的反例等四点;支持者则提出了"弱版本的充足理由律"和"限制版本的充足理由律"等修正意见力图表明充足理由律依然成立。这些争论使得人们对莱布尼茨式宇宙论证明的理解不断深化。

第三章讨论设计论证明,聚焦该证明的三个当代版本,即,贝叶斯式设计论证明、微调论证以及智能设计论。理查德·斯温伯恩(Richard Swinburne)是贝叶斯式设计论证明的倡导者,他用贝叶斯定理证明"上帝存在"假设能够为宇宙的有秩序性这个事实提供一个很强的 C-归纳论证,而"上帝不存在"假设则无法达到此效果,因此接受前者更合理。反对者们通过批评斯温伯恩的"简单性原则""人格解释"对他的证明提出不同意见。这些正反论辩为我们进一步打磨贝叶斯式设计论证明指示了努力方向。微调论证以宇宙的微调特征（包括生命的复杂性、生命产生条件之苛刻性等）推出作为"微调者"的"上帝"存在。约翰·莱斯利（John Leslie）版本的微调论证把上帝理解为"存在的力量""世界有创造力的伦理要求"，提出我们所处的宇宙仅是上帝所创造的多元宇宙中的一个，上帝通过制定有利于生命产生于进化的规律和参数使得生命得以出现；斯温伯恩版本的微调论证把上帝理解为人格神，人的出现、意识的存在等显著的微调现象都是出自这位神的有目的设计，因此上帝是存在的。微调论证遭到的质疑包括基于"观察选择效应的批评"以及针对微调论证在应用概率方面之准确性的批评，这些质疑赋予微调论证不断完善自身的动力。智能设计论以达尔文进化论的竞争假说这一面目登上思想史的舞台，它坚持生物体及其他物体的复杂性表明它们是出自一个理智设计者的有意识干预，而非盲目进化的结果。迈克尔·贝希（Michael J. Behe）和威廉·邓勃斯基（William A. Dembski）分别基于"无法简化的复杂性"概念和"特定的复杂性"概念提出和论证各自版本的智能设计论，他们尽力强调自己的理论是科学的，与宗教无关。智能设计论在科学界和哲学界都引起了大量质疑：马特森、海利特等科学家质疑这个理论的科学性；哲学家奥康纳则认为该理论并非一个纯粹的科学假说，它实质上只是穿着当代科学时装的传统设计论证明。

  第四章讨论恶的问题，聚焦"恶的逻辑问题"与"恶的证据问题"、回应恶的问题的怀疑论的有神论思路以及回应此问题的扩展的自由意志辩护。"恶的逻辑问题"是指全能、全善的上帝之存在与恶的存在之间存在着逻辑冲突，针对此问题的麦基版本，普兰丁格提出如下应对之策：构造一个可能为真的命题"上帝无法在不创造一个包含着道德之恶的宇宙的条件下，创造一个包含着道德之善的宇宙"，这个命题与上帝的全能、全善合取导出恶的存在。"恶的证据问题"是指把恶的实例的广泛存在作为上帝不存在的经验证据，从而达到否定上帝存在的结论。威廉·罗（William L. Rowe）基于存在着无谓的痛苦、在人类认知范围内没有什么"更大善"足以为特定恐怖的受苦案例提供核证、恶的存在使得上帝存在的先验概率低于 0.5 等理由先后为这个问题构造了三个当代版本，这三个版本都得到反对者的及时回应与猛烈批评。关于恶的问题之逻辑分类的上述讨论为应对此问题的各种努力准备了条件。怀疑论的有神论由对人的认知能力持存疑态度和坚持上帝存在两个假设构成，它应对恶的问题的基本思路是：人们对于上帝允许恶的理由并没有充分的认识，因此，不能以此来否定上帝的存在。怀疑论的有神论在如下问题上颇有洞见：人们不能由找不到上帝允许恶存在的理由推出上帝不存在，但反对者们也指出，这种理论面临着缺乏解释力、怀疑论与有神论不相容、会导致动摇道德决策能力与动摇有神论的两难困境等后果。扩展的自由意志辩护是范·英瓦根（Peter Van Inwagen）提出的，它尝试通过为自由意志辩护的核心观点"恶源于人对自由意志的误用"增加"与上帝的联合分裂了"这一"严重的后果"，来为包括自然之恶在内的各类恶提供统一解释。扩展的自由意志辩护是一种相对较弱的"辩护"而非更强的"神义论"，它通过讲"堕落的故事"来构造论证，但"故事的相对性"，（即，它所讲的故事其实预设了有神论立场）是它单凭自身无法突破的难题。

第五章讨论神迹话题，聚焦先天论证是否存在"乞题"问题、作为目击者报告的"见证"证据的认知地位问题以及神迹事件是否上帝存在之证据的问题。先天论证即仅依靠分析神迹概念的定义就可推出神迹事件的发生是不可能的论证，"乞题指责"指由乔治·坎贝尔（George Campbell）、阿拉斯泰尔·麦金农（Alastair McKinnon）等提出的休谟式神迹定义中"自然律的成立"与"神迹发生之不可能"之间存在着逻辑循环这一批评。"乞题指责"的反对者通过限定自然律发挥作用的范围、以"统计的规律"来理解自然律、指出自然律依然是个事实问题因而其相反仍是可能的等方式证明先天论证不存在乞题。借鉴反对者的思考、根据对休谟哲学的整体把握，我们认为"乞题指责"犯了误解"先天论证"的"时代性错误"。后天论证，即，以反对神迹的证据比支持神迹的证据强得多为由否定神迹的论证。所有证据中，休谟及其支持者最为看重的是来自目击者报告的"见证"，当代哲学家在还原论与非还原论的框架下阐释见证的认知地位，从而为人们在新的基础上捍卫或批评后天论证提供了条件。"神迹事件是否上帝存在的证据"所涉及的是如何定位神迹定义中的"违反自然律"要素和"由神圣者引起"要素的问题。乔治·克里塞德（George D. Chryssides）、帕特里克·诺埃尔-史密斯（Patrick

Nowell-Smith)、麦金农等因强调前一个要素而对此问题持否定回答；阿诺德·伦恩（Arnold Lunn）、伊恩·沃克（Ian Walker）、保罗·迪特（Paul Dietl）等因强调后一个要素而对之持肯定回答，双方的争论最终也指向自然主义与有神论两种形而上学立场的差异。

20世纪60年代末至今，超过半个世纪的学术积累使得当代自然神学形成一个宽泛而复杂的研究领域，其广度和深度皆意味着任何讨论都必须有所选择地进行。本书所聚焦的十五个问题都是当前争论热烈同时亦非常具有挑战性的典型问题，尽管已经在最大程度上尽了认知义务，但笔者深知自己在文献的选择与把握、经典论辩的重构、关键推理的展开甚至译文的准确性与流畅性等方面还可能存在这样那样的不足之处，恳请诸君予以批评。

本书是笔者所承担的国家社科一般项目"当代自然神学前沿问题研究"（16BZJ025）的结项成果。感谢结项鉴定专家们反馈的宝贵意见，这些意见中"容易的部分"已为笔者汲取并体现在书稿之中，"艰难的部分"则作为笔者的长期努力目标，留待未来一点一点地完成。

需要说明的是，本书第四章第三节"扩展的自由意志辩护"曾作为项目阶段性研究成果以"扩展的自由意志辩护及其内在局限"为题发表在《宗教与哲学》第八辑上；第一章第三节"康德式'存在不是谓词'反驳的当代论辩"的部分内容亦在项目的阶段性研究成果、载于《宗教与哲学》第十辑的"依随语境的'存在不是谓词'命题——本体论证明之'康德—弗雷格反驳'的日常语言分析回应"一文中公开发表过。感谢《宗教与哲学》编辑部惠允笔者在本书中再次使用这些文字！

本书的出版得到了东北师范大学马克思主义学部哲学院"一流学科建设项目"及东北师范大学社会科学处"校内哲学社会科学优秀学术著作出版资助项目"的资助，谨致谢意！

中国社会科学出版社朱华彬先生为本书的出版付出大量时间和精力，笔者亦深表感谢！

第一章　本体论证明

托马斯·阿奎那在《神学大全》中把上帝存在的证明视为"能够凭自然理性为人们所知"的关于上帝的真理之一而纳入自然神学的考察范围。[①] 阿奎那的这个观点受到后世哲学家、神学家的广泛接受。在上帝存在证明的分类上，康德功勋卓著。沿着思辨理性的"先天的道路"和"经验的道路"，康德把上帝存在的证明划分为两类三种，第一类是本体论证明，第二类则包括宇宙论证明和目的论证明。按照康德的理解，本体论证明即"抽掉一切经验，完全先天地仅从概念推论出一个最高原因的存在"；宇宙论证明是"从完全不确定的经验，即，从普遍存在的经验开始"推出上帝的存在；而目的论证明则"从确定的经验和由这种经验所认识的我们感官世界的特殊构成开始，并根据因果律由它一直上升到世界之外的最高原因"。[②] 康德的划分影响巨大，以至于后世研究者常沿用此划分而把关于上帝存在的证明概括为"三大论证"。我们因袭这种划分，把此处的三个论证视为证明上帝存在的最为重要的论辩一一予以考察，本章的考察对象是本体论证明。

一般地说，本体论证明是从关于上帝之本性或性质的描述先天、演绎地推出上帝存在，这个推理过程不诉诸任何经验归纳。[③] 学者们普遍认为，康德

[①] See, St. Thomas Aquinas, *Summa Theologica*, Vol. 1, Q. 2, Art. 2, Reply Obj. 1.

[②] 其中"目的论证明"（the teleological argument）是后人的称呼，康德对此论证的原初表达是"物理学—神学证明"（the physico-theological proof）。此外，康德强调称，这三种证明之外没有，也不可能有更多的证明方式。See, Immanuel Kant, *Critique of Pure Reason*, A590 = B618 – A591 = B619, Translated by Norman Kemp Smith, London: The Macmillan Press Ltd., 1933, pp. 499 – 500.

[③] 如有学者指出："本体论证明是从普遍的形而上学原则及其他关于上帝之本性或本质的假设出发为上帝存在提供的演绎论证。"[See, Robert E. Mardole, The Ontological Argument, in William Lane Craig and J. P. Moreland (eds.), *The Blackwell Companion to Natural Theology*, p. 553.] 也有学者指出，本体论证明"全都试图从关于上帝的特定描述所蕴含的内容进行推理，先天地证明上帝的存在。（转下页注）

是第一个使用"本体论证明"这一术语的哲学家，但第一个完整、清晰的本体论证明是安瑟尔谟（St. Anselm）提出，在此意义上，安瑟尔谟是本体论证明的首倡者。在近代，笛卡尔（René Descartes）、斯宾诺莎（Baruch Spinoza）、莱布尼茨（Gottfried Wilhelm Leibniz）分别提供了不同版本的本体论证明，作为伟大的批评者，康德的批评给了本体论证明一记重击，这记重击使得本体论证明在很长一段时间都陷于低谷。直到20世纪，库尔特·哥德尔（Kurt Gödel）、大卫·刘易斯（David Lewis）、阿尔文·普兰丁格等分析哲学家提出模态本体论证明，情况才有所改观。接下来，我们沿着时间线索简要勾勒本体论证明的历史进程来为本章提供一个宏观的导引。

安瑟尔谟的本体论证明包括两个版本，第一个版本是在《宣讲》（Proslogion）第二章提出的，其基本思路是：首先把上帝定义为"一位无法设想有比之更伟大的存在者"；然后指出，人们都能在心中设想上帝这意味着上帝在理解中存在；接下来根据对"无法设想有比之更伟大的存在者"概念的语义分析得出上帝不仅在理解中存在，而且在现实中也存在；最后得出"上帝存在"的结论。这个推理中有个重要的假定：同时在理解中和现实中存在要比仅在理解中存在更伟大。① 安瑟尔谟的这个论证引起了后世的普遍关注，近代哲学家笛卡尔所发展的就是这个论证，康德所批评的也是这个论证。第二个

（接上页注③）这个描述通常包括上帝的伟大性或完美性。"［See, Brian Leftow, The Ontological Argument, in William J. Wainwright (ed.), *The Oxford Handbook of Philosophy of Religion*, p. 80.］还有学者称："本体论证明试图仅从作为最卓越的存在者的上帝概念证明上帝的存在不能被任何具有这一概念的人合理地质疑。因此，它是个先天论证，即，不诉诸任何经验事实，仅考察概念（在这个论证中就是上帝的概念）的含义而得到的论证。"［See, Richard Taylor, Introduction to *The Ontological Argument: From St. Anselm to Contemporary Philosophers*, Alvin Plantinga (ed.), London and Melbourne: Macmillan and Co LTD, 1965, p. vii.］尽管如此，由于在本体论证明是否严格的是"先天的""不诉诸任何经验的"论证这个问题上存在争议，也有学者主张更弱的规定，即，不特别强调本体论证明的先天、演绎论证的特征，而仅从谱系学的角度对之进行外延的描述："我认为，本体论证明是具有一个特定谱系的诸多论证；本体论证明的独特之处在于其构想与安瑟尔谟的论证有正确的关联。我在前文提供的见面历史标明了从安瑟尔谟《宣讲II》开始，经过阿奎那、笛卡尔、莱布尼茨、康德、黑格尔、哥德尔、刘易斯、普兰丁格以及蒂奇的作品所形成传承线索。"［See, Graham Oppy, Introduction: Ontological Arguments in Focus, in Graham Oppy (ed.), *Ontological Arguments*, Cambridge: Cambridge University Press, 2018, p. 11.］

① See, Anselm, *Proslogion*, Chapter II, in *The Ontological Argument: From St. Anselm to Contemporary Philosophers*, p. 4.

版本是 20 世纪哲学家查尔斯·哈茨霍恩（Charles Hartshorne）和诺曼·马尔科姆（Norman Malcolm）揭示的。哈慈霍恩和马尔科姆都认为，安瑟尔谟在《宣讲》第三章还隐藏着另一个论证。对此，马尔科姆写道："我相信在安瑟尔谟的《宣讲》和《答复》（Responsio editoris）中有两个不同的推理，他没有区分二者，如果我们把二者区分开来，就会为解决'本体论证明'这个哲学问题提供很多启发。"① 哈慈霍恩和马尔科姆的发现为 20 世纪发展出来的模态本体论证明奠定了基础。

笛卡尔的本体论证明是在《第一哲学沉思集》的第三个沉思"论上帝及其存在"及"反驳与答辩"中提出和论证的。第三个沉思根据"上帝的存在不能与其本质分离"（existence cannot be separated from the essence of God）提出论证："由于习惯于把其他各种东西的存在与本质区别开来，我很容易这样劝说自己：上帝的存在能够与其本质分离开，如此我们就能够把上帝设想为不是现实存在的。然而，当我更仔细地思考这个问题时，我就会清楚地看到，上帝的存在不能与其本质分离……因此，我们设想上帝（即，一位最为完美的存在者）缺乏存在（也就是说，他缺乏某种完美性）就和设想一座没有谷的山一样不可接受。"② 这个论证的基本精神是：上帝的存在被包含在其本质中，因此，从上帝的概念就能推出他必定是存在的。在"第一组答辩"中，笛卡尔又根据上帝的存在属于他的本性（nature）而进一步构造了这样的论证："我们清楚明白地理解到属于什么东西的真正、不变之本性或本质或形式的东西，就可以确实断定是属于那个东西的；经过仔细审视何谓上帝之后，我们清楚明白地理解到存在是属于他的真实和不变之本性的；因此，我们能够确实地断定上帝存在。"③ 这个论证的最终根据是人们对上帝本性的"清楚""明白"的理解，在这种理解下上帝的本性必定包含其存在。可以看到，

---

① Norman Malcolm, Anselm's Ontological Arguments, in *The Philosophical Review*, Vol. 69, No. 1. (Jan., 1960), cited from *The Ontological Argument: From St. Anselm to Contemporary Philosophers*, p. 136.

② René Descartes, *Meditation on the First Philosophy*, in *The Philosophical Works of Descartes*, Volume I, translated by Elizabeth S. Haldane and G. R. T. Ross, cf., *the Ontological Argument: From St. Anselm to Contemporary Philosophers*, p. 32.

③ René Descartes, *Meditation on the First Philosophy With Selections from the Objections and Replies*, Translated with an Introduction and Notes by Michael Moriarty, Oxford: Oxford University Press, 2008, p. 81.

笛卡尔的两处论证的精神实质是一致的。

斯宾诺莎沿着与笛卡尔相似的思路试图从上帝的本性推出上帝的存在："由无穷多个表达永恒与无限的本质性的属性构成的上帝或本体（substance）必然存在。"① 斯宾诺莎为此观点提出了三个证明（proof）：第一，假设上帝不存在，即，上帝的本质不包含存在，这是荒谬的，因此，上帝必然存在；第二，存在/不存在的理由或原因或者存在于所讨论事物的本性中或者存在于该事物之外，假设上帝不存在，其理由或原因既不可能来自上帝的本性，因为上帝的本质包含存在，又不可能来自上帝的本性之外的其他本性，因为其他本性的本质与上帝完全不同，不能导致或摧毁上帝的存在；第三，有限的事物存在，如果绝对无限的事物，即，上帝不存在，那么，有限之物就比上帝的能力（power）更大了，这显然是荒谬的，所以，上帝必然存在。

莱布尼茨版本的本体论证明可以概括为这样一个简单的推理：上帝是"最完美的存在者"（the most perfect being）；存在是完美性的一种；所以上帝存在。他写道："我称任何一个这样的简单性质为完美性：它是肯定的和绝对的，或者它所表达的东西都是没有任何限制的。"② 不难看出，莱布尼茨的论证建立在他对"完美性"（perfection）概念的理解上。

本体论证明一直在构造与批评中不断展开，安瑟尔谟和笛卡尔与其同时代批评者的争论是哲学讨论的精彩篇章。在针对本体论证明所衍生的诸多反对意见中，康德的"'是'是个逻辑的谓词而非实在的谓词"反驳影响甚大。康德根据"逻辑的谓词"和"实在的谓词"之分，指出本体论证明的困难在于没有"走到概念之外"，而试图仅从"上帝"的概念中推出上帝的"存在"。为了说明这一点，康德强调本体论证明中所使用的"上帝"是个概念，即，其中的"上帝"其实是"关于上帝的概念"（the concept of God）的缩写。

模态本体论证明，即，援引研究可能性与必然性的模态逻辑来重构的本

---

① Benedict De Spinoza, *Improvement of the Understanding, Ethics, and Correspondece of Benedict de Spinoza*, translated by R. H. M. Elwes, London: M. W. Dunne, 1901, cf., *the Ontological Argument: From St. Anselm to Contemporary Philosophers*, p. 50.

② Gottfried Wilhelm Leibniz, *The New Essays Concerning Human Understanding*, translated by A. G. Langley, 3rd edition, 1949, cited from *the Ontological Argument: From St. Anselm to Contemporary Philosophers*, p. 55.

体论证明。其基本思路可概括为这样一个三段式推理:"上帝存在是可能的,即,在某个可能世界中他确实存在";"如果上帝在某个可能世界中存在,那么,在任何可能世界中他都存在";"因此,在包括现实世界在内的任何可能世界中上帝都存在,即,他现实地存在"。[①] 模态本体论证明的最初探索可以追溯到 20 世纪 40 年代,大约在 1941 年,哥德尔撰写了自己的论证,但他的论证只保留在其日记中,直到 1970 年才为世人知晓。尽管如此,研究者们仍把哥德尔视为模态本体论证明的开创者:"……本体论证明历史上的下一个重要时期……是库尔特·哥德尔对莱布尼茨所发展的论证的'系统化',这最终开启了 [高阶(模态)] 本体论证明的新家族。"[②] 在哥德尔的论证为世人所知之前,大卫·刘易斯以及哈慈霍恩和马尔科姆也都分别展开了自己的探索,普兰丁格在 1974 年则构造了一个"成功的"模态本体论证明。鉴于此,我们可以把模态本体论证明的谱系大致概括如下:哥德尔是开创者;大卫·刘易斯、哈慈霍恩和马尔科姆是独立探索者;普兰丁格则是一个成功的版本的提供者。模态本体论证明是本体论证明的当代版本,这个版本的提出使得本体论证明能够在超越康德批评的前提下重新出发,进而实现复兴。

在复兴的语境下,本体论证明在历史上所遭遇过的一系列经典问题都以新的面貌再次引起当代哲学家的关注和讨论,这些关注和讨论逐渐形成了相关的新文献。本章我们将充分汲取这些文献的思想资源,聚焦"戏仿论证"批评、"乞题"反驳以及"存在不是谓词"批评等三个问题来探讨本体论证明的当代进展。

第一节 安瑟尔谟式证明的"戏仿论证"批评

安瑟尔谟本体论证明的第一个有力质疑是由他同时代的高尼罗提出的"遗失的岛屿"(the lost island)批评,即如果本体论证明能够推出上帝存在,

---

[①] See, T. J. Mawson, *Belief in God: An Introduction to the Philosophy of Religion*, Oxford: Oxford University Press, 2005, p. 131.

[②] Graham Oppy, Introduction: Ontological Arguments in Focus, in Graham Oppy (ed.), *Ontological Arguments*, p. 4.

那么，同样可以推出如"遗失的岛屿"等其他非真实对象的存在。高尼罗给"遗失的岛屿"补充了"比其他陆地都卓越得多"（is more excellent than all lands exists some where）这样的性质，然后仿照安瑟尔谟的推理，提出了这样的论辩："你不能质疑这个比其他岛屿都卓越得多的岛屿存在于某个地方，因为，你毫不质疑它是存在于你的理解中的。并且，既然不是仅在理解中存在更为卓越，而是既存在于理解中又存在于现实中才是更为卓越的，出于这个理由，它必定存在。因为，如果它不在现实中存在，真正在现实中存在的岛屿就会比它更卓越；这样，你所理解的更卓越的岛屿将不会是更为卓越的。"①

高尼罗所仿照的是安瑟尔谟在《宣讲》第二章中所提出的论证："……实际上，我们相信你是一位无法设想有比之更伟大的存在者……但，无论如何，当这位愚顽人听到我说的这位存在者——一位无法设想有比之更伟大的存在者——时能够理解他所听到的内容，他所理解的东西是在其理智之中，尽管他不将之理解为存在。因为，一个对象在理解中存在是一回事，理解到这个对象存在是另一回事……确实，无法设想有比之更伟大的存在者不能仅存在于理解中。理由在于，假设他仅存在于理解中：那么也可以假设他存在于现实中；存在于现实中更伟大。因此，如果无法设想有比之更伟大的存在者仅在理解中存在，这位存在者，即，无法设想有比之更伟大的存在者就是一个可以设想有比之更伟大的存在者了。然而，这显然是不可能的。所以，无疑，有一位存在者，不能设想有任何东西比之更伟大，他既存在于理解中又存在于现实中。"② 人们常把安瑟尔谟的思路归纳为一个包含五个步骤的归谬论证：（1）上帝是一位无法设想有比之更伟大的存在者；（2）不信神的愚顽人也能在心中设想上帝，因此，上帝在其理解中存在；（3）既在理解中存在又在现实中存在比仅在理解中存在更伟大；（4）如果无法设想有比之更伟大的存在者仅在理解中存在，就会推出，有某种东西比之更伟大，导出矛盾；（5）所

---

① Gaunilo, In Behalf of The Fool, in *The Ontological Argument: From St. Anselm to Contemporary Philosophers*, p. 11.

② Anselm, *Proslogion*, Chapter II, in *The Ontological Argument: From St. Anselm to Contemporary Philosophers*, p. 4.

以，上帝既在理解中存在又在现实中存在。类似地，我们也可以把高尼罗的论证概括为如下归谬论证：（1）遗失的岛屿是比其他陆地都卓越得多的存在者；（2）遗失的岛屿在理解中存在；（3）既在理解中存在又在现实中存在比仅在理解中存在更卓越；（4）如果遗失的岛屿仅在理解中存在就会导出矛盾；（5）因此，遗失的岛屿既在理解中存在又在现实中存在。

可以看出，高尼罗论证的要点是用遗失的岛屿来"模仿"上帝，然后根据安瑟尔谟本体论证明同样的思路构造出这个岛屿也存在。这个论证所引发的问题是，如果安瑟尔谟的论证是成立的，他所证明出来的结论就不仅限于上帝，任何具有卓越性的存在者，甚至恶魔都能够由此论证推出，这显然有违安瑟尔谟的本意。

当代哲学家把高尼罗的上述批评概括为"戏仿反驳"（parody objection）[①]，并沿用高尼罗的思路构造出各种类型的新的戏仿反驳。恰如高尼罗用"遗失的岛屿"来替代"上帝"，套用安瑟尔谟的论证从而得出"遗失的岛屿存在"这样显然荒谬的结论，当代哲学家也用不可置信的存在者来"戏仿"上帝，套用安瑟尔谟或笛卡尔等版本的本体论证明展开论证，从而得出该存在者存在的荒谬结论。

如，麦基（J. L. Mackie）用"真正的火星人"来戏仿上帝，然后套用笛卡尔式本体论证明的思路，证明出"真正的火星人"也是存在的：如果把"真正的火星人"定义为"……存在是其意义的一部分"，这种情况下称他不存在就是自相矛盾的，因此，只能断定他是存在的，并得出"在火星上至少有一个有理智的生物"的结论。[②] 与麦基类似，格雷厄姆·欧佩（Graham Op-

---

[①] 有学者这样来描述"戏仿反驳"："针对上帝存在本体论证明的'戏仿反驳'提出平行论证，这些论证显然证明了各种荒谬实在的存在。"See, Yujin Nagasawa, The Ontological Argument and the Devil, in *The Philosophical Quarterly* (1950—), Jan., 2010, Vol. 60, No. 238 (Jan., 2010), pp. 72 - 91. 需要说明的是，"parody"一词的意思是"拙劣的模仿""滑稽（或夸张）的模仿""恶搞"等，考虑到"恶搞"过于口语化，而"拙劣的模仿""滑稽的模仿"又过于臃肿，我们将这个词译为"戏仿"。理由在于，在汉语中"戏仿"又称"谐仿"，指"游戏式的调侃"的意思，用它来翻译"parody"既可以避免上述译法之缺陷的同时又能够较为传神地表达提出此类论证的哲学家的讽刺意图，相应地我们把"parody objection"译为"戏仿反驳"。

[②] J. L. Mackie, *The Miracle of Theism: Arguments For and Against the Existence of God*, Oxford: Clarendon Press, 1982, pp. 42 - 43.

py）也用"极为完美的火星人罗德"来代替上帝，戏仿出这些论证：本体论证明包括三步推理：（1）根据定义，上帝是个极为完美的存在者（a supremely perfect being）；（2）存在是一种完美性（perfection）；（3）（因此）上帝存在。类似地，可以用这些方式证明罗德（Rod）存在：（1）根据定义，罗德是个极为完美的火星人；（2）存在是一种完美性；（3）（因此），罗德存在。① 欧佩指出，上述两个论证之间的唯一差别在于前提（1），然而，前提（1）是个定义。如果第一个论证的支持者能够自由地把"上帝"定义为"一个极为完美的存在者"，那么，其批评者也能自由地用"极为完美的火星人"来定义"罗德"，根据常识，人们无法接受第二个论证同样也不能接受第一个论证。更一般地，欧佩把代替上帝的对象设定为"K 种类型的存在者"，此类存在者的特征是"不可设想比之更伟大的 K 类型的存在者"。② 这样一来，能够代替上帝、扮演戏仿者的对象就有无限多个了，根据其具体性质，欧佩进一步把这些对象分为"K 类型的极为完美的存在者"、"K 类型的必然存在者"、"K 类型的现实存在者"以及"K 类型的最大存在者"等。

戏仿反驳所攻击的焦点在于本体论证明的结论仅限于上帝存在，如果能够证明同样的论证所得出的结论是多个，那么安瑟尔谟的目标自然就失败了。戏仿论证的这个思路在该论证最早的当代版本中就得到明确体现。保罗·亨利（Paul Henle）在 1961 年发表过一篇试图批评马尔科姆版本的安瑟尔谟式论证的文章——"本体论证明的用处"。在这篇文章中，亨利称高尼罗的"最完美的岛屿"反驳方向是对的，安瑟尔谟对高尼罗的回答没有提供什么论证，而仅仅是"断定该推理只适用于上帝"，他所质疑的正是安瑟尔谟的"只适用于上帝"论断。沿着高尼罗的思路，亨利提出一个"更佳的"反例，即，NEC 家族三兄弟。由这个反例，亨利指出，能够根据马尔科姆的推理，论证出三兄弟中的一个必然存在，也同样能够论证出其他两个也必然存在，因此，戏仿论证成立。具体说来，亨利称三兄弟中的小弟 Nec 是个必然存在但不那

---

① Graham Oppy, Introduction: Ontological Arguments in Focus, in Graham Oppy (ed.), *Ontological Arguments*, pp. 7 – 8.

② Graham Oppy, *Ontological Arguments and Belief in God*, Cambridge: Cambridge University Press, 1995, p. 162.

么卓越的存在者，他有些并非超乎寻常的知识、其能力无法引起运动。根据马尔科姆的推理，其必然性使得他的非存在是不可设想的、他不依赖于他物、他不是偶然存在的，他也不是暂时地存在的，因此，"Nec 必定是必然存在的，否则其存在就是根本不可能的，而且，他的本性中不包含内在矛盾这个假设看起来是合理的，那么，Nec 必定存在"[①]。Nec 的哥哥 NEc 也是必然存在的，但他要比 Nec 更卓越一些，即，他能够引起均匀的直线运动，也稍微聪明一些；他们的另一个兄弟 NEC 在必然存在上与前两者相同，但能力又大一点，他能够引起加速运动。同样根据马尔科姆的推理，NEc 和 NEC 都"必定是必然存在的"。既然本体论证明在论证出 NEC 三兄弟的必然存在上没有分辨力，人们就可以推而广之，得出任何拥有"必然存在"性质的对象都必定是必然存在的，因此，本体论证明所证明出的结果会有无穷多个。

戏仿论证的另一个支持者凯恩（R. Kane）则用"不那么完美的必然存在者"（necessary beings that are less than perfect, LPN）来充当反例，构造了一个"高尼罗式论证"。他指出，安瑟尔谟本体论证明的当代模态版本存在的问题之一是"不那么完美的必然存在者"——即，这样的存在者："其本质或定义使得，如果它们存在，那么，它们必然存在，但它们缺乏完美性的某些其他属性，如，它们达不到全知或全能"——的可能性问题。[②] 这个问题即，根据模态本体论证明的思路，如果"不那么完美的必然存在者"在某个相对于现实世界的可能世界中存在，那么，它就必然在现实世界中存在，与亨利的 NEC 三兄弟类似，"不那么完美的必然存在者"的存在显然挑战了本体论证明"只适用于上帝"的论断。凯恩把模态本体论证明的基本思路概括为一个简明推理：（1）必然地，如果一个完美的存在者存在，那么，一个完美的存在者就必然存在 [L（g⊃Lg）]；（2）一个完美的存在者存在是逻辑可能的（Mg）；（3）因此，一个完美的存在者必然存在。把这个推理中的"完美的存

[①] Paul Henle, Uses of the Ontological Argument, in *The Philosophical Review*, Jan., 1961, Vol. 70, No. 1 (Jan., 1961), pp. 102 – 109.

[②] 另外两个问题分别为：确立完美存在者之逻辑可能性以及"由命题 p 必然存在是可能的推出 p"（B-principle）的可接受性。See, R. Kane, The Modal Ontological Argument, *Mind*, *New Series*, Vol. 93, No. 371 (Jul., 1984), pp. 336 – 350.

当代自然神学前沿问题研究

在者"替换为"不那么完美的必然存在者",这样就能够证明出它也必然存在。凯恩"不那么完美的必然存在者"的论证与高尼罗"最完美的岛屿"论证的差别仅在于后者所证明的"某种完美存在者"的存在,而前者所证明的则是某种"不那么完美的必然存在者"的存在,其精神实质是一样的。凯恩坚持在模态本体论证明中能够用"不那么完美的必然存在者"代换"完美的存在者"的理由在于,在他看来,本体论证明的捍卫者都没能清楚说明上帝以及"完美的存在者"区别于他物的独特性,即,为什么只有上帝或"完美的存在者"的不存在才是不可设想的。

"戏仿论证"批评并没有直接说明本体论证明不成立,而是采用以子之矛攻子之盾的策略,通过"戏仿"出一个荒谬的论证侧面说明本体论证明的荒谬性。安瑟尔谟回答高尼罗的基本思路是强调上帝的性质,即,"不可设想有比之更伟大的存在者"与"最完美的岛屿"的性质,即,"比其他陆地都卓越得多"之间的差别:前者能够表明上帝属性是独一无二的;后者只说明最完美的岛屿比其他岛屿更卓越,因而任何"戏仿"都是不恰当的。沿着同样的思路,安瑟尔谟的支持者会力证描述上帝之性质的"不可设想有比之更伟大的存在者"是独一无二的,远非"最完美的"所能比拟。

接下来,我们将在清楚阐释安瑟尔谟原始论证的基础上,通过哈慈霍恩、普兰丁格、丹尼尔·东布罗夫斯基(Daniel A. Dombrowski)三位安瑟尔谟论证的当代捍卫者的论辩说明上述思路。

安瑟尔谟给高尼罗的回答是应对戏仿反驳的最早努力。安瑟尔谟是以区分概念的方式来回答高尼罗的,他指出,上帝的概念和遗失的岛屿概念的属性不一样,上帝是"不可设想有比之更伟大的存在者",而最完美的岛屿是"比其他陆地都卓越得多"。根据这个区分,安瑟尔谟认为自己的论证仍然成立:"进一步,如果他能被设想,他必定存在。理由在于,否认或质疑一个不可设想比之更伟大的存在者之存在的人,都不能否认:如果他确实存在,他不管是在现实中还是在理解中的不存在都是不可能的。因为,若非如此,他就不是不可设想比之更伟大的存在者。但对于能够被设想但不存在的任何东西,如果这样一个存在者存在的话,其或者在现实中或者在理解中的不存在就会是可能的。所以,如果一个不可设想比之更伟大的存在者即使只是可设想的，他就不能不存在。"① 安瑟尔谟上述回答的要点在于，上帝的属性只能以形容词的最高级形式表达，而遗失的岛屿的性质则是以形容词比较级的形式来表达的，二者的性质不一样，故而高尼罗的"类比"不恰当。

哈慈霍恩、普兰丁格以及东布罗夫斯基的工作是回应戏仿论证之当代努力的代表。哈慈霍恩在出版于 1962 年的《完美性的逻辑》(*The Logic of Perfection*) 一书中通过十步论证为上帝存在提供了一个从"安瑟尔谟原则"（如果命题 p 存在，则命题 p 必然存在）和"完美性并非不可能的"这一"直觉假设"推出"存在一个完美的存在者"结论的模态本体论证明。②对于这个证明，人们会提出"必然存在的岛屿"必定存在、作为"必然存在之完美性"的岛屿必定存在等戏仿反驳。对于"必然存在的岛屿"必定存在的反驳，哈慈霍恩坚持，岛屿是个由偶然原因引起的偶然之物，用"必然存在"来描述它会导致自相矛盾："……岛屿的概念是个偶然之物，引起它的原因的运行方式并非不可错的、永恒的。如果岛屿能够是必然的，任何东西都能够是必然的，既然可能必然的必定是必然的（~N~Np→Np），就不会有什么有价值的偶然或必然。因此，一个要求人们承认'必然存在的岛屿'是个真实概念的语言是自我不一致的。这个'必然存在的岛屿'必定存在，同时它亦必定不存在也无法存在。"③ 对于作为"必然存在之完美性"的岛屿必定存在的反驳，哈慈霍恩认为："根据任何分析，形而上学上完美（metaphysically perfect）都是个彻底排他的情况。对于任何诚实而细心的思考者来说，'完美的岛屿'从未意味着形而上学上完美的岛屿，因为，这个短语显而易见是荒唐的。"④ 哈慈霍恩强调岛屿是偶然之物的前提是他对上帝的独特定义，这个定义使得上帝概念是个具有排他性的唯一对象。我们看到，早在 1941 年哈慈霍恩就尝试把上帝定义为"必然存在的存在者"。他写到，上帝"仅在自身内并

---

① Anselm, St. Anselm's Reply to Gaunilo, in *The Ontological Argument: From St. Anselm to Contemporary Philosophers*, p. 14.
② 这个步骤为：1. q→Nq; 2. Nq∨~Nq; 3. ~Nq→N~Nq; 4. Nq∨N~Nq; 5. N~Nq→N~q; 6. Nq∨N~q; 7. ~N~q; 8. Nq; 9. Nq→q; 10. q. See, Charles Hartshorne, *The Logic of Perfection*, Chicago and La Salle, Illinos: Open Court Publishing Company, 1962, Fourth printing, 1991, p. 51.
③ Charles Hartshorne, *The Logic of Perfection*, p. 55.
④ Charles Hartshorne, *The Logic of Perfection*, p. 56.

通过他自身而存在，即，必然地存在"①。而上帝概念能够适用于模态本体论证明的基本理由在于上帝与存在具有"最大的关系"，即，在各种可能情况中都存在："他（上帝）是个单一的存在者，因为最大性而单一，他是唯一一个未曾被超过，也不能被超过的存在者。自然，上帝与存在的关系也是最大的，即，他存在于所有可能情况中，包括时间、空间，换句话说，他必然存在。"② 上帝概念的这些特殊性质使得只有上帝才能充当模态本体论证明的对象，无论多么完美的岛屿都无法戏仿上帝，由此，哈慈霍恩坚持任何戏仿都无法成立。

普兰丁格用任何戏仿者的"品质"（quality）都没有"内在极大性"（intrinsic maximum）来反驳高尼罗的论证。他辩称，即使把高尼罗的"遗失的岛屿"改写为"一个无法设想比之更卓越的岛屿"，这样的岛屿也不可能存在，理由在于："不可能有比之更伟大的岛屿的概念与不可能有比之更大的自然数的概念或不可能有比之更弯曲的线类似。既没有也不可能有最大可能的自然数，实际上，不存在最大的实数，更不用说最大可能的实数。岛屿也一样。不管一个岛屿有多伟大，不管有多少努比亚姑娘和舞女来装点它，总会有一个更伟大的岛屿——如有两倍多的姑娘和舞女。使得岛屿具有伟大性的那些品质——如，棕榈树的数量、椰子的数量和品质——大部分这些品质都没有内在极大性。亦即，不存在这样一种生产力的程度或棕榈树（或舞女）的数量，使得，一个岛屿所拥有的不可能多于那个品质。因此，最大可能的岛屿的概念是个不一致或不融贯的概念，这样的东西的存在是不可能的。"③ 普兰丁格认为，与使得岛屿伟大的那些品质不同，上帝所拥有的属性，包括智慧、知识、能力、道德的卓越性或完美性等都具有"内在极大性"。如，可以这样来理解知识的内在极大性："如果对于任一命题 p，一个存在者 B 知道 p 是否为真，那么，B 就具有一种其程度绝对无法被超越的知识。"④ 上帝拥有上述

---

① Charles Hartshorne, the Necessarily Existent, in *Man's Vision of God* (1941). Harper & Row, Inc., Publishers, cf., *The Ontological Argument: From St. Anselm to Contemporary Philosophers*, p. 129.

② Charles Hartshorne, the Necessarily Existent, in *Man's Vision of God* (1941), cf., *The Ontological Argument: From St. Anselm to Contemporary Philosophers*, pp. 132–133.

③ Alvin Plantinga, *God, Freedom, and Evil*, New York: William B. Eerdmans Publishing Company, 1974, pp. 90–91.

④ Alvin Plantinga, *God, Freedom, and Evil*, p. 91.

知识，他就是全知的（omniscient）；上帝所拥有的全能（omnipotence）就是达到"不可能被超越"之程度的力量；上帝所拥有的道德的卓越性或完美性，即，在总做道德上正确之事上，他是无可逾越的。这些拥有"内在极大性"的属性保证上帝是与岛屿不同的对象，故而，用岛屿来戏仿上帝是不成立的。

不难看到，"卓越性"和"伟大性"是普兰丁格上述论辩的关键，唯有上帝才拥有"内在极大性"的论断正是建立在对这两个概念的分析之上的。普兰丁格为这两个概念提供的界定为："让我们说，一个存在者在给定世界 W 中的卓越性仅有赖于它在世界 W 中的性质；这个存在者在世界 W 中的伟大性则不仅有赖于这些性质也有赖于它在其他世界中的情况。"[1] 他进一步指出，这两个概念之间的逻辑关系是："最大程度的伟大性（maximal greatness）推出在任何世界中的最大卓越性（maximal excellence）""一个存在者在一个给定世界 W 中具有最大程度的伟大性，仅当它在任何可能世界中都具有最大卓越性"。[2] 正是根据上述界定与区分，普兰丁格构造了其模态本体论证明：（1）存在着一个可能世界，在其中最大程度的伟大性得到例示；（2）必然地，一个存在者是最大程度上伟大的，仅当它在任何世界中都具有最大卓越性；（3）必然地，一个存在者在任何世界中都具有最大卓越性，仅当它在任何世界中都是全知、全能以及道德上完美的；（4）不存在一个全知、全能以及道德上完美的存在者，这是个不可能的命题；（5）在现实中存在着一个全知、全能以及道德上完美的存在者，这个存在者本质地具有这些性质并在任何可能世界中都存在。[3] 普兰丁格坚持，他的这个论证既是有效的（给出前提就能够推出结论）也是可靠的（其前提为真）。鉴于此，我们可以认为，普兰

---

[1] Alvin Plantinga, *God, Freedom, and Evil*, p. 107.
[2] Alvin Plantinga, *God, Freedom, and Evil*, p. 108.
[3] Alvin Plantinga, *God, Freedom, and Evil*, pp. 111-112. 在《必然性的本性》一书中，普兰丁格表述了类似的推理：（1）存在着一个可能世界，在其中无法超越的伟大性（unsurpassable greatness）得到例示；（2）"一个东西具有无法超越的伟大性"这个命题必然为真，当且仅当它在任何可能世界中都具有最大卓越性；（3）"具有最大卓越性的东西是全知、全能且道德上完美的"这个命题必然为真；（4）"具有无法超越的伟大性的东西"在任何可能世界都得到例示。（See, Alvin Plantinga, *The Nature of Necessity*, Oxford: Oxford University Press, 1974. Reprinted, 2010, p. 216. ）这个论证省略了《上帝、自由与恶》中的第四步并用"无法超越的伟大性"代换"最大程度的伟大性"，普兰丁格也同样认为此处的论证既是有效的又是可靠的。

丁格对戏仿批评的反驳是内在于其模态本体论证明的。

东布罗夫斯基接受哈兹霍恩的论辩，声称"类似完美的岛屿这样一个精巧的论证不仅是歪曲的，也错失了本体论证明的要点"①。在东布罗夫斯基看来，本体论证明的捍卫者要坚持的是，上帝所拥有的"神圣完美性"（divine perfection）或曰上帝"是形而上学上完美的"是独一无二的排他性情况，其他事物都是有其"局限"（limitation）的，消除了这些事物的"局限"就会导致消除掉它们自身的固有特征。据此，东布罗夫斯基坚持，"完美的岛屿"概念所意味的并非"是形而上学上完美的岛屿"，它没有上帝所拥有的"现实性"（actuality），这个岛屿所具有的可能性也不是"一切可能性"。如，一个"完美的岛屿"会要求水永远不侵蚀堤岸，但这个岛屿无法避免其他相互竞争的可能性，如水位随着气候变暖而上涨导致堤岸被侵蚀甚至淹没。与"完美的岛屿"类似，"完美的恶魔"（a perfect devil）也囿于内在于"恶魔性"（devilness）和"偏狭性"（insularity）之局限而无法具有上帝所拥有的实在性。如，一个完美的恶魔会以无比的专注力关心一切生物，但却怀着无比的恶毒而憎恨它们，那么，这样的恶魔就必然不存在。根据这种理解，东布罗夫斯基得出所谓"完美的、独一无二的岛屿是无意义的"这一与哈兹霍恩类似的结论："一个无法被任何其他岛屿超越的岛屿没有清楚的意义，但一个不能被任何东西超越的岛屿是完全无意义的。"②

戏仿批评正反两方面论辩的上述代表性观点表明，双方争论的焦点在于上帝属性是否排他的、独一无二的。安瑟尔谟及其支持者试图强调只有上帝的属性才能用形容词的最高级形式来表达，上帝之外的任何概念都只能用等而次之的比较级来修饰，但戏仿批评的支持者则坚持其他概念也享有与上帝概念同样的属性，也能够用形容词的最高级来表达，如，欧佩的"极为完美的火星人罗德"证明已经用"极为完美的"这个最高级来形容火星人。此外，戏仿批评的支持者还会针锋相对地进一步辩称，即使哈兹霍恩、普兰丁格所提供的更精细版本的本体论证明也与安瑟尔谟的论证一样没有成功解决上述

---

① Daniel A. Dombrowski, *Rethinking the Ontological Argument: A Neoclassical Theistic Response*, Cambridge: Cambridge University Press, 2006, p. 112.

② Daniel A. Dombrowski, *Rethinking the Ontological Argument: A Neoclassical Theistic Response*, p. 113.

焦点问题。我们以帕特里克·格里姆（Patrick Grim）和迈克尔·图利（Michael Tooley）的思考为例进一步说明此类讨论。

帕特里克·格里姆认为哈慈霍恩和普兰丁格反对戏仿批评的论证都不成立。对于哈慈霍恩，格里姆提出三点批评：首先，哈慈霍恩并没有为"岛屿是个偶然之物"这一论断提供充分的论证。人们仅仅根据地理知识得出岛屿的一些偶然属性，而非根据对"岛屿"的分析或从模态与存在方面对由"……是个岛屿"严格衍推出的东西的反思。进一步说，"所有岛屿的存在都是偶然的"这一宣称是"一切存在宣称都是偶然的"这个更普遍观点的一个例子，这个普遍观点缺乏充分的支持。其次，即使接受哈慈霍恩的"必然存在的岛屿是个语词矛盾"，也不足以推出岛屿不能戏仿上帝的结论，因为，还存在着其他不包含"必然存在"的本体论证明，在这样的证明中戏仿论证依然成立。如，用"局部最大的"（locally maximal）和"恢宏的"（magnificent）两个概念可以构造出一个本体论证明：必然地，仅当某物在现实世界中是恢宏的，它才是局部最大的；必然地，仅当某物在一个可能世界中是全能、全知、道德上完美的，它才能在那个世界总是恢宏的；某物是局部最大的是可能的。由于这个论证不涉及"必然存在"概念，因此"即使高尼罗的岛屿是本质上偶然的，它也能非常恰当地出现在一个关于安瑟尔谟的上帝的满意的戏仿中"[①]。最后，哈慈霍恩的论辩无法应对岛屿之外的那些因"我们足够聪明或足够堕落"而发明出来"完全必然存在"的"古怪的存在者"。这些"古怪的存在者"是这样的：如果其存在是可能的，那么它们就必然存在，其性质包括"最大程度地是无知的"或"对外交事务最大程度地漠不关心"或"其一切努力都是最大程度地平庸的"或"最大程度地痴迷于邮票"等。显然，这些"古怪的存在者"很容易就会导致多神论的结论。

对于普兰丁格，格里姆指出，"内在极大性"概念是普兰丁格立论的关键，但这个概念无法如普兰丁格所想象的那样真的能够把上帝的属性与其他对象的属性区分开来。格里姆构造出遗失的岛屿上舞女数量也会有内在极大

[①] Patrick Grim, In Behalf of 'In Behalf of the Fool', *International Journal for Philosophy of Religion*, Vol. 13, No. 1 (1982), pp. 33 – 42.

性的场景：与需要最多的舞女或棕榈树相比，最大可能的岛屿或许更需要"恰当尺寸"的面积，对于确定面积的岛屿来说，过多舞女或棕榈树会导致拥挤和不便，相对更少一些的舞女或棕榈树才能更好地刻画该岛屿的伟大性。因此，对于舞女或棕榈树的数量来说，尽管不存在抽象的内在极大性，然而，如果该岛屿的伟大性需要从其他方面来考虑（而非数量的无限增加），就会存在诸如恰当的尺寸、不过度拥挤等限度，这些限度为内在极大性提供了依据。由此，格里姆认为："如果有助于一个岛屿之伟大性的品质是这种均衡意义上的，那么，在考虑使得该岛屿伟大的一切事物的背景下，那些品质就能够拥有内在极大性，即使在孤立、抽象的情况下它们没有内在极大性。"[①] 进一步地，格里姆指出，普兰丁格的论辩犯了两个错误：第一，普兰丁格认为某物的属性必定是该物自身，他坚持最好岛屿上的舞女的数量必定是舞女的最大数量，这种想法的荒谬性恰如坚持最好的小说家的体格一定是最好的体格，以及最受尊敬的政治家的头发一定是最受尊敬的头发一样；第二，普兰丁格对"伟大性"的使用非常模糊，当说明构成岛屿之伟大性的品质时，他至少应该像说明构成上帝之伟大性的品质一样使用"宏大性"（grandness）、完美性等而非"巨大性"（largeness），宏大性、完美性就为均衡意义上的舞女或棕榈树数字提供了空间。

迈克尔·图利指责普兰丁格的模态本体论证明因两条理由而不可接受，其中之一为："它包含一种论证，如果将之用于结构上完全一样且同样有核证的前提，就会导致矛盾的结论。"[②] "矛盾的结论"的具体形式包括：必然存在着"人口过剩"、内容直接相反的性质存在、恶魔存在、经验上看来错误的东西存在等四个方面。就第一方面，图利构造了一个新谓词"是最大程度的P"，将之定义为："x 是最大程度的 P，当且仅当 x 在一切可能世界中存在，且在任何世界中都是 P。"[③] 普兰丁格坚持"最大程度的伟大性"能够被例示，

[①] Patrick Grim, In Behalf of 'In Behalf of the Fool', *International Journal for Philosophy of Religion*, Vol. 13, No. 1 (1982), pp. 33–42.

[②] Michael Tooley, Plantinga's Defence of the Ontological Argument, in *Mind*, New Series, Vol. 90, No. 359 (Jul., 1981), pp. 422–427.

[③] Michael Tooley, Plantinga's Defence of the Ontological Argument, in *Mind*, New Series, Vol. 90, No. 359 (Jul., 1981), pp. 422–427.

运用与普兰丁格论证平行的论证能够推出"最大程度的P"也能够被例示，因此，就会得出一个拥有过多必然存在者的世界。就第二方面，图利称，运用普兰丁格的论证，可以证明"最大程度的溶剂"与"最大程度的不可溶"这两个相矛盾性质。就第三个方面，同样运用普兰丁格的论证，可以证明"最大程度的邪恶"这一性质存在，这就会导出具有此性质的恶魔必然存在。就第四方面说，图利称，如果普兰丁格的论证成立，我们可以仿照它证明出"在这页纸上扭转的全能、全知、道德上完美的袋熊"也存在，这显然是与经验不符的。

如上所述，格里姆针对哈慈霍恩的"必然存在"和普兰丁格的"内在极大性"概念，图利针对普兰丁格的"最大程度的伟大性"概念分别质疑他们强调上帝独一性的努力，指出，由于这些努力都不成功因此戏仿反驳依然成立。格里姆曾把戏仿批评向本体论证明提出的挑战概括为两个方面：其一，"戏仿"表明本体论证明并不足以成为一个证明，它还需要附加的核证以表明上帝依其定义就是"现实地存在"的；其二，"戏仿"表明本体论证明的支持者还要更清楚地表明为什么他们的前提能够被接受，而戏仿批评的类似前提不能被接受。

总的来说，戏仿论证批评通过构造与本体论证明平行的论证揭示本体论证明会导致荒谬的结论，通过强调上帝概念的"独一性"以表明本体论证明不容戏仿是应对此批评的基本方向。这提醒人们：上帝之本性的问题是本体论证明得以成立的前提性问题，足够强的本体论证明需要在必要的上帝概念预设下才能构造出来。

第二节 笛卡尔式证明的"乞题"反驳

叔本华曾基于如下理由而嘲笑本体论证明是个"迷人的笑话"：人们首先设想出一个由各种谓词构成的概念，以把"现实性"（actuality）或"存在"（existence）包含在其中，既然这些谓词对于该概念是本质性的，即，没有这些谓词此概念就无法被思考，那么，同其他谓词一样，"现实性或存在谓词就能够从这个武断的思想概念中抽取出来，与之相对应的对象就被假定为具有独立于该概念的真实存在了。"① 简言之，叔本华嘲笑本体论证明其实是个先把"存在"作为谓词赋予一个概念，然后再从这个概念中抽取出"存在"的可笑的循环。

叔本华所针对的是笛卡尔式的本体论证明，实际上，上述叔本华式的指责在笛卡尔的同时代就已提出了。在《第一哲学沉思集》"反驳与答辩"部分，由荷兰神学家卡特鲁斯（Caterus）所写的第一组反驳中指出，只有当笛卡尔首先假定上帝现实地存在，才能推出上帝的存在是现实的。因为，所谓"存在不能与本质相分离"中的"存在"是个概念而非现实存在，概念与现实的鸿沟使得这个推理难以单独成立："即使可以承认，一个具有最高完美性的实体因其名称而蕴涵着其存在，但这不能推出这个存在是现实地在真实世界中的什么东西，仅能推出存在的概念是不可分离地与最高存在者概念关联在一起的。因此，你不能推出上帝的存在是任何现实的东西，除非你假定那个最高存在者现实存在；只有那样，它才能够现实地包含真实存在这个完美性在内的其全部完美性。"② 当代哲学家把叔本华和卡特鲁斯针对笛卡尔式本体论证明的上述指责概括为"乞题"（begging the question）③ 反驳。需要指出的是，尽管乞题反驳从起源上看是直接针对笛卡尔式本体论证明的，但由于本体论证明在由上帝的本质推出上帝的存在方面的一致性，一些批评者坚持"乞题"错误内在于各种版本的本体论证明，是本体论证明的通病。鉴于此，本节从笛卡尔版本的本体论证明说起，但不局限于这个版本，而是根据相关文献的内容而具体确定所聚焦的本体论证明版本。

---

① Arthur Schopenhauer, *On The Fourfold Root of The Principle of Sufficient Reason*, in *Two Essays by Arthur Schopenhauer*, A Literal Translation, Toronto: George Bell And Sons, 1889, pp. 11 – 12.

② Caterus, Objection to Descartes' Argument by Caterus, in *The Philosophical Works of Descartes*, Volume II, translated by Elizabeth S. Haldane and G. R. T. Ross, cf., *the Ontological Argument: From St. Anselm to Contemporary Philosophers*, p. 37.

③ 一般地说，"乞题"指一个论证的前提为真预设其结论为真，即，前提与结论是相互循环的，循环发生在该论证由其前提为真推出结论为真，但，上述预设却使得其前提的真又需要由结论的真推出，此循环使得这个论证难以成立。范·英瓦根以为"乞题"提供如下充分条件的方式描述了乞题存在的上述逻辑问题："如果不首先（或者至少同时）知道一个逻辑上有效的论证的结论是否为真，就不可能知道该论证的一个或多个前提为真，那么，这个论证就乞题了。"See, Peter Van Inwagen, Begging the Question, in Graham Oppy (ed.), *Ontological Arguments*, p. 239.

本节我们将围绕麦格拉斯（P. J. McGarth）、威廉·罗（William L. Rowe）以及范·英瓦根（Peter Van Inwagen）的相关论证来展现乞题反驳的当代版本，然后聚焦史蒂芬·戴维斯（Stephen T. Davis）和基思·伯吉斯－杰克逊（Keith Burgess-Jackson）针对乞题反驳的批评来说明反对者的思路，最后借助笛卡尔、普兰丁格对本体论证明的定位来审视该证明能否避免范·英瓦根所指出的"认知中立"这个源于乞题的严重问题。

麦格拉斯是"所有本体论证明都存在乞题错误"这一观点的坚定支持者。我们从他对乞题问题之实质的揭示以及他对上述全称判断的论证两个层次说明他的想法。一方面，他敏锐地指出，本体论证明的乞题潜藏在"上帝存在是可能的"这一前提中。他把本体论证明的结构概括为一个包含两个前提的推理：（1）最大可设想的存在者（the greatest conceivable being）存在是逻辑上可能的；（2）但如果它不存在，其存在就不是逻辑上可能的，或者同等地说，如果存在是逻辑上可能的，那么，他就现实地（actually）存在；（3）因此，他确实存在。[①] 其中，前提（1）对最大可设想的存在者作出了两方面的断言，其一，是"内在融贯的"，其二是"现实地存在"。第二个断言说明，前提（1）其实已经预设了最大可设想的存在者确实存在，而这正是论证的结论。为了表明这一点，麦格拉斯置换上述两个前提的次序把该论证重构如下：（1'）如果最大可设想的存在者是逻辑上可能的，那么，它就是现实地存在的；（2'）但其存在是逻辑上可能的；（3'）因此，它现实地存在。针对这个重构的论证，麦格拉斯指出，"显然，假设第一个前提为真，则除非结论为真，该论证的第二个前提不能为真"，因为，若非如此"就不能认为这个最大可设想的存在者之不存在是错误的"。[②] 这表明（2'）和（3'）之间存在着逻辑循环，乞题由此产生。

另一方面，麦格拉斯坚持，各版本的本体论证明都无法避免上述循环，因此，都犯了同样的推理错误。他把本体论证明分为非模态论证和模态论证

[①] P. J. McGarth, The Refutation of the Ontological Argument, in *The Philosophical Quarterly* (1950 -), Apr., 1990, Vol. 40, No. 159 (Apr., 1990), pp. 195 - 212.

[②] P. J. McGarth, The Refutation of the Ontological Argument, in *The Philosophical Quarterly* (1950 -), Apr., 1990, Vol. 40, No. 159 (Apr., 1990), pp. 195 - 212.

两类，前者包括安瑟尔谟、笛卡尔和莱布尼茨所构造的版本；后者则包括哈慈霍恩、马尔科姆以及普兰丁格的版本。安瑟尔谟版本的循环发生在"归谬"的步骤，即，如果无法设想有比之更伟大的存在者仅在思想中存在，就可以设想有个比它更伟大的存在者（这个存在者不仅在思想中存在而且在现实中也存在），这是不可能的，因此这个存在者必定在现实中存在。这个步骤意味着，如果无法设想有比之更伟大的存在者在现实中不存在就不能设想其存在是逻辑上可能的，"逻辑上可能"预设了作为证明之结论的"在现实中存在"，因此，此处乞题。对于笛卡尔"第一组答辩"中的本体论证明，麦格拉斯认为，其循环发生在其第二个前提"存在属于上帝的真实、不变之本性"上；类似地，莱布尼茨的循环也发生在他的"最完美的存在者包含存在"这个假设中。麦格拉斯认为，各种模态版本的本体论证明，也在"上帝存在是可能的"这一前提上出现乞题：哈慈霍恩、马尔科姆和普兰丁格都把上帝刻画为：如果他不存在，其存在就是逻辑上不可能的，然而，他们都把"上帝存在是逻辑上可能的"当作论证的前提，因此，这个前提预设了他们所要证明的结论。

麦格拉斯对乞题之根源的判断——在于"上帝存在是可能的"这一前提中对存在的预设——表达了坚持"乞题"反驳的哲学家们的某种共识，但这一点也是反对者猛烈攻击的对象；他的"乞题内在于一切本体论证明"这一判断所表达的是一种非常强的普遍性立场，这更容易遭到反对。麦格拉斯的工作重在立场宣示，在具体论证方面用力并不多。"乞题"反驳的经典论证是由威廉·罗完成的，此外，范·英瓦根近年在指出乞题问题的后果上也作出深入思考。有鉴于此，我们接下来将通过聚焦威廉·罗针对安瑟尔谟本体论证明的讨论以及范·英瓦根针对模态本体论证明的相关论辩来详细说明乞题反驳的当代进展。

威廉·罗在 20 世纪 70 年代的工作深入揭示了安瑟尔谟本体论证明中"上帝存在是可能的"这一前提之中存在乞题的内在逻辑。[①] 为此，他构造了

[①] 罗把安瑟尔谟的论证概括为九个步骤：（1）上帝在理解中存在；（2）上帝或许已在现实中存在（上帝是个可能的存在者）；（3）如果仅在理解中存在的某物同时也或许已在现实中存在了，那么它或许比它现在更伟大；（4）假设上帝仅存在于理解中；（5）上帝或许曾比他更伟大（转下页注）

一个"魔术师"例子和一个"简单的本体论证明"例子。在前一个例子中,他为"魔术师"(magician)一词虚构了两个定义中包含"存在"的变体magican和magico,把变体一"a magican"定义为"一个存在着的魔术师",把变体二"a magico"定义为"一个不存在的魔术师"。这两个变体会导出如下后果:我们既可以把"魔术师"用于一个存在的人霍迪尼(Houdini),也可以将之用于一个不存在的人梅林(Merlin);然而,尽管不存在的梅林是个魔术师为真,但他是个变体一magican不能为真,因为梅林是不存在的与存在着的magican不兼容;类似地,尽管霍迪尼是个魔术师为真,但他是个变体二magico却不能为真,因为霍迪尼的存在与magico的不存在冲突。这样一来,我们只能把存在着的主词用于变体一,把不存在的主词用于变体二,反过来说,能够用于变体一的主词必定都是存在的,能够用于变体二的主词必定都是不存在的。这意味着,变体一和变体二的定义就预设了其主词的存在或不存在,当我们论证一个可担当变体一magican的主词存在以及一个可担当变体二magico的主词不存在时,都会犯乞题的错误。他把后一个例子构造如下:"我建议把'上帝'术语定义为一个存在着的、全然完美的存在者。现在,既然一个存在着的、全然完美的存在者不存在不能为真,即,如我对上帝的定义,他不存在是不能为真的。因此,上帝必定存在。"① 这个例子中,"上帝"概念根据定义就是存在着的,其语法功能与变体一"magican"一样,因此,前一个例子中所包含的乞题错误后一个例子中也同样包含。

显然,在罗看来,乞题的根源在于概念的定义包含"存在"。如果按照其定义不包含存在的"魔术师"概念的日常用法,当人们说他是可能的则只是指这个概念不是个矛盾概念,如"圆的方"等,其存在和不存在都可以为真或为假;而包含存在预设的"魔术师"的两个变体则除了要求这个概念不矛

(接上页注①)(由 2、4 和 3 得出);(6)上帝是个这样的事物:比之更伟大是可能的(由 5 得出);(7)一个没有比之更伟大的存在者是个比之更伟大的存在者是可能的事物;(8)上帝仅存在于理解中是错的;(9)上帝既存在于现实中又存在于理解中(由 1 和 8 得出)。See, William L. Rowe, The Ontological Argument and Question-Begging, in *International Journal for Philosophy of Religion*, Vol. 7, No. 4 (1976), pp. 425–432.

① William L. Rowe, The Ontological Argument and Question-Begging, in *International Journal for Philosophy of Religion*, Vol. 7, No. 4 (1976), pp. 425–432.

盾之外还要求只有在断言存在或不存在才能够为真。罗把这一点表述为："如果我们把'存在'引入一个概念的定义中，就可推出，没有什么不存在的东西能够例示那个概念。同时，如果我们把'不存在'引入一个概念的定义中，就可推出没有什么存在的东西能够例示那个概念。"① 罗指出，安瑟尔谟的本体论证明把上帝设想为一个最伟大的存在者，然后宣称存在是个"促使伟大"（great-making）的性质，因此，上帝的概念中就包含着存在："给出了安瑟尔谟的上帝概念及其存在是个促使伟大的性质这一原则，就确实能够推出，逻辑上能够例示他的上帝概念的东西只能是现实存在的某物。"② 既然如此，安瑟尔谟的"上帝"概念的功能与"魔术师"例子中变体一"magican"以及"简单的本体论证明"例子中的"上帝"概念一样无法避免乞题。

罗的上述论辩引起广泛的反响，本体论证明的当代支持者分别从不同角度对罗展开批评，罗也有所回应，这些往复论辩推动关于本体论证明的乞题反驳不断深化，后文我们会围绕史蒂芬·戴维斯和基思·伯吉斯－杰克逊的论辩来展示这些批评。

另一位坚持本体论证明犯乞题错误的哲学家范·英瓦根提示人们，论证中所包含的乞题问题会导致本体论证明缺乏说服力，他用"认知中立"（epistemic neutrality）、"缺乏认识论价值"来表达这种状况。缺乏说服力的后果则是消解了安瑟尔谟、笛卡尔等建构本体论证明的哲学家们尝试以此证明为上帝存在提供理智论证的雄心。

范·英瓦根的批评对象是本体论证明的当代版本——模态本体论证明，坚持认为一切模态本体论证明都有乞题的特征。他以一个基于"最强的模态逻辑系统"S5 的"清楚而优雅"版本的模态本体论证明为例展开讨论：（1）一个完美的存在者是个本质地包含一切完美的存在者，即，一个存在者在一个可能世界 w 中是完美的，当且仅当在任何由 w 可达的世界中它都拥有全部完美性；（2）必然存在是一种完美性，即，一个存在者在世界 w 中拥有必然存在，

---

① William L. Rowe, The Ontological Argument and Question-Begging, in *International Journal for Philosophy of Religion*, Vol. 7, No. 4 (1976), pp. 425–432.

② William L. Rowe, The Ontological Argument and Question-Begging, in *International Journal for Philosophy of Religion*, Vol. 7, No. 4 (1976), pp. 425–432.

当且仅当它在 w 可达的任意世界中都存在；(3) 假设一个如此定义的完美的存在者是可能的，即，在现实世界 a 可通达的某个世界 w 中，有个完美的存在者；(4) 既然在 w 中有个完美的存在，由于可通达关系（the accessibility relation）的对称性，w 通达 a，那么，就会有某个在 a 中存在的存在者，它在 w 中是个完美的存在者；(5) 可以推出，x 在 a 中存在就是必然的，因为，如果其存在是偶然的，就会有某个 a 可通达的世界 w' 在其中 x 不存在，又由于可通达关系具有传递性，w' 和 w 又是可通达的，就可推出 x 在 w 中不存在，这与 (3) 相矛盾。这个论证的前提条件有两个：第一，必然存在是一种完美性；第二，一个完美的存在者是可能的。范·英瓦根指出这个论证只有一个缺陷，即人们没有"先天的理由"（*a priori* reason）接受第二个前提："……似乎没有一个先天理由，或者没有人类理智可理解（或许任何有限理智都不可理解）的理由，认为这一点是可能的：有个本质地拥有一切完美性的必然存在的存在者。"① 范·英瓦根强调，此处的先天理由，是指排除启示的、先天的人类理智推理，它与诉诸上帝自身的启示来证明这个前提的方式无关。既然"一个完美的存在者是可能的"这个前提是无先天理由的，基于此前提展开的推理就无法进行下去，而模态本体论证明的支持者之所以无视这一点而选择继续推理从而推出上帝存在的结论，这完全是因为他们预设这个前提为真，这个预设又是基于他们的"上帝确实存在"信念的，因此，他们的论证存在乞题。范·英瓦根进一步指出，由于任何版本的模态本体论证明都包含一个"可能性"前提，故而对于模态本体论证明来说乞题问题是普遍的。

范·英瓦根认为，乞题问题导致的后果是，模态本体论证明缺乏认识论价值："它们不能为该论证的学习者提供任何理由以相信一个完美的存在者存在。"② 缺乏认识论价值将严重削弱模态本体论证明的说服力，在此意义上，范·英瓦根指责当代的模态本体论证明都是"认识论上中立的"（epistemically neutral）。在他的术语中，"认识论上中立的"即没有真假区分度的："让我们称一个命题（在特定时间对某人或某些人）是认识论上中立的，当那个命

---

① Peter Van Inwagen, Begging the Question, in Graham Oppy, ed., *Ontological Arguments*, p. 242.
② Peter Van Inwagen, Begging the Question, in Graham Oppy, ed., *Ontological Arguments*, p. 243.

题与其否定（在那个时刻对那个人或那些人来说）的认识论地位相同。"① 按照这种理解，如果一个命题是认识论上中立的，那么，它对于认知者的判断就不会产生任何积极或消极的影响，在做判断的过程中知道这个命题与不知道该命题完全没有差别。具体到模态本体论证明上，这个证明的一番努力所达到的仅仅是个认识论上中立的效果，无法推动人们进一步达到核证（justification）②或担保（warrant），因此，这些努力都是徒劳的。

范·英瓦根以普兰丁格版本的模态本体论证明为例说明这个后果：根据普兰丁格的设想，本体论证明的最终目的是向读者展示上帝存在的"合理的可接受性"，即，接受有神论的结论不是不合理的，范·英瓦根将此称为普兰丁格证明的"认知价值"。范·英瓦根坚持，由于普兰丁格忽略了其推理过程中的一个问题，即，无法从"相信一个完美的存在者是可能的"是合理的推出"相信一个完美的存在者存在"是合理的。③ 所以，他的证明并没有实现上述"认知价值"。具体地说，范·英瓦根指出，普兰丁格的模态本体论证明的实质也可以概括为从完美的存在者的存在是"可能的"推出他现实地存在。普兰丁格坚持，这个推理的根据是"合理性原则"（the Rationality Principle, RP）：如果相信 p 是合理的，且如果可证明 q 是从 p 逻辑地推出的，那么，相信 q 就是合理的。但范·英瓦根指出，此处的"合理性原则"却不是真的，因为在很多情况下这个原则与人们的具体的思维实践是相互冲突的。例如，一位名叫爱丽丝的哲学家，她合理地相信多重宇宙存在（p），然而有人告诉她一个在可靠性上无可置疑但结论相互冲突的证明：每个宇宙都占有一定的空间；没有任何宇宙占据空间。当面临这样的矛盾时，她更合理的解决方式是，不再相信"有多重宇宙"（p）。④ 这个例子说明的是，如果接受 p 但用 RP 能够推出矛盾，那么，合理的方式就是不再接受 p，而不是进一步接受由

---

① Peter Van Inwagen, Begging the Question, in Graham Oppy (ed.), *Ontological Arguments*, p. 243.
② 学者们基于不同考虑分别把 justification 一词翻译为"辩护"、"核证"、"证成"以及"确证"等。本书采纳邢滔滔教授在《基督教信念的知识地位》（译著，北京大学出版社，2004 年版）以及"基督教哲学的一部新经典——《基督教信念的知识地位》简析"（会议论文，《基督教思想评论第二辑 2005 年》）中的译法，统一将之译为"核证"，相应地，把 justification 的形容词形式 justified 译为"有核证的"。
③ Peter Van Inwagen, Begging the Question, in Graham Oppy (ed.), *Ontological Arguments*, p. 247.
④ Peter Van Inwagen, Begging the Question, in Graham Oppy (ed.), *Ontological Arguments*, p. 247.

之所推出的相互矛盾的结论。范·英瓦根把上述反例给 RP 带来的普遍教训归结为三点：第一，人们能合理地相信 p，这一点也许为真；第二，p 推出 q 这一点是可证明的；第三，任何人都能够合理地相信 q 这一点是错的。[1] 既然普兰丁格的论证并没实现他所谓"认知价值"，那么，他的论证就是"难以让人信服"的（unconvincing），也是"认识论上中立的"。

可以看到，范·英瓦根批评普兰丁格的问题指向依然是笛卡尔与卡特鲁斯争论的聚焦点："上帝存在"是本体论证明的推理步骤之一还是这个推理得以进行的外在担保？范·英瓦根显然采纳前一种理解，因为他仅在"先验推理"的层次上讨论"上帝存在是可能的"这一前提。正因为此，在他看来，由于普兰丁格的论证是认识论上中立的，无法说服预先持无神论或不可知论立场的论者接受其结论，即使把目标定在表明上帝存在是可以被合理地接受的这样一个更弱的目标上也勉为其难，因此，根本没有认知价值。

上述讨论提示我们，乞题批评使得本体论证明面临着严重的挑战：如果本体论证明是乞题的，这个证明就仅仅是个包含着循环的逻辑游戏，根本没有为上帝的存在提供什么实质性论证。本体论证明真的包含着逻辑循环吗？并非所有哲学家都认同这一点，持反对意见的哲学家致力于通过清除乞题指责而恢复本体论证明的应有认知地位。

历史地看，回应乞题批评的努力也早在笛卡尔时代就开始了。笛卡尔对卡特鲁斯批评的回答是：上帝的现实存在是出于"上帝的本性"（the nature of God）而非出于"我"的假定，因此没有循环。他通过区分"可能存在"（possible existence）与"必然存在"（necessary existence）来说明这一点。他认为，人们清楚、明白地设想出来的各种东西的概念都包含着可能存在，但唯有上帝的概念中包含着必然存在（因为上帝拥有不可测度的权能，能够凭自己的能力而永恒存在），必然性是现实存在的必要且充分的条件，因此，仅能从上帝的概念推出他的现实存在："……我们未设想有任何必然性与它们的其他性质结合一起，必然性为现实存在者所需；但，因为我们理解到现实存在是必然地，在任何时候都与上帝的其他属性结合在一起，这就确信地导出

---

[1] Peter Van Inwagen, Begging the Question, in Graham Oppy (ed.), *Ontological Arguments*, p. 249.

上帝存在。"① 笛卡尔强调上帝的存在出于其本性的基本推理是：作为思考者的"我"是个有限的存在，上帝拥有全部完美性，因此，可以推断上帝不会是"我"的理智构造出来的而是自存的。

笛卡尔的上述回答提示我们，乞题反驳的核心指向是"上帝在现实中存在"是否本体论证明必须预先假定的前提？卡特鲁斯坚持，笛卡尔的本体论证明能够得出的只是存在的概念与上帝概念联在一起，要得出上帝在现实中存在必须先假定"上帝现实存在"，结论与前提的循环就在这里发生了。笛卡尔回答卡特鲁斯的基本思路是，只有发生在同一个推理之中的不同步骤之间才能产生"循环"，但卡特鲁斯认为"必须先假定"的上帝现实存在并不是本体论证明的推理步骤之一（即，并非出于"我"的假定），而是本体论证明能够提出和展开的外在担保（即，出于"上帝的本性"），因此，他的论证并不存在卡特鲁斯所批评的问题。换句话说，在笛卡尔看来，来自上帝本性的东西确实对本体论证明起作用，但这种作用不是作为推理的一部分（如同卡特鲁斯所认为的），而是推理得以进行的外在担保（"必然存在"是"可能存在"的条件，有限的人只能在"可能存在"的层次上进行思考，唯有包含"必然存在"的上帝概念才能保证这些思考得以展开），因此，此处无所谓"循环"。

笛卡尔对推理要素进行分层，指出"存在预设"并非本体论证明的内在逻辑步骤，而是外在担保条件的洞察颇有启发，这引导人们进一步思考"乞题"的本性。也正是基于对"乞题"之本性的考察使得史蒂芬·戴维斯反对罗的论证而坚持安瑟尔谟的本体论证明不存在乞题问题。

戴维斯认为，当且仅当在如下两种意义上，一个命题才能称得上犯了乞题错误：要么"（1）结论或一个逻辑上等于该结论的命题以一个前提或一个前提之合取的面目出现"，要么"（2）一个前提的真依赖于结论的真（即，除非首先接受结论，否则就没有理由接受前提）"②。戴维斯指出，乞题问题

---

① René Descartes, Descartes' Reply to Caterus, in *The Philosophical Works of Descartes*, Volume II, translated by Elizabeth S. Haldane and G. R. T. Ross, cited from *the Ontological Argument: From St. Anselm to Contemporary Philosophers*, p. 39.

② Stephen T. Davis, Does the Ontological Argument Beg the Question? in *International Journal for Philosophy of Religion*, 1976, Vol. 7, No. 4 (1976), pp. 433–442.

是个"非形式的错误"(informal fallacy),因为诸如 p→p 等诸多乞题推理都是形式上有效的。这意味着,乞题论证缺乏说服力的原因在于,从内容上看,如果已经接受了结论就无须引入前提为之提供论证;而如果结论存疑引入前提也无助于减轻疑惑,因此,其错误仅在于"假设了所要证明的东西为真"。

进一步说,戴维斯在批评罗的基础上辩称,在如上两种意义上安瑟尔谟的本体论证明都没有触犯乞题错误。戴维斯对罗的批评从三点展开:第一,罗的"包含"(contain)一词用法不严谨,这种不严谨会导致对逻辑上无可挑剔的论证进行不当批评。具体地说,当罗称"上帝存在"这个结论被"包含"在前提中时,其中的"包含"仅仅是有效论证中的"导出于"(follows from)或"衍推出于"(entailed by)的隐喻表达。如,对于如下有效三段论:(1)所有人都是有死的;(2)苏格拉底是人;(3)因此,苏格拉底是有死的。罗会以前提(2)中的人都"包含""有死的"为由而指责它犯了乞题错误。第二,罗把安瑟尔谟论证的第二步概括为"上帝或许已经在现实中存在了",并把这一步等同为"上帝是个可能之物",然后把"可能之物"理解为它要么是个"存在之物",要么是个"不存在之物"。戴维斯认为,由于"不可能之物"只能是无法存在之物,无法把"不可能之物"理解为要么是个"存在之物",要么是个"不存在之物"。因此,罗对"可能之物"的上述理解不成立。第三,用"简单的本体论证明"和"魔术师"例子来类比安瑟尔谟的本体论证明不恰当,没有看到后者与前两者之间至少存在两个明显的差异。其一,两个例子都把所讨论的存在者"定义"为存在的,而安瑟尔谟的证明没有直接把上帝定义为存在之物,而是仅把上帝定义为"最大的可能的存在者";其二,安瑟尔谟的论证需要另一个关键前提"既能够在理解中存在又能够在现实中存在的某物要比仅能在理解中存在的某物更伟大",两个例子无须这个前提,这表明安瑟尔谟的论证与两个例子的论证结构不同,安瑟尔谟的前提中并没有直接假设"上帝存在",因此不存在前提与结论间的逻辑循环问题。基于上述三点批评,戴维斯坚持安瑟尔谟的证明没有犯乞题错误,故而论证依然成立。

戴维斯对"乞题"之本性的限定以及他对罗的三点批评都颇有见地,其中,第二点批评尤为重要,这个批评涉及罗指控本体论证明的前提预设上帝存在的核心推理。然而，遗憾的是戴维斯对这个批评着墨甚少，仅限于简单提到，这影响了人们的理解，也妨碍了人们对其重要性的认识。这个遗憾在基思·伯吉斯-杰克逊的"安瑟尔谟乞题吗？"一文中得到弥补。

伯吉斯-杰克逊把"事物"/"东西"（things）进行了两类、三种的划分：两类即，"可能的"（possible）与"不可能的"（impossible）；三种即，"现实的"（actual）、"非现实的"（non-actual）以及"不可能的"。其中，"现实的"和"非现实的"属于第一类"可能的"，最后一种属于第二类"不可能的"。他分别用 A、B、C 来表示这三种状态的事物，并指出这三种状态是"联合详尽的"（jointly exhaustive）且"相互排斥的"（mutually exclusive）。由此，他做出任何事物都只会出于如下三种状态之一的判断："（1）一个现实的（因而是可能的）东西（例如，我正在其上打这些词的键盘）；（2）一个非现实但可能的东西（如，独角兽或渡渡鸟）；或者（3）一个不可能的东西（如，一个已婚的单身汉）。"[①] 概括地说，在伯吉斯-杰克逊看来，事物要么是可能的，要么是不可能的，然而，在可能的事物中有些是现实的有些是非现实的，一切事物都只能处于这三种状态中的一种。

在"可能的"这个类中又划分出"现实的"与"非现实的"两种使得伯吉斯-杰克逊能够清晰地剖析罗的指责以及安瑟尔谟的证明。与戴维斯相同，伯吉斯-杰克逊指出，罗声称安瑟尔谟论证的第二步"上帝或许已经在现实中存在了"（罗将之理解为"上帝是个可能之物"）乞题，即，它假设了要证明的结论"上帝存在"。如果按照罗的理解，这一步是断言"上帝是可能的"，那么这就是说"上帝"不属于状态 C，而只能属于状态 A 或 B，但这一步并没有判定"上帝"到底属于 A 还是 B。需要把前三个步骤即，（1）上帝在理解中存在；（2）上帝或许已在现实中存在（上帝是个可能的存在者）；（3）如果仅在理解中存在的某物同时也或许已在现实中存在了，那么它或许曾比它现在更伟大组合在一起才能排除状态 B，然后由 A、B、C 三种状态是"联合详尽的"且"相互排斥的"推出"上帝"的状态只能是 A。这个分析

---

① Keith Burgess-Jackson, Does Anselm beg the question? in *International Journal for Philosophy of Religion*, August 2014, Vol. 76, No. 1 (August 2014), pp. 5–18.

表明，安瑟尔谟在前提中确实承认了"上帝"是个"可能的"类中"现实的"事物，如果将此理解为承认了上帝的"存在"，那么这种承认也是由三个前提共同推出的，而非由第二个前提直接"预设"的。据此，伯吉斯－杰克逊得出结论："……前提二没有单独衍推、暗示、假定或预设上帝的存在。它的功能仅在于排除上帝或许会处于其中的三个可能类别之 C。只有当把前提二与前提一及前提三结合在一起才能通过排除类别 B 的方式衍推出上帝的存在。"① 由于前提二并没有预设上帝存在，因此，罗的乞题批评不成立。

如上文所述，罗的论辩告诉我们，罗是根据安瑟尔谟的上帝概念和"存在是个促使伟大的性质"而直接得出前提二预设上帝存在的，他确实没有提供伯吉斯－杰克逊给出的上述推理。如果伯吉斯－杰克逊的推理及结论都是没有问题的，那么，罗在指控安瑟尔谟的论证步骤二预设上帝存在上确实过于匆忙，至少还需要更为充分的论证。

我们看到，戴维斯和伯吉斯－杰克逊都是直接针对罗的论辩展开反批评，他们试图通过指出罗的内在问题而捍卫安瑟尔谟的本体论证明。由于范·英瓦根的论辩是新近提出的，我们尚未看到针对性的反批评，然而，他所提出的乞题问题会导致本体论证明因"认知中立"及"缺乏认识论价值"缺乏说服力，因而起不到证明上帝存在的效果这一观点却是另一个更宽泛的问题的特殊表达。这个更宽泛的问题即本体论证明的认知地位到底有多高，亦即本体论证明在多大程度上是有说服力的。对于这个问题，欧佩曾称，在程序的（procedural）或倾向的（dispositional）意义上，存在着合理的有神论者、无神论者和不可知论者，在使之更简化、统一、融贯的层次上，他们乐意改进自己的观点，但是"本体论证明不能为倾向上合理的不可知论者——有神论、无神论者——提供一个改变其观点的理由。"② 因此，应把本体论证明置于"辩证的框架"（a dialectical framework）中，这个框架坚持"未被定罪即清白"的原则，承认有神论、无神论、不可知论的合理的可接受性，不以说服他们转变自己的基本立场为目标。欧佩试图取消借助本体论证明而说服所有

---

① Keith Burgess-Jackson, Does Anselm beg the question? in *International Journal for Philosophy of Religion*, August 2014, Vol. 76, No. 1 (August 2014), pp. 5 – 18.

② Graham Oppy, *Ontological Arguments and Belief in God*, p. xii.

人（包括无神论者和不可知论者）接受上帝存在的安瑟尔谟式雄心，仅为它保留了改进其支持者观点的功能。与范·英瓦根的模态本体论证明是"认识论上中立的"观点相比，欧佩的观点显然弱得多。尽管如此，欧佩的工作依然提示我们，关于本体论认知地位的讨论早在20世纪就列在哲学家们的讨论日程中了。在后文"恶的论证"一章中，我们所看到的哲学家们对于"辩护"（defense）与"神义论"（theodicy）之认知地位的分歧与此处的讨论正是同样类型的话题。

实际上，在构造其模态本体论证明时，普兰丁格也没有赋予他的证明以说服无神论者或不可知论者的功能，他对之的定位非常弱：仅仅是要说明有神论之合理的可接受性，即，在诸多相互竞争的理论系统中，有神论的可接受性不比其任何对手弱。出于这个目标，普兰丁格完全可以站在有神论的立场上，防御性地论证本体论证明有其自身的合理性，且这个证明不会轻易被立场相左的、相互竞争的理论击败。在20世纪80年代出版的一本纪念文集中，普兰丁格对于自己的模态本体论证明作出了三点评估：首先，在推理中没有混淆、谬论或其他错误，如果接受了前提就能无瑕疵地得出结论；其次，接受他所提供的前提是合理的；最后，他所提供的论证与维特根斯坦、蒯因、阿姆斯特朗、克里普克等为其重要结论提供的最严格论证一样令人满意。[①] 显然，普兰丁格并不认为他的论证存在着乞题的缺陷，因而也不存在范·英瓦根基于此缺陷而推出的"认识论上中立的"判断。

此外，我们也看到，笛卡尔是以划分推理要素之层次的方式来表明本体论证明不存在乞题问题的。对于笛卡尔这个思路，我们也可以进一步追问：笛卡尔视为本体论证明得以顺利展开之"外在担保"的"上帝现实存在"到底是如何进入我们的思考的？显然，它不会由仅能在"可能存在"层次上进行思考的"我们"理智地构造出来的，那么，唯一的选项只能是无限的上帝主动显示给我们的。这样的观点对于接受"信仰寻求理解"的哲学家来说是顺理成章的，但对于不承认上帝存在的无神论者或对上帝存在不置可否的不

[①] Alvin Plantinga, Self-Profile, in *Alvin Plantinga*, James E. Tomberlin and Peter van Inwagen (eds.), Dordrecht: D. Reidel Publishing Company, 1985, pp. 70–71.

可知论者来说就是强词夺理了。因为，在后者看来，"我们"的理智是一切推理的唯一源泉（甚至作为启示者的上帝也是由理智构造出来的），故而，笛卡尔所谓"推理得以进行的外在担保"就是无稽之谈，因此，"来自上帝本性的东西"依然是推理的一个部分，在此意义上，循环无可避免。这番追问同样引领我们抵达欧佩的"辩证的框架"话题，恰如欧佩的温和立场，我们也可以坚持有神论、无神论以及不可知论都有其合理性，笛卡尔的思路仅适用于承认上帝启示的有神论者。有了这个让步，笛卡尔的目标就与普兰丁格对其模态本体论证明的定位相同了，至于笛卡尔愿不愿意作此让步我们此处就不再讨论了。

总而言之，乞题反驳的支持者基于本体论证明的前提就已经"预设"了作为结论的"上帝存在"为由，质疑该证明没有提供实质性的论证，而仅仅是个"笑话"。他们进一步坚持乞题发生在"上帝存在是可能的"这个前提中，然而，该反驳的批评者的工作提示我们，此前提并没有直接预设"上帝存在"，而是由几个前提共同推出的，这样一来，本体论证明就无所谓乞题了，因此，这个证明依然成立。这些讨论对于人们清晰理解本体论证明的整体思路、准确把握各步骤之间的具体关系进而恰当判断本体论证明的认知地位都颇有启发。

第三节 康德式"存在不是谓词"反驳的当代论辩[①]

在围绕本体论证明所衍生的诸多反对意见中，康德的"'是'/'存在'是个逻辑的谓词而非实在的谓词"这个"标准的教科书式反驳"[②] 影响甚巨。有研究者甚至认为康德的这个反驳是"对本体论证明最具摧毁性的反驳，自此以后本体论证明几乎在哲学家的议事日程表中销声匿迹"[③]。我们也看到，

---

① 本节的部分内容曾作为项目的阶段性研究成果：《依随语境的"存在不是谓词"命题——本体论证明之"康德—弗雷格反驳"的日常语言分析回应》一文的组成部分刊载于《宗教与哲学》第十辑。

② 这是范·英瓦根的说法，See, Peter Van Invagen, Ontological Arguments, in Charles Taliaferro, Paul Draper and Philip L. Quinn (eds.), *A Companion to Philosophy of Religion* (Second Edition), West Sussex: Blackwell Publishing Ltd, 2010, p. 360.

③ 参见张力锋、张建军《分析的宗教哲学》，江苏人民出版社2010年版，第58页。

20 世纪以来所兴起的关于本体论证明的进一步讨论很多都是在清理该反驳的前提下展开的,足见这个反驳的重要地位。这个反驳的基本观点是,本体论证明仅在概念层次上证明了上帝的存在,没有在经验的层次上产生同样的效果,因此,以得出上帝"不仅在思想中存在也在现实中存在"为旨归的本体论证明不成立。

康德"标准的教科书式反驳"是在《纯粹理性批判》第三编第四章"论上帝存在的本体论证明之不可能性"提出的:"是/存在(being)显然不是一个实在的谓词,即,它不是一个可以为关于事物的概念增加什么东西的概念。它仅是事物自身或事物自身中的某些确定性的假定。在逻辑上,它仅是个判断系词。"① 可以看出,"逻辑的谓词"(a logical predicate)和"实在的谓词"(a real predicate)之分是康德反驳的着力点。康德也明确指出,"逻辑的谓词"和"实在的谓词"的混淆是混乱之源:"我确实希望通过准确确定存在概念而直截了当地消除这些无根据、无效果的争论——如果我们没有发现这个源于逻辑的谓词与实在的谓词(即,与确定一个事物的谓词)之混淆的错觉,就几乎无法改正。"② 何谓"逻辑的谓词"与"实在的谓词"呢?在康德的术语中,"逻辑的谓词"是从"逻辑的用法"(logical use)的角度发挥作用的谓词,如在"上帝是全能的"这个命题中,"是"的逻辑的用法"仅仅是判断的系词",因此,它是逻辑的谓词,康德认为,由于逻辑的谓词仅在逻辑的层次上起作用,与具体内容无关,因此"任何东西都能充当逻辑的谓词;甚至主词也能述谓其自身,因为逻辑抽掉了一切内容"③。"实在的谓词"指具有"确定"(determine)作用的谓词,而"确定""是个添加到主词的概念上并扩充之的谓词。因此它必定不会已经包含在这个概念中了"。④ 与"逻辑的谓词"相对照,康德对"实在的谓词"的核心规定是:它不仅在逻辑层次上起作用,也在内容层次上起作用,从后一个层次看,只有能够为主词"增加内容"的谓词才是"实在的谓词"。在康德的理解中,为主词"增加内容"

---

① Immanuel Kant, *Critique of Pure Reason*, A598 = B626, p. 504.
② Immanuel Kant, *Critique of Pure Reason*, A598 = B626, p. 504.
③ Immanuel Kant, *Critique of Pure Reason*, A598 = B626, p. 504.
④ Immanuel Kant, *Critique of Pure Reason*, A598 = B626, p. 504.

的意思是把经验内容添加到主词上，而"经验内容"必须在概念之外的经验中才能获得。在这个意义上，康德指出，要实现本体论证明的初衷，即把在经验层次上的"存在"指派给"上帝"就一定要"走到概念之外"，以经验的方式实现。

必须"走到概念之外"在经验中才能增加内容，这是康德的一贯观点，他在《纯粹理性批判》的导言部分说明分析判断（analytic judgments）与综合判断（synthetic judgments）之分的段落中就明确指出这一点了。在这些段落中，康德根据主词和谓词的关系区分两种判断，谓词"属于"（belong to）主词或谓词"被包含"（is contained in）在主词中的判断是分析判断；谓词在主词"之外"（lies outside）的判断是综合判断。由于分析判断的谓词属于主词，分析命题的功能仅在于剖析概念，即，"将概念分解为已经在其中被思考过的（尽管只是模糊地思考过的）组分概念"①。综合命题则"借助谓词把一些东西添加给主词的概念"，即，综合命题"给主词的概念添加了一个谓词，该谓词根本没有在这个概念中被思考过，不能通过分析主词而从中抽取出来"。②上述区分告诉我们，在康德看来，分析命题的功能在于对主词进行概念剖析使之更为明确，这个过程仅在概念内部完成，不涉及概念之外的"经验内容"，只有综合命题才能考察概念之外的经验内容。

据此，我们可以认为，康德在批评本体论证明的过程中所提到的"逻辑的谓词"就是在分析判断中的谓词，其作用是把主词和谓词关联在一起，但不能给主词增加内容；所谓"实在的谓词"就是综合判断中的谓词，因为它没有"被包含在主词中"、没有"在主词的概念中被思考过"，所以能够给主词添加内容。鉴于此，我们把康德批评本体论证明的思路概括为六个步骤：（1）"上帝存在""上帝是"是个分析判断；（2）"存在""是"是分析判断中的"逻辑的谓词"，而非综合判断中的"实在的谓词"；（3）"逻辑的谓词"不能走到概念之外，不能给主词增加经验内容；（4）本体论证明试图通过剖析上帝的概念而得到上帝在概念之外的经验世界中也存在；（5）本体论证明

---

① Immanuel Kant, *Critique of Pure Reason*, A6 – 7 = B10 – 11, p. 48.
② Immanuel Kant, *Critique of Pure Reason*, A6 – 7 = B10 – 11, p. 48.

错把适用于分析判断的"逻辑的谓词"视作适用于综合判断的"实在的谓词"了;(6)因此,本体论证明不成立。上述思路告诉我们,分析判断与综合判断之分是康德批评的根基,正因为混淆了这个区分,本体论证明才会让人产生"似乎有哪个地方不太对劲"的直觉。

分析哲学的先驱弗雷格以更清晰的方式把康德的想法呈现出来。在《算术基础》的第53节,弗雷格根据"存在是概念的性质"这一理由批驳本体论证明,构造了一个类似于康德的论证。在弗雷格的术语中,"概念的性质"(properties of concept)是与"事物的性质"(properties of things)相对的,"事物的性质"是指"构成一个概念"的特征、"归于一个概念,而非属于这个概念"的性质;而"概念的性质"则是指"一个概念所断言"的性质。基于这个区分,弗雷格指出:"……不存在直角等边直线三角形确实陈述了'直角等边直线三角形'这个概念的一个性质;它为之指派了数字零。在这方面,存在与数类似。肯定存在实际上不过是否定了数字零。由于存在是个概念的性质,支持上帝存在的本体论证明失败了。"① 有研究者用"马"这个概念为例为弗雷格的论辩提供了细致的说明:"构成"马的概念的特征包括"四条腿""有鬃毛""速度很快"等,这些性质是"归于"马的概念中的性质,是"包含在马这个类别中的事物";而另外一些性质,如"马很多""有五匹马""'马'这个物种灭绝了"等,所讨论的是关于"马"这个"概念",当人们说"马不存在"时,并不是说有什么事物归于"马"的概念中,在这个用法中,断言存在实际上就是"否认数字零"。② 可以认为,弗雷格的思路是把"性质"分为两个层次,适用于事物的性质称为"一阶性质",适用于概念的性质为"二阶性质","上帝存在"中的"存在"是"二阶性质",指出本体论证明试图将这个适用于概念的"二阶性质"用于证明作为"事物"(the things)的上帝,因此,以证明上帝在现实中也存在为旨归的本体论证明无法成立。

---

① Gottlob Frege, *Foundations of Arithmetic: A Logico-mathematical Enquiry into the Concept of Number*, translated by J. L. Austin, second revised edition, New York: Harper Torchbooks/ The Science Library, 1960, pp. 64 – 65.

② See, Michael E. Cuffaro, Kant and Frege on Existence and the Ontological Argument, in *History of Philosophy Quarterly*, October 2012, Vol. 29, No. 4, pp. 337 – 354.

当代学者常用"存在量词"（existential quantifier）来解释弗雷格"肯定存在实际上不过是否定了数字零"的想法。如，麦基以分析"不具形体的精灵存在"（disembodied spirits exists）来阐释弗雷格的思路："不具形体的精灵存在"所表达的是"有不具形体的精灵"（there are disembodied spirits），后者的逻辑形式是 Ex（Sx&DX）。在"有不具形体的精灵"中，作为存在量词的"有"（there are）必须附着于一个谓词表达或一个普遍描述，它所表达的是"该谓词表达所指示的特征的集合得到实现或例示"①。麦基的这种分析承继罗素讨论"当今的法国国王是个秃子"的精神，其优势在于可以把包含存在的句子改写为用量词表达的句子，从而澄清因"存在"概念用法上的模糊而导致的诸多问题。鉴于弗雷格在"存在不是谓词"问题上与康德的一致性，人们常用"康德—弗雷格质疑"来概括针对本体论证明的这个批评。

康德—弗雷格思路的当代追随者众多，如斯特劳森（P. F. Strawson）称，康德对本体论证明的核心主张——上帝的概念"包含其存在"、上帝存在是"分析上必然的"——轻蔑的拒斥是"真正结论性的"，理由在于："构造一个概念，不管这个概念多么丰富，是一回事；而宣称它得到例示是另一回事。逻辑的或分析的必然性仅与概念间的关联相关。没有什么概念能够逻辑地担保它在某种其自身不是一个概念的东西中得到例示。"② 与斯特劳森类似，很多哲学家基于不能"借助一个完全先天的程序证明任何具体实在的存在"的理由而嘲讽本体论证明是个笑话。③ 我们以摩尔、斯特劳森以及艾耶尔的相关论辩来说明康德的当代拥护者的基本思路。

摩尔在1936年为亚里士多德学会关于"存在是否谓词"的讨论会提供了一个基于比较"驯服的老虎存在"（tame tigers exist）与"驯服的老虎咆哮"

---

① J. L. Mackie, *The Miracle of Theism: Arguments For and Against the Existence of God*, p. 46.
② P. F. Strawson, *The Bounds of Sense: An Essay on Kant's Critique of Pure Reason*, London and New York: Routledge, 2006, p. 225.
③ 东布罗夫斯基指出："把嘲弄本体论证明当真的一个原因在于，从欧佩式的嘲讽到迈克尔·马丁和史蒂芬·戴维斯的明显信念仅一步之遥，和叔本华一样，迈克尔·马丁和史蒂芬·戴维斯相信本体论证明仅是个迷人的笑话。他们认为本体论证明是个笑话的理由似乎在于他们和 J. L. 麦基一样相信如下一点是显而易见的：人们不能'借助一个完全先天的程序证明任何具体实在的存在'。"See, Daniel A. Dombrowski, *Rethinking the Ontological Argument: A Neoclassical Theistic Response*, p. 114.

(tame tigers growl) 之间的差别而构造出"存在不是谓词"的论证。具体地说,摩尔把"驯服的老虎"分别与"存在""咆哮"组合构造了两组、八个不同的表达:(1)"驯服的老虎存在";(2)"所有驯服的老虎存在";(3)"大部分驯服的老虎存在";(4)"一些驯服的老虎存在";(5)"驯服的老虎咆哮";(6)"所有驯服的老虎咆哮";(7)"大部分驯服的老虎咆哮";(8)"一些驯服的老虎咆哮"。这八个表达的否定形式分别用(1')、(2')、(3')……来表示,如(1')"驯服的老虎不存在";(2')"所有驯服的老虎不存在";(3')"大部分驯服的老虎不存在"……[1]对此,摩尔分析称,(1)所表达意思的通常都是(4),而将之理解为(2)、(3)都是很奇怪的。也就是说,"驯服的老虎存在"只能理解为"一些老虎存在",如果将之理解为"所有驯服的老虎存在"和"大部分驯服的老虎存在"则会给人一种很奇怪的感觉。而讨论"咆哮"时,则可以毫无困难地把(5)理解为(6)、(7)、(8)。这样的差别表明"存在"和"咆哮"有某种不同。进一步说,摩尔通过比较否定表达(4')"一些驯服的老虎不存在"和(8')"一些驯服的老虎不咆哮"这两个否定表达来寻找此处的不同点。(8')有清楚的意思,它也能够与(8)同时为真;但(4')的情况完全不同,(4)有清楚的意思,而(4')则非常奇怪,如果它有什么意思的话其意思必定是"存在一些驯服的老虎,这些老虎不存在",这非常费解。如果说因为"存在"一词在(4)和(4')中有不同的意思,所以(4')能够有意义,但这种建议会导致(2)和(3)根本就没有意义。摩尔通过表明这两个表达无法按照正常的理解(即,通常人们理解咆哮的方式)获得意义来证明这一点:(2)没有意义的理由在于,按照正常的理解,(6)的意思是"一些驯服的老虎咆哮,且没有哪个驯服的老虎不咆哮",这句话有意义,因为"至少有一个驯服的老虎不咆哮"是有意义的;相应地,(2)应该意味着"一些驯服的老虎存在,且没有哪个驯服的老虎不存在",而"至少有一个驯服的老虎不存在"是没有意义的。(3)没有意义的理由在于,按照正常的理解,(7)的意思是"一些驯服的老虎咆哮,且那些不咆哮的老虎的

---

[1] See, W. Kneale and G. E. Moore, Symposium: Is Existence a Predicate? in *Proceedings of the Aristotelian Society*, Supplementary Volumes, 1936, Vol. 15, What can Philosophy Determine? (1936), pp. 154 – 188.

数量小于那些咆哮的老虎的数量"，这句话是有意义的，因为"存在着不咆哮的驯服的老虎"是有意义的；相应地，（3）有意义要求"存在着不存在的驯服的老虎"有意义，这显然无法实现。

上述比较说明：就肯定方面说，"咆哮"可以毫无困难地适用于全称判断，而把"存在"用于全称判断则很奇怪；就否定方面说，倘若在"咆哮"之前添加否定词，无须改变"咆哮"的意思就可以使否定表达有意义，而如果在特称肯定的"存在"判断之前添加否定词变成特称否定的"存在"判断，则必须改变"存在"的意思才能使之有意义，但这种改变又会导致其他判断无意义，因此行不通。在此意义上，莫里·凯特利（Murray Kiteley）把摩尔所揭示出的"存在"与谓词之间的差异概括为："如果存在是个谓词，那么，你应该能够普遍地肯定它并特别地否定它。但你又不能做其中任何一个。"[1] 总之，由于摩尔认为"咆哮"是个谓词、"代表一个属性"（stand for an attribute），因此，与"咆哮"用法不同的"存在"就不能是个谓词。

斯特劳森通过分析"语言事实"（linguistic fact）与"逻辑信条"（logical dogma）之间的张力来为"存在不是谓词"提供新阐释。其整体论证思路可以概括为："主谓陈述"（subject-predicate statements）预设了"存在陈述"（existential statement），但存在陈述本身又不能被算作主谓陈述。理由在于，如果存在陈述是个主谓陈述，那么，它就预设了一个断言主词存在的陈述，即，存在陈述预设了自身，这会导致如下荒谬："仅当它为真时，它到底为真或为假的问题才能产生；或者，如果它为假，它为真或为假的问题就不会产生。"[2] 这个荒谬是斯特劳森在讨论亚里士多德的四个命题 A（全称肯定）、E（全称否定）、I（特称肯定）、O（特称否定）时提出的，他指出，可以在传统逻辑的规则下为这四个命题提供一个融贯的解释，但这种解释要付出一个非常高的代价，即，"全部"（all）、"有些"（some）以及"没有"（no）这些常量无法忠实地反映它们在日常言语行为中的典型逻辑功能，如，按照 I 与 E 之间的关系，我们会认为某人称"有些英国学生今年能够获得优等学位"是他

---

[1] Murray Kiteley, Is Existence a Predicate? in *Mind*, Jul., 1964, New Series, Vol. 73, No. 291 (Jul., 1964), pp. 364–373.

[2] P. F. Strawson, *Introduction to Logical Theory*, London: Methuen & Co Ltd., 1952, p. 191.

所说的"根本没有人会获得优等学位"这个真陈述的充分条件，在日常语言中，这个条件是非常费解的。要弥补这种费解的方案则是把"获得优等学位的学生存在"这个"存在陈述"作为必要预设加诸四种形式的命题之上，在此意义上，"存在陈述"为真是真假问题产生的前提，如果"存在陈述"为假，那么它为真或为假的话题就无从谈起了。斯特劳森把与存在陈述相对的主谓陈述定义为："在做这些陈述时，我们用我们句子的一部分扮演指称角色，余下的部分扮演归属或归类角色。"① 他举例称，当人们说"鲁滨逊小姐已经回家"或"鲁滨逊家的所有人都已回家"时，这两个句子的语法主词都起到指称作用，前者指一个人，后者指一个群体的全部成员。只有当确实存在着一个这样的人或这样一个群体的全部成员时，此处的指称才能实现，因此，这两个陈述都"承载着存在预设"，但它们都不是也不能衍推出存在陈述。

斯特劳森称，他的上述分析为"'存在'不是谓词"这一常见的哲学观察提供了如下新优势：当人们宣称或否定"有"（there are）如此描绘的东西，或者如此描绘的东西"存在"（exist）时，此处的用法既不是谓词的也不是表达的指称使用："称 x 的类有成员，就是把有成员这个性质归于这个类。它不断言 x 的这些成员的任何东西。类似地，在对等陈述 x 存在中，没有断言 x 的任何东西。但否认 x 存在是个主谓陈述仅仅是说，x 存在这个陈述与 x 是胖的或瘦的不同，它不断言 x 的任何东西。"②

如我们所见，"语言事实"与"逻辑信条"之间的分际是斯特劳森区分主谓陈述与存在陈述的基本出发点。历史地看，斯特劳森的这个分际其实是分析哲学家划分"语法的用法"与"逻辑的用法"这个普遍洞见的一种具体应用。就此而言，在首版于1936年的《语言、真理与逻辑》一书中，艾耶尔（A. J. Ayer）把"存在是谓词"断言的错误诊断为混淆了"语法的用法"与"逻辑的用法"之间的区分，他指出，把存在当作一个属性的假设犯了"跟随语法的引导而超出了感觉之界限的错误"③。艾耶尔以"殉教者存在"和"殉教者受苦"两个句子为例说明这种洞见：这两个句子在语法上有相同的外表，

---

① P. F. Strawson, *Introduction to Logical Theory*, p. 182.
② P. F. Strawson, *Introduction to Logical Theory*, p. 192.
③ A. J. Ayer, *Language, Truth and Logic*, London: Penguin Books, 1971, p. 26.

都是一个名词跟随着一个不及物动词,但它们在逻辑上不是同一个类型,因为,在"殉教者受苦"中,我们是把"受苦"这个"属性"(attribute)赋予殉教者,这个过程中假设了殉教者存在,一般性地说,即,当我们把一个属性归于一个事物时,其实"我们暗地里断言了该物存在";而如果同样地把"殉教者存在"中的"存在"也理解为一种属性,那就会推出"一切肯定的存在命题都是同义反复的,而一切否定的存在命题都是自相矛盾的"①。艾耶尔认为,这个结果是荒谬的,因此,"存在"不是一种属性,即,"存在"不是谓词。

从实质上说,斯特劳森的上述区分是康德所强调的"逻辑的谓词"与"实在的谓词"之分的当代形式。尽管摩尔、斯特劳森和艾耶尔都直接围绕"存在不是谓词"展开讨论,但他们的工作构成了当代基于"存在不是谓词"这个康德式反驳批评本体论证明之路向的重要思想资源。

与"存在不是谓词"这个康德式批评在20世纪得到广泛而深入的推进一样,20世纪以来,哲学家们也作出了大量努力来回应这个批评。根据具体路径,我们把这些回应归纳为三类:日常语言分析的、新正统主义的以及模态本体论证明的。第一类回应尝试通过揭示"存在"用法的多样性而指责"存在不是谓词"的判断过强,坚持在日常语言中尚有很多用法支持"存在"依然是谓词;第二类回应把存在的模式区分为"存在"与"现实性",指出"现实性"是谓词;第三类回应则通过论证康德式批评是与本体论证明无关的而指出它并没有真正地挑战本体论证明。我们以薇拉·皮茨(Vera Peetz)和威廉·阿尔斯通(William P. Alston)的相关论述来说明第一种路径;以哈慈霍恩的思考来展示第二种路径;以普兰丁格的工作来阐释第三种路径。

如前文所述,摩尔以通过比较"驯服的老虎存在"与"驯服的老虎咆哮"中"存在"和"咆哮"的不同得出"存在"并非"咆哮"那样的谓词。针对摩尔的这个论证,薇拉·皮茨称,只要给"驯服的老虎"加上定冠词就能够使得摩尔所提到的关于"驯服的老虎存在"的那些表达有清楚的意思,因为,为"驯服的老虎"加上定冠词意味着"在一群特殊的驯服的老虎中的

---

① A. J. Ayer, *Language, Truth and Logic*, p. 26.

存在预设"。即，具有括号中的存在预设的如下表达都有清楚的意思：B'1. 所有（存在的）驯服的老虎存在；B'2. 一些（存在的）驯服的老虎存在；B'3. 一些（存在的）驯服的老虎不存在；B'4. 没有（存在的）驯服的老虎存在。根据这样的分析，皮茨坚持"存在"依然是谓词，不过是种不同寻常的谓词："称'存在'不是个谓词不是真的，但不能像大多数其他谓词那样将之用于描述某些东西所拥有的特征（或习惯）……无论如何，用皮尔茨的话说，它是'一种不寻常的谓词'。"[1] 皮茨的讨论相对简单，更丰富的日常语言分析可以在阿尔斯通的论述中找到。

威廉·阿尔斯通在发表于1962年的"重审本体论论证"一文中，捍卫"存在不是谓词"的观点，其结论是在否定"存在模式的多样性"（plurality of modes of existence, various modes of existence, difference of modes of existence）的基础上得出的。[2] 鉴于阿尔斯通在获得结论的过程中对"存在模式的多样性"进行了充分讨论，我们援引他的这些讨论来展示第一种路径的基本思路，尽管在最终观点上他是反对此路径的。

阿尔斯通指出，基于"存在模式的多样性"的论辩所针对的是关于"存在不是谓词"的艾耶尔式论证：把"存在"视为谓词则任何肯定都是琐碎的（trivial），而任何否定都是自我挫败的（self-defeating）。这一论辩尝试通过指明"存在之模式"的多样性来论证在一些情况下"存在"依然可以是谓词，因此，无法一言以蔽之地坚持"存在不是谓词"。该论辩的基本思路是首先把"某物存在"改写为"有且只有一个某物，且它存在"、把"某物不存在"改写为"有且只有一个某物，且它不存在"的形式，然后指出，改写后的命题在有些情况下能够突破艾耶尔的判断，从而推出，由于"情况并非总是如此"，艾耶尔式的论证遭到削弱。

---

[1] Vera Peetz, Is Existence a Predicate? in *Philosophy*, Jul., 1982, Vol. 57, No. 221 (Jul., 1982), pp. 395 – 401.

[2] 阿尔斯通的文章分为三部分，按照提出目标、处理反对意见、得出结论的逻辑展开。其目标是：揭示谓词的本性，为确定一个词是否谓词提供一个更强、更基础的标准；其所处理的反对意见是：基于"存在模式之多样性"辩称"存在"在某些模式下是谓词；其得出的结论是："存在模式之多样性"是虚假的，故反对意见不成立，"存在"依然不是个谓词，得出此结论的核心论证是"真实相关物"和"真实原型"理论。

具体说来，阿尔斯通指出，该论辩把（1A）"P 存在"翻译为（2A）"有且只有一个 P，且它存在"；（1B）"P 不存在"可以翻译为（2B）"有且只有一个 P，且它不存在"。该论辩构造了如下两个例子来说明（2A）不是多余的，（2B）不是自相矛盾的：（1）"在希腊神话中有（there are）半人马，但这种生物不存在（exist）"；（2）"在很多古老传说中，有个（there is）名叫亚瑟的英格兰国王，他带领英格兰人反抗撒克逊人，根据一些学者的观点，亚瑟确实存在（exist）"。[①] 由于这种形式的实质性陈述非常常见，人们也能够毫无困难地理解其意思，故而它们可以作为艾耶尔结论的反例。为了进一步说明无须诉诸"有"与"存在"之分亦可获得上述效果，该论辩又构造出如下两个反例：（3）"鬼魂只存在于你的想象中（它并不真实存在）"；（4）"完美无私的人只在文学作品中存在（没有这样的人真实存在）"。[②] 这四个反例的共同点在于，其中的"有"和"存在"为"在希腊神话中""在传说中""在文学作品中""在你的想象中"等所修饰，这些修饰语指定了所断言的"存在"到底属于哪种类型："在说出这些句子时，人们会断言某物有一种存在模式，然后否定同一种东西有其他存在模式。"[③] 根据多种"存在模式"的洞察，该论辩进一步认为，能够以一种存在模式确立主词，而以另一种模式把存在视为谓词的策略将"P 存在"解释为主谓陈述。例如，可以这样来说明"亚瑟王真实存在"是个主谓陈述：如果能够不冗余地说，"在很多古老的传说中，都有个名为亚瑟的英格兰国王，他与撒克逊人战斗，并且证据表明他确实存在"这个陈述，"看来我就能够根据第一个连词的预设确立主词，然后毫不琐碎地述谓这个主词的真实存在"；类似地，也可以这样来说明"半人马不真实存在"是主谓陈述：如果能够无矛盾地说"在希腊神话中有半人马，但半人马并不真实存在"，那么，"似乎我就能在把传说的半人马设定为述谓的主词的过程中预设第一个连词，然后毫无障碍地否定真实存在这个谓词依

[①] William P. Alston, The Ontological Argument Revisited, in *The Philosophical Review*, Vol. 69, No. 4 (Oct., 1960), pp. 452-474.

[②] William P. Alston, The Ontological Argument Revisited, in *The Philosophical Review*, Vol. 69, No. 4 (Oct., 1960), pp. 452-474.

[③] William P. Alston, The Ontological Argument Revisited, in *The Philosophical Review*, Vol. 69, No. 4 (Oct., 1960), pp. 452-474.

附在这些主词之上。"① 根据这些分析，该论辩得出结论：一旦认识到存在模式的多样性，"存在不是谓词"的艾耶尔式论证就不再构成本体论证明的一个严重的挑战。

阿尔斯通基于"非真实存在物"（a nonreal existent）的"真实相关物"（real correlate）和"真实原型"（real archetype）理论来反驳上述论辩，即，认为任何非真实模型中的存在物都蕴含某种真实的相关物（如，梦境中的存在物蕴含必定有个真实的、有意识的梦境状态；传说或神话中的存在物都预设重复、倾听、思考传奇或神话中所论之物的真实活动等）；每一个非真实存在物都有某个真实存在的东西作为其原型，除了在存在性质之外，此原型在一切特征上都与该非真实存在物相同。阿尔斯通认为，对"真实相关物"和"真实原型"的揭示意味着，很多存在模式中的对象（即，"非真实存在物"）都是在预设真实存在物的前提下才能被言说的，故，这些存在模式并非真的是"多样的"，因此，基于"存在模式的多样性"的论辩不成立。

我们认为，阿尔斯通的"真实相关物"以及"真实原型"理论是建立在"现实"世界具有本体论的优先地位这个假设之上的，如果接受"索引词"（indexical terms）分析的思路②，认为各种可能世界的本体论地位上都是均等的，则阿尔斯通的反驳就没有什么力度了。③ 这意味着，阿尔斯通的反驳并没有导致"存在模式的多样性"论辩丧失生命力了，相反，此论辩所倡导的以分析语言用法之多样性入手，来应对"存在不是谓词"问题的日常语言分析路径依然是个颇有前景的方向。

如本章第一节所述，哈慈霍恩通过把上帝定义为"必然的存在者"而把岛屿定义为"偶然的存在者"，进而指出上帝与存在具有"最大的关系"，

---

① William P. Alston, The Ontological Argument Revisited, in *The Philosophical Review*, Vol. 69, No. 4 (Oct., 1960), pp. 452–474.

② 大卫·刘易斯把索引词分析的思路概括为：词的所指依赖于说话的语境，"现实的"（actual）也是个索引词，其用法与"当今""这里""我""这个"等索引词相同。"现实的"的相关语境特征是给定说话过程发生的世界，它在不同世界所使用的语言中有不同的意思。(See, David Lewis, Anselm and Actuality, in *Noûs*, Vol. 4, No. 2 (May, 1970), pp. 175–188.)

③ 笔者对阿尔斯通文章的进一步理解及此处基于索引词分析批评阿尔斯通的思路，是通过参加2022年秋季学期厦门大学哲学系"思与言小组"组织的"本体论证明读书班"的讨论获得的，感谢参与此读书班、给笔者提供思想激励的老师和同学们！

即，在各种可能情况中都存在，这使得只有上帝才能充当模态本体论证明的对象，任何东西都无法戏仿上帝。此处的"必然的存在者"与"偶然的存在者"之分的根据是哈慈霍恩模态理论关于存在类型的"偶然的"（contingent）、"不可能的"（impossible）以及"必然的"（necessary）三分："存在模态总是一个事物的性质，并总是从事物的定义中演绎出来的。用模态，我意指适用于一个定义的存在类型，不管这种存在类型是偶然的、必然的还是不可能的。"① 根据这种区分，岛屿的存在类型是"偶然的"而上帝的存在类型是"必然的"，因此，本体论证明仅适用于上帝。哈慈霍恩能够把上帝的存在类型确定为"必然的"，理由在于他的"新古典形而上学"（neoclassical metaphysics）② 立场，站在这一立场上，哈慈霍恩把偶然性与必然性的区分解释为"存在"（existence）和"现实性"（actuality）的分际："存在表示所定义的抽象本性以某种方式具体地得到实现了；但它是如何得到实现的、以什么独特的状态（state）、具有什么不能从该抽象定义中推断出来的独特内容，这些构成了现实性。"③ 东布罗夫斯基把哈慈霍恩的"存在"和"现实性"分别解释为"事实"（fact）和"状态"（state）："存在指上帝存在的事实，而现实性指上帝存在的方式，指上帝存在于其中的任何偶然状态或其他状态。"④ 根据"存在"与"现实性"的这层区分，哈慈霍恩指出，本体论证明所要表明的是"这个必然存在者，如果它不是一无所是因而不是任何积极观念的对象的话，它就是现实的"⑤。这意味着，本体论证明的真正目标是证明上帝是现实的存在者，即由上帝是可设想的，推出他必定是某种"现实的存在者"。

---

① Charles Hartshorne, What Did Anselm Discover? in *Union Seminary Quarterly Review*, vol. 17, no. 3, 1962, pp. 213–22.
② 哈慈霍恩称，所谓"新古典形而上学"即采纳怀特海过程哲学的思想把"古典形而上学是个把存在、实体、抽象物以及必然性作为第一抽象概念的形而上学；新古典形而上学则把这些视为第二抽象概念，第一抽象概念是创造的变化、事件、相对性以及或然性"。See, Charles Hartshorne, *The Logic of Perfection*, Preface, p. xiii.
③ Charles Hartshorne, What Did Anselm Discover? in *Union Seminary Quarterly Review*, vol. 17, no. 3, 1962, pp. 213–22. Cf., Paul E. Capetz, Kant and Hartshorne on the Ontological Argument, in *The Pluralist*, Vol. 12, No. 3（Fall 2017）, pp. 80–113.
④ Daniel A. Dombrowski, *Rethinking the Ontological Argument: A Neoclassical Theistic Response*, p. 124.
⑤ Charles Hartshorne, *Man's Vision of God*, Harper & Row, Inc., Publishers, 1941, cf., *The Ontological Argument: From St. Anselm to Contemporary Philosophers*, p. 135.

哈慈霍恩曾把"存在不是谓词"反驳概括为"存在不是谓词,因此不能由'完美性'这个谓词衍推出"①,然而,他认为"现实性"能由"完美性"推出,因此是个谓词。根据哈慈霍恩对存在模态的三分以及"现实性"是存在的三种模态之一的判断,可以说,仅就此种模态而言,"存在"依然是个谓词。

哈慈霍恩上述论证背后的理论基础是他所坚持的新古典主义的"经验"概念。就此,保罗·卡佩茨(Paul E. Capetz)指出,哈慈霍恩的"'存在'指的是上帝的抽象特征或本性;'实现'指的是上帝经验的具体内容"②。在哈慈霍恩看来,"经验"不仅包括经验主义者的"感官经验"更包括怀特海"因果效力模式中的经验",后一种"经验"更为原初、更为基本,人们日常毫无意识而在生病时才注意到的那些身体经验,以及非感官的记忆经验等是其范例。正是在这种更宽泛的经验概念下,哈慈霍恩坚持,既然上帝一直处于"现实"状态,人们必定能够经验到他:"……既然上帝必然以某种方式得到现实性,我们的经验(以及其他一切东西)必定与此实现相关,因此,完全能够推出,在某种意义上,并不一定有意识,我们必定直觉、经验或感受到他。"③ 进一步,哈慈霍恩认为,人们所具有的这种关于上帝的经验构成了一切"经验"本身之可能性的先在条件,在此意义上,上帝的"现实性"是必然的。

如前文所述,普兰丁格基于"卓越性"和"伟大性"为上帝存在提供了一种模态本体论证明。在关于"存在不是谓词"的讨论中,普兰丁格坚持康德的这个批评与安瑟尔谟的论证不相干(irrelevance),因此,这个反驳并没有达到很多人所认为的那种强度。具体说来,他把康德的格言解释为:在如下意义上,存在不是个实在的性质或谓词因而不能把事物定义为存在:"假设

---

① Charles Hartshorne, *Man's Vision of God*, Harper & Row, Inc., Publishers, 1941, cf., *The Ontological Argument: From St. Anselm to Contemporary Philosophers*, p. 129.
② Paul E. Capetz, Kant and Hartshorne on the Ontological Argument, in *The Pluralist*, Vol. 12, No. 3 (Fall 2017), pp. 80 – 113.
③ Charles Hartshorne, *Anselm's Discovery: A Re-Examination of the Ontological Proof for God's Existence*, Open Court, 1965, p. 228, cf., Paul E. Capetz, Kant and Hartshorne on the Ontological Argument, in *The Pluralist*, Vol. 12, No. 3 (Fall 2017), pp. 80 – 113.

我们称一个性质或谓词 P 是实在的，仅当有某个从 P_1 到 P_n 的性质清单，使得把 P 添加到这个清单上的结果不能把一个概念（在如上意义上）同等地定义到该清单上所定义的那个概念上。由此当然可以推出，存在不是个实在的性质或谓词。"[1] 普兰丁格以"单身汉"为例说明此处的想法：我们可以列举"未婚""是男性""年龄超过二十五岁"等性质来描述单身汉概念，当一个人拥有所有这些性质，那他就是单身汉，可以说这些性质都是"实在"的性质或谓词。康德否定"存在"是谓词的理由是，尝试把"存在"作为一个性质补充到前述性质的清单中以构成"超级单身汉"（superbachelor）概念的努力是错误的。因为。我们无法像承认"任何是单身汉的东西都是未婚的"必然为真那样承认"任何是超级单身汉的东西都存在"必然为真。

普兰丁格指出，康德的批评与安瑟尔谟的论证不相干的理由在于，安瑟尔谟并未努力把"存在"添加到定义上帝概念的性质清单中。相反，安瑟尔谟把"存在"视为一个"促使伟大的性质"，对于一个对象来说，它在某个世界中存在要比它在该世界中不存在更伟大："存在""……对于任意存在者 x 和世界 W 与 W'，如果 x 在世界 W 中，而不在 W' 中，那么，x 在 W 中的伟大性就超过了 x 在 W' 中的伟大性。"[2] 按照对于"存在"的这种理解，对于现实世界来说，作为"最伟大"的存在者，上帝必定在现实世界中存在，否则，就有个存在者会比上帝更伟大，这是不可能的，在此意义上，由上帝的概念就能够推出上帝必定在现实世界中存在。

如果我们接受普兰丁格对安瑟尔谟思路的上述阐释，那么，安瑟尔谟的本体论证明确实没有把"存在"当作谓词的情况，康德对本体论证明的批评也根本没有击中靶子。可以看出，针对康德式的批评，普兰丁格没有把注意力集中在直接否定"存在不是谓词"的命题上，而是以釜底抽薪的方式，指出这种批评其实是堂吉诃德对那个风车进行的战斗，因此并没有对本体论证明构成真正的挑战。

总而言之，康德针对本体论证明所提出的"存在不是谓词"批评在历史

---

[1] Alvin Plantinga, *God, Freedom, and Evil*, p. 97.
[2] Alvin Plantinga, *God, Freedom, and Evil*, p. 99.

上影响甚大，当代哲学家们给予这个批评以足够的重视，他们充分利用日常语言学派和理想语言学派的分析技术从正反两个方面为之提供了深入的讨论。尽管结论不同、论证过程各异，但这些讨论一起构成了关于此批评的当代文献，为进一步的研究提供了"巨人的肩膀"。

第二章 宇宙论证明

约翰·希克（John Hick）曾从广义和狭义两个层次描述何谓宇宙论证明，他指出，在这个术语最宽泛的意义上，"任何从这个世界（the world）推到上帝的有神论证明都可被描述为宇宙论的"；在狭窄的意义上，这个证明则被"限定于从世界的偶然性开始的论证（阿奎那的第三路），或者——更有用且不那么狭窄的——限定于这些论证的家族：用充足理由律从宇宙的非自我解释特征推到一个自我解释其存在的存在者"①。对于宇宙论证明的特征，希克强调了三点：第一，宇宙论证明是个有神论证明；第二，宇宙论证明是个后天论证（从世界推到上帝）；第三，宇宙论证明的具体形式包括从偶然性展开的论证和依据充足理由律展开的论证两类。

从当代讨论来看，除了第二点外，希克的第一点和第三点都存在争议。首先，宇宙论证明并非严格的是"有神论的"。因为历史地看，宇宙论证明并非仅限于犹太－基督教传统，在犹太－基督教传统之外的希腊哲学、阿拉伯哲学中都有广泛的讨论，特别是在希腊哲学传统中，该论证的结论并非有神论意义的上帝存在，而是更广泛意义上的超越者的存在。其次，根据通常的理解，从偶然性推出必然存在者存在的论证仅仅是对阿奎那"五路"证明之第三路的概括，而基于充足理由律展开的论证则是对莱布尼茨版本宇宙论证明的概括。其他形式的宇宙论证明，如基于运动而推出不动的推动者的论证、基于因果性推出第一因的论证等在何种意义上能够被归结到上述两类论证之中呢？

鉴于此，我们认为，充分认识到宇宙论证明的丰富性和复杂性是讨论这个

---

① John Hick, *Arguments for the Existence of God*, New York: Herder and Herder, 1971, p. 37.

证明的基本出发点。威廉·莱恩·克雷格（William Lane Craig）这样来概括宇宙论证明的悠久历史和广泛影响："宇宙论证明具有悠久而令人尊敬的历史，它经历批评而韧性十足，这是非常了不起的。它具有广泛的跨宗派吸引力，希腊的异教徒、穆斯林、犹太人、包括天主教和新教的基督徒甚至泛神论者都曾阐述过这个论证。……这个论证的持久性以及其捍卫者的声望雄辩地证明了这样一个事实：对人来说，这个世界在某种程度上并非自足的，而是指向超越其自身的某种更伟大的实在。"[①] 克雷格还提到，宇宙论证明的著名支持者包括柏拉图、亚里士多德、伊本·西拿（Ibn Sīnā）、安萨里（Al-Ghazālī）、伊本·路西德（Ibn Rushd）、迈蒙尼德（Maimonides）、安瑟尔谟、波纳文图拉（Bonaventura）、阿奎那、司各脱（Scotus）、苏亚雷斯（Suarez）、笛卡尔、斯宾诺莎、贝克莱、洛克以及莱布尼茨等。诚如克雷格所提示我们的，宇宙论证明远非仅仅是基督教哲学家为了证明上帝存在而构造的一个后天证明这么简单，从广度和深度看，它可被置于哲学史上最重要的话题之列。然而，出于问题聚焦的考虑，我们依然仅限于犹太－基督教传统下来讨论这个证明。

犹太－基督教传统下的宇宙论证明的基本思路非常直观，一般地说，可以将其概括为五步：第一，这个世界及其中的事物是存在的；第二，它们无法为其存在提供自我解释，这种解释必须向他物寻求；第三，需求解释的推理不能无限后退，必须停止在某一点上；第四，作为必然存在、在自身内就包含其存在之理由的存在者，上帝是解释的终点；第五，结论：上帝存在。[②]

[①] William Lane Craig, *The Cosmological Argument From Plato to Leibniz*, London: The Macmillan Press LTD, First edition 1980, Reprinted 1986, Preface, p. xi.

[②] 弗雷德里克·科普尔斯顿（Frederick Copleston）在与罗素的广播辩论中所构造的论证把这样的思路清楚地展示了出来："首先，我会说，我们知道在这个世界上至少有些存在者存在，它们没有在自身中包含其存在的理由……其次，这个世界只是个体对象的真实或想象的整体或集合，它们自身之中都不包含其存在……因此，我会说，既然这些对象或事件存在，既然没有任何经验对象在自身中包含其存在的原因……存在的整体必定有个外在于它的原因。那个原因必定是个存在者。这个存在者或者自己就是自己存在的原因，或者不是自己存在的原因。如果是前者，问题就解决了。如果是后者，我们必须进一步推理。但如果我们在这个意义上推到无限，就根本不会有对于存在的解释。因此，我会说，为了解释存在，我们必须推到一个在自身内就包含其存在之理由的存在者，也就是说，这个存在者不能不存在。" See, Bertrand Russell and Father F. C. Copleston, A Debate on the Existence of God, in *The Existence of God*, John Hick (ed.), New York and London: The Macmillan Company, 1964, pp. 168 – 169.

显然，符合上述基本思路的论证有很多，在此意义上，威廉·罗指出，犹太-基督教传统下的宇宙论证明是一系列类似证明所构成的家族："应该清楚的一点是，没有哪个单一的论证可被称为是宇宙论证明。宇宙论证明代表着一些论证的家族，即，那些一般从某种关于世界的相对简单的事实出发，通过诉诸充足理由原则或某种控制因果性的原则，致力于确立一位拥有有神论的上帝之属性的存在者之存在。"① 罗所谓"家族"仅包括支持宇宙论证明的诸论证，实际上，这个证明是在反对声中不断发展的，故此，我们试图在充分考察正反两种立场的前提下发掘这个论证所隐含的深层次问题。

根据不同的标准，学者们把宇宙论证明分为不同的类型。如，罗根据是否依赖"否认原因的无穷后退这个前提"（a premise denying an infinite regress of causes）把宇宙论证明分为两种：依赖此前提的包括阿奎那的前三路、伊斯兰思想家提出的论证；莱布尼茨和塞缪尔·克拉克则允许原因的无穷后退，其论证不依赖此前提。② 克雷格则根据"无穷后退在论证中的角色"以及"其运行奠基于其上并据此推出上帝之存在的基本原则"两个标准，分别把宇宙论证明分为三类。根据第一个标准，他把宇宙论证明分为："包含无穷的时间上的后退（an infinite temporal regress）是不可能的"论证；"包含无穷的本质秩序的后退（an infinite essentially ordered regress）是不可能的"论证；"那些根本不涉及无穷后退的"论证。第一类是对于世界开端即创世者存在论辩的卡拉姆证明；第二类包括阿奎那五路的前三路：推出第一推动者的运动证明、推出第一因的因果性证明、推出绝对必然存在者的可能与必然性必然证明；第三类是莱布尼茨版本的证明，因为他的论证不涉及任何无穷后退之不可能性，而直接寻求万物的充足理由。根据第二个标准，他把宇宙论证明分为："基于决定原则（the principle of determination）的论证"；"基于因果性原则（the principle of causality）的论证"；"基于充足理由律（the principle of

---

① William Rowe, *The Cosmological Argument*, New York: Fordham University Press, 1988, cf., Michael Almeida, *Cosmological Arguments: Cambridge Elements*, Cambridge: Cambridge University Press, 2018, p. 8.

② William L. Rowe, Cosmological Arguments, in Charles Taliaferro, Paul Draper, and Philip L. Quinn (eds.), *A Companion to Philosophy of Religion*, p. 368.

sufficient reason）的论证"。同样，第一种类型是卡拉姆论证，第二种类型是托马斯主义论证，第三种类型是莱布尼茨式论证。基于这种观察，克雷格得出对于宇宙论证明来说，三分法非常合适的结论："既然两种标准都产生了同样的类别，这种三重分类似乎非常适合指引该论证的批评性讨论。"①

尽管分类标准与各论证的归类不尽相同，但这些讨论提示我们，伊斯兰思想家所构造的卡拉姆宇宙论证明、阿奎那的前三路以及莱布尼茨基于充足理由律构造的论证是思想史上捍卫宇宙论证明的三个最引人注目的版本。恰如亚历山大·普拉斯（Alexander R. Pruss）指出的：卡拉姆（*kalām*）的、托马斯式的（Thomistic）、莱布尼茨式的（Leibnizian）宇宙论证明是这个家族的三个最具影响力的成员。② 基于这种理解，本章我们将就每一个版本分别选取一个极具挑战性的问题，即，"无穷"问题、因果性问题以及充足理由律问题，尝试通过探讨这些问题揭示这三个版本的论辩思路、隐含的问题及最新发展趋向。

第一节 卡拉姆宇宙论证明的"实无穷"之辩

"卡拉姆"（*kalām*）是个阿拉伯语词。在阿拉伯语中这个词的意思经历了从"言说"到"神学教义的陈述""理智立场的陈述"最终成为"阿拉伯经院主义的代名词"的历史演化。③ 仅从名称上看，卡拉姆宇宙论证明似乎是个由阿拉伯哲学家提出、命名与讨论的证明，然而实际情况要更复杂一些。对此，迈克尔·阿尔梅达（Michael Almeida）指出，卡拉姆宇宙论证是个源于早期基督教神学家的证明，这些神学家要捍卫的是从无中（*ex nihilo*）创世的教义，要反对的是宇宙的无穷因果历史；中世纪穆斯林神学家改进了这个论

---

① See, William Lane Craig, *The Cosmological Argument From Plato to Leibniz*, pp. 282-283.
② See, Alexander R. Pruss, The Leibnizian Cosmological Argument, in William Lane Craig and J. P. Moreland（eds.）, *The Blackwell Companion to Natural Theology*, p. 25.
③ 克雷格指出："字面地看，卡拉姆简单的就是'言说'的阿拉伯词汇。逐渐用来指对神学教义观点的陈述，后被用来意指一种理智立场或支持这种立场的论证的陈述。最终，卡拉姆成为阿拉伯思想中整个运动的名称，这个运动最好被称为阿拉伯经院主义。"See, William Lane Craig, *The Cosmological Argument From Plato to Leibniz*, p. 49.

证,该论证的阿拉伯名称"卡拉姆"其实是指改进后的版本,即对这种论证一个强的类型的称呼;此后,通过在穆斯林化的西班牙的犹太神学家重新传回基督教学者那里。① 因此,可以认为,"卡拉姆宇宙论证明"存在着广义和狭义两种理解,然而,不论根据哪种理解,这个证明都不是仅局限于阿拉伯哲学的,基督教(甚至犹太教)学者为其提供了内在的贡献。鉴于这种观察,人们常把安萨里(Al-Ghazālī)、伊本·路西德(Ibn Rushd)、萨阿迪亚(Saadia ben Joseph)、迈蒙尼德(Maimonides)、波纳文图拉(Bonaventura)、阿奎那等阿拉伯、犹太教、基督教哲学家列在中世纪探讨此论证的最卓越哲学家名单上。② 可见,从哲学史的视角看,卡拉姆宇宙论证明是中世纪阿拉伯、犹太、基督教哲学家共同的讨论主题,来自不同文明传统的哲学家都对之作出过思考。

卡拉姆宇宙论证明所涉及的实质性问题包括无穷的本性、时间的开端、宇宙的起源及命运、上帝的存在与本性等,此处仅聚焦"无穷的本性"问题。克雷格构造的卡拉姆宇宙论证明是该证明当代版本的代表,"实无穷的不可能性"是克雷格论证的核心论据。克雷格先后为这个论据提供了"诉诸荒谬的论证"和强化版的"诉诸荒谬的论证",然而,这两个论证都存在争议。本节将在说明克雷格版本卡拉姆宇宙论证明的基本结构的前提下,首先阐释克雷格"诉诸荒谬的论证"及其所面临的质疑,由此引出强化版的"诉诸荒谬的论证",然后结合当代数学理论对"无穷"的理解进而对之提出批评,最后在此基础上得出结论:关于"无穷"的争论与数学体系的选择密切相关,因而,在"实无穷的不可能性"基础上构造的克雷格式卡拉姆宇宙论证明依然是开放的,需要充分汲取数学及其他科学的思想资源以为之提供更坚实的根基。

克雷格是卡拉姆宇宙论证明最重要的当代阐释者和捍卫者之一,他的工作引发了广泛讨论。在出版于1979年的《卡拉姆宇宙论证明》一书中,克雷格把卡拉姆宇宙论证明的基本思路概括为一个三段论:(1)任何开始存在的东西都有其存在的原因;(2)宇宙曾开始存在(the universe began to exist);

---

① Michael Almeida, *Cosmological Arguments*, Cambridge: Cambridge University Press, 2018, p. 34.
② See, William Lane Craig, *The Kalām Cosmological Argument*, London and Basingstoke: The Macmillan Press Ltd., 1979, Preface, and Michael Almeida, *Cosmological Arguments*, p. 34.

（3）因此，宇宙有个其存在的原因，此原因即上帝。其中第二个前提是该三段论的"关键前提"，它所表达的是"宇宙的存在有始点"这一论断。① 克雷格为这个前提提供了两类证明，即，基于当代科学新进展所获得的经验证据的"经验推理"（the empirical reasoning）和基于哲学论辩的哲学推理"（the philosophical reasoning）。经验推理分别援引"宇宙扩张模型"认为宇宙始于一个密度极高的点，因此是有开端的；以及热力学理论认为根据热力学第二定律，认为如果宇宙是无穷的，它就会逐渐陷入停顿并达到一种热力学均衡，即，宇宙各处都具有同样的构成、温度和压力等，当前的不均衡意味着宇宙始于有穷年份之前的低熵状态。哲学推理则分别根据"实无穷"（actual infinite）存在之不可能性以及以"连续添加"（successive addition）的方式构成实无穷之不可能性两个层次展开。

克雷格把"哲学推理"的两个层次补充到上述三段论，并把更详尽版本的卡拉姆宇宙论证明构造如下。

1. 任何开始存在的东西都有其存在的原因。

2. 宇宙曾开始存在。

2.1 基于实无穷之不可能性的论证：

2.11 实无穷不能存在。

2.12 事件在时间上的无穷后退是个实无穷。

2.13 因此，事件在时间上的无穷后退不能存在。

2.2 基于以连续添加的方式构成实无穷之不可能性的论证：

2.21 以连续添加的方式构成的一个总体不能是实无穷的。

2.22 过去事件的时间系列是个以连续添加的方式构成的总体。

2.23 因此，过去事件的时间系列不能是实无穷的。

3. 因此，宇宙有个其存在的原因。②

克雷格的论辩提示我们，对"实无穷"概念的理解是 2.1 的核心所在，进一步的争论也主要是围绕这个概念展开的。

---

① See, William Lane Craig, *The Kalām Cosmological Argument*, p. 63.
② See, William Lane Craig, Professor Mackie and the Kalām Cosmological Argument, in *Religious Studies*, Sep., 1984, Vol. 20, No. 3（Sep., 1984）, pp. 367－375.

诚如克雷格所强调，前提 2 是上述论证的关键。我们看到，在 2.1 中，克雷格坚持，由于实无穷是不可能存在的，故而，宇宙衍生的序列不会无穷后退下去，必定要止于某一点，这一点便是其开端。从论证的完整性看，2.1 是个独立的论证，仅凭它自身就能够推出前提 2。2.2 所说明的是，即使实无穷能够存在也不能通过连续添加的方式将之构造出来，由于克雷格假定连续添加是构造实无穷的唯一方式，所以这就意味着宇宙是有开端的。显然，2.2 是个以退为进的论辩。根据这些观察，我们认为 2.1 和 2.2 是两个独立的论证，但二者组合在一起能够形成一个更强的论证，共同得出 2。借助 2.1 和 2.2，围绕"实无穷"概念展开的两重论辩，克雷格信心满怀地相信他为前提 2 提供了足够强的论证，确立了前提 2 整个卡拉姆宇宙论证明也就能够立于不败之地了。

克雷格为 2.2 提供了一个非常简单的论证，其基本思路是：连续添加是构造实无穷的唯一方式，无法通过连续添加的方式构造出实无穷，因此，宇宙是有开端的。克雷格基于两点理由认为 2.22 "看起来足够明显"：首先，过去事件的总体是在时间中相继得到例示的；其次，过去事件的总体是通过不断增加而非减去或除去一个元素的方式实现的。① 克雷格为 2.21 提供了三个证明：第一，如果尝试通过连续添加形成实无穷，那么这个过程会永无止境，因此，这种尝试所能够得到的只是潜无穷而非实无穷："……对于所增加的任何元素，人们都总能再增加一个。因此，人们永不能达到无穷。人们所构造的只是一个潜无穷，一个无限期的总体，当每个新元素加入进来这个总体都不断增加再增加。"② 第二，芝诺的运动悖论表明运动根本不可能，这是明显荒谬的。如阿基里斯要穿越运动场，他就必须先穿越一半，要穿越一半就必须先穿越四分之一，要穿越四分之一就必须先穿越八分之一，如此二分以至无穷，最终结果就是"阿基里斯不能到达任何点"。③ 第三，康德《纯粹理性批判》的第一个二律背反说明，"如果过去事件的时间系列是无穷的，那

---

① William Lane Craig, *The Kalām Cosmological Argument*, p. 103.
② William Lane Craig, *The Kalām Cosmological Argument*, p. 104.
③ William Lane Craig and James D. Sinclair, The kalam cosmological argument, in William Lane Craig and J. P. Moreland (eds.), *The Balckwell Companion to Natural Theology*, p. 119.

么,当前的事件永远不能产生"①。据此,克雷格得出结论:"用连续添加的方式构成实无穷是个臭名昭著的困难意见,其困难程度甚至超过实无穷的静态存在。"② 在克雷格看来,有了上述三个证明支持的2.21和"看起来足够明显"的2.22,就毫无困难地推出2.23:"过去事件的时间系列不能是实无穷的。"也就是说,事件的时间序列是有穷的、有个开端。这个推理看似清晰,但由于它奠基在对"实无穷"概念的特定理解之上而包含着潜在的困难,在根据2.1的讨论处理完"实无穷"概念之后,我们会再次聚焦此处的困难。

与2.2相较,克雷格对2.1所费的心思要多得多,出现这些情况的原因在于2.2对"实无穷"概念的理解与2.1一脉相承,有了2.1的理论准备就能够直接"证明"2.2的合理性了,因此,2.1是克雷格论辩的重心所在。2.1由三个步骤组成,克雷格认为第二个步骤,即,2.12"事件在时间上的无穷后退是个实无穷"(an infinite temporal regress of events is an actual infinite),这一点"看起来足够清楚"因此未加论证,仅在过去事件与未来事件相比较的层次上对之进行了说明:"……因为过去的事件曾真实地存在过(have really existed);它们曾在真实世界中发生过,而未来的事件没有真实地存在过,因为它们还没发生。"③ 2.13是结论,有了2.11和2.12,它就能够顺理成章地得出来。由这个结论,克雷格推出2:或者宇宙曾开始存在,或者有个永恒的、绝对静止的宇宙先于事件的时间上有穷的后退;没有一个永恒的、绝对静止的宇宙先于事件的时间上有穷的后退;因此,宇宙曾开始存在。④

鉴于2.12和2.13的上述特征,克雷格把着力点放在2.11"实无穷不能存在"上。克雷格从当代数学的"形式主义"(formalism)与"柏拉图主义实在论"(Platonist-realist)相对立的意义上来定位"实无穷"。在克雷格看来,形式主义的支持者"回避任何关涉数学实在的本体论问题,并坚持数学体系仅仅是形式的系统,在实在中没有任何对应物";而柏拉图主义实在论的

---

① William Lane Craig, *The Kalām Cosmological Argument*, pp. 109 – 110.
② William Lane Craig and James D. Sinclair, The kalam cosmological argument, in William Lane Craig and J. P. Moreland (eds.), *The Balckwell Companion to Natural Theology*, p. 124.
③ William Lane Craig, *The Kalām Cosmological Argument*, pp. 96 – 97.
④ William Lane Craig, *The Kalām Cosmological Argument*, p. 99.

支持者"接受数学实在在真实世界中的独立地位,康托尔的理论具有针对真实世界的本体论意义"。① 在这种理解下,克雷格认为:"柏拉图主义实在论者的观点是站不住脚的。幼稚的康托尔集合论所产生的不可解决的自相矛盾已经决定性地表明其不可信。"② 克雷格所谓"康托尔集合论所产生的不可解决的自相矛盾"是指"实无穷"导致各种荒谬,他认为实无穷所引起的"部分与总体相等"这个明显反直观的性质是荒谬的源头。

克雷格用"希尔伯特旅馆"悖谬来说明此性质:一个拥有有限数量房间的旅馆,来一位新客人要住店,但房间已满,按照实践常识这位客人就无法入住了,但按照无穷集合部分与总体相等的性质,这位客人则完全可以入住该旅馆。具体实现方式是:店主把住在一号房间的客人移到二号房间,二号房间的客人移到三号房间,三号房间的客人移到四号房间,照此类推,由于作为集合之部分的客人与作为集合之整体的房间在数量上是相等的,最后一位客人也能够移入宾馆的最后一个房间,这样就把一号房间腾出来供这位新客人入住了。进一步说,如果后继有更多客人来住店,店主用同样方法就能够给一切新客人都腾出房间。对于这个实践上明显荒谬的情况,克雷格分析到,"希尔伯特旅馆"悖谬的"悖谬"之处恰在于店主混淆了实无穷与潜无穷概念,店主之所以认为他的方法可行是因为"忘了他的旅馆具有'实无穷'个房间,而非潜无穷个房间,并且全部房间都已经被占了"。克雷格的观点是,只有当这个旅馆是潜无穷的,店主的策略才能实现,潜无穷的旅馆才能创造出新的房间以接受新客人,而"如果这个旅馆是个具有确定房间数的实无穷的总体,并且全部房间都满员了,那么,就没有更多房间了"③。克雷格认为,这个悖谬说明:如果一个实无穷能够在现实中存在(exist in reality),就不可能为之增加元素,但显然,为之增加元素是可能的,因此,"实无穷不可能在真实世界中存在(exist in the real world)"④。对于"为之增加元素是可能的"这个步骤,他举例称:以从前一百本书的每一本中取出一页加个标题

---

① William Lane Craig, *The Kalām Cosmological Argument*, p. 89.
② William Lane Craig, *The Kalām Cosmological Argument*, p. 89.
③ William Lane Craig, *The Kalām Cosmological Argument*, p. 85.
④ William Lane Craig, *The Kalām Cosmological Argument*, p. 85.

页然后放在书架上的方式为书籍的总体（a collection of books）增加新元素。克雷格认为，这两个导致荒谬例子足以证明 2.11。我们不妨用"诉诸荒谬的论证"（the argument appeals to absurdities）来概括克雷格此处的论辩策略。

借助"诉诸荒谬的论证"证明了 2.11，克雷格就可以在此基础上为 2.12 提供更进一步的说明。克雷格称，2.12 的作用是联结 2.11 和 2.13：如果确定了过去事件的系列是个实无穷（2.12），那么"伴随着实无穷之真实存在而来的各种荒谬都适用于它"①，根据"诉诸荒谬的论证"（2.11），就能够得出"事件在时间上的无穷后退不能存在"（2.13）。克雷格坚持，2.12 所关注的是"变化"（change）概念，它断定的是"如果在时间中的变化系列或序列是无穷的，那么，这些事件（events）就被认为共同构成了一个实无穷"②。对于这个前提，克雷格认为，过去事件构成实无穷这个问题是显而易见的："所讨论的问题看起来足够清楚，因为，如果存在着由无穷多个向过去延伸的事件构成的序列，那么，全部事件的序列将会是个实无穷的序列。"③ 进一步说，"足够清楚"的理由在于：过去的事件是"实在"（reality）的"确定的部分"（determinate parts），能够"概念地构成一个整体"，因此，这些事件是无穷的，那么一定是实无穷的。④ 我们可以简单化地把这里的理由理解为：过去的事件都曾经真实存在过、在真实的世界中发生过，因此，这些事件形成的无穷集合是实无穷。克雷格进一步在过去事件与未来事件之间作出区分，坚持未来事件的集合不是实无穷：与过去事件相对，由于未来事件尚未发生，所以，"在任何意义上未来都不能实际地存在"⑤，在此意义上，未来事件所构成的集合不是实无穷。2.12 的理论价值在于把论辩从抽象的数学领域推进到具体的物理学领域，实现从理论推演向实践检验的转折，从而为得出 2"宇宙曾开始存在"这样一个实践领域的事实性结论提供根据。

哲学家们对克雷格基于"诉诸荒谬的论证"为 2.11 提供的辩护提出五点

---

① William Lane Craig, *The Kalām Cosmological Argument*, p. 97.
② William Lane Craig, *The Kalām Cosmological Argument*, p. 95.
③ William Lane Craig, *The Kalām Cosmological Argument*, p. 95.
④ William Lane Craig, *The Kalām Cosmological Argument*, p. 96.
⑤ William Lane Craig, *The Kalām Cosmological Argument*, p. 97.

质疑。第一，欧佩指责克雷格"诉诸荒谬的论证"的依据是直觉："除了不如此假设就会是荒谬的之外，没有为'现实世界中不存在无穷'这个宣称的真实性提供进一步的证据。"因此，克雷格的信念仅出于自己的"直觉"(intuition)，由于其反对者麦基"没有分享这个直觉，这种考察就不是决定性的；最多只能进入一个僵局"。[1] 第二，乔丹·霍华德·索贝尔(Jordan Howard Sobel)认为，克雷格没有详细区分"不可能"的诸层次，犯了以偏概全的错误。具体地说，希尔伯特旅馆所产生的困难仅局限在实践与物理的层次上，他没有恰当区分"物理不可能"(physical impossibility)与"逻辑不可能"(logical impossibility)："……它们显示出了真实事物同时出现这种特殊无穷的物理不可能，而非其逻辑不可能。"[2] 在这一点上，欧佩也坚持，克雷格所谓"荒谬"最多能表明"不能够有特定类型的实无穷"，但"人们几乎不能设想这些难题表明任何种类的实无穷都不能存在"。[3] 第三，麦基(J. L. Mackie)认为，克雷格没有看到"小于"和"等于"在有穷集合与无穷集合中的用法不同，实际上，"小于"和"等于"相互排斥这个观点仅适用于有穷集合，但不适用于无穷集合，因此，"一旦我们理解了两个标准之间的关系，就会看到没有真矛盾"。[4] 第四，欧佩指出，克雷格对康托尔集合论的理解不准确。欧佩强调，康托尔的集合论并没有采纳会导致悖论迷宫的弗雷格和罗素逻辑的集合概念，而是赞成在策梅洛-弗兰克尔集合论(Zermelo-Fraenkel Set Theory)公理中受到尊崇的组合的系统概念，人们能够对包含在策梅洛-弗兰克尔集合论中的超穷数理论进行柏拉图主义的阐释，很多数学家也在从事这项任务。[5] 第五，欧佩还认为，把克雷格的理论用到上帝及其属性上会导致"有穷的上帝"困难，亦即，接受克雷格的观点会冲击关于上帝及其属性的正统理解：由于对实无穷无法形成一致的理解，只能把上帝及其属性理解为实有

---

[1] Graham Oppy, Craig, Mackie, and the Kalam Cosmological Argument, *Religious Studies*, Jun., 1991, Vol. 27, No. 2 (Jun., 1991), pp. 189–197.

[2] Jordan Howard Sobel, *Logic and Theism: Argument For and Against Beliefs in God*, Cambridge: Cambridge University Press, 2004, p. 187.

[3] Graham Oppy, *Arguing About Gods*, Cambridge: Cambridge University Press, 2006, p. 140.

[4] J. L. Mackie, *The Miracle of Theism: Arguments For and Against the Existence of God*, p. 93.

[5] Graham Oppy, *Arguing About Gods*, p. 139.

穷（或潜无穷），进而传统一神论的神只能知道有穷多的东西、只能施行有穷多的行动。① 这些质疑提示人们，尽管希尔伯特旅馆案例揭示"实无穷"概念面临着悖谬，但简单地以此悖谬为据推出"实无穷"不可能的普遍结论显然过于草率。

面对这些质疑，克雷格在借鉴数学家工作的基础上为2.11提供了新的论证。② 在这个论证中，克雷格在实在论与反实在论的二分框架下来讨论数学对象，针对"实无穷在真实世界中不存在"这一观点已经被康托尔论实无穷的工作以及集合论的后继发展证伪的指责，他尝试在"本体论承诺"（an ontological commitment）的层次上继续用"诉诸荒谬的论证"来说明实无穷不存在。一方面，他努力陈言反实在论者是在"本体论承诺"的层次上坚持实无穷不存在的："大部分非柏拉图主义者都不会走到否认实无穷的数学合法性这个直觉的极端……更确切地说，它们仅仅坚持接受某些概念的数学合法性不意味着对各种对象之实在性的本体论承诺。"③ 另一方面，他又反戈一击，称实在论者亦不是在本体论承诺的层次上断言实无穷之存在的："可以认为，康托尔的系统以及公理集合论仅仅是个'言谈的宇宙'（a universe of discourse），一个基于特定得到采纳的公理和惯例的数学系统，没有负载本体论承诺。对于大量柏拉图主义替代者，该论证的批评者无法有核证地、简单地假定数学语言本体论地向我们承诺独立于心灵的实在，像集合这类模糊的对象尤其如此。"④ 在新的理解下，克雷格强调指出："支持2.11的最佳方式是那些表明如果实无穷能够在真实世界中得到例示就会导致各种荒谬的思想实验。"⑤ 因此，他致力于列举这些荒谬的例子。同样根据希尔伯特旅馆

---

① Graham Oppy, *Arguing About Gods*, p. 140.
② See, William Lane Craig and James D. Sinclair, The kalam cosmological argument, in William Lane Craig and J. P. Moreland (eds.), *The Balckwell Companion to Natural Theology*, pp. 106 – 115.
③ William Lane Craig and James D. Sinclair, The kalam cosmological argument, in William Lane Craig and J. P. Moreland (eds.), *The Balckwell Companion to Natural Theology*, p. 107.
④ William Lane Craig and James D. Sinclair, The kalam cosmological argument, in William Lane Craig and J. P. Moreland (eds.), *The Balckwell Companion to Natural Theology*, p. 107.
⑤ William Lane Craig and James D. Sinclair, The kalam cosmological argument, in William Lane Craig and J. P. Moreland (eds.), *The Balckwell Companion to Natural Theology*, p. 108.

案例①，他得出这一结论："希尔伯特旅馆是荒谬的。但如果一个实无穷是形而上学上可能的（metaphysically possible），那么，这样一个旅馆就会是形而上学上可能的。由此推出，实无穷的真实存在（the real existence of an actual infinite）不是形而上学上可能的。"② 可以认为，克雷格在此提出的是个"强化版的诉诸荒谬的论证"，即，通过证明实无穷的存在是在形而上学层次上不可能的，以确保它在真实世界中的存在是不可能的。

克雷格"强化版的诉诸荒谬的论证"直接针对的是前述"五点质疑"中的第二点，即，索贝尔所指责的："荒谬"仅发生在实践和物理层次上而非发生在逻辑层次上；以及欧佩所认为的："荒谬"仅能表明"特定类型的"实无穷不存在，无法进一步作出全称判断。克雷格的应对提示我们，"五点质疑"中第二点具有更重要的理论地位，因为它所指向的是个形而上学问题，即，对"不可能"本身的理解，澄清了这个问题，第一点所诉诸的直觉就得到了形而上学根据；第三点和第四点对具体数学理论的取舍也能够得到说明；第五点所提到的困难也能够得到一个形而上学的阐释。这些思考把我们引到如下问题上来：2.11所坚持的"实无穷不能存在"到底是在何种意义上"不能"？克雷格一再强调的"在现实中存在"（exist in reality）、"在真实世界中存在"（exist in the real world）、"曾真实地存在过"（have really existed），其中的"现实""真实世界""真实地"应分别作何理解？这些疑问又共同指向克雷格对"实无穷"概念的理解与用法这个基础性的问题。

就"实无穷"概念来说，克雷格的2.1立论的关键点在于从实无穷的不可能性推出宇宙必定有开端，对此，人们难免要追问：克雷格为什么要执着于"实无穷"概念呢，如果认为事件在时间上的无穷后退是个潜无穷（与2.12不同），而潜无穷在某种意义上可以说是存在的，那么，是不是能够由此推出事件在时间上的无穷后退是可能的（与2.13不同）呢？仿照克雷格，我

---

① 此处，在使用希尔伯特旅馆案例时，克雷格又补充了一个"更奇怪的"情况：这个旅馆会一直保持客满状态，即，如果有旅客离开了，就从其他房间把因有旅客离开而空出来的房间住满，这个过程可以一直持续下去，故而客房一直保持满员状态。

② William Lane Craig and James D. Sinclair, The kalam cosmological argument, in William Lane Craig and J. P. Moreland (eds.), *The Balckwell Companion to Natural Theology*, p. 110.

们把这个追问构造如下：2'宇宙没有开端；2.1'基于潜无穷之可能性的论证；2.11'潜无穷能够存在；2.12'事件在时间上的无穷后退是个潜无穷；2.13'因此，事件在时间上的无穷后退能够存在。为了讨论的方便，我们把这个追问称为"潜无穷追问"。"潜无穷追问"避开了"荒谬"的产生根源，从而让"诉诸荒谬的论证"丧失用武之地。显然，清楚把握"无穷""潜无穷""实无穷"等概念是应对"潜无穷追问"的理论前提。

纵观克雷格的基本思路、借用他的术语，我们可以认为克雷格会为"潜无穷追问"提供一个"简要回答"：过去的事件是"在现实中存在"过的、"在真实世界中存在"过的、"曾真实地存在过"的事件，并且在"本体论承诺"的意义上也是"形而上学地可能的"，因此，是个货真价实的"实在"，这无穷多个过去的事件所能够构成的只能是真实存在的"实无穷"而非主观构造出来的"潜无穷"，由于"实无穷"概念面临着"希尔伯特旅馆"等悖谬，根据"诉诸荒谬的论证"，2.1的成立毫无问题。这个"简要回答"显然是以克雷格对实无穷与潜无穷两个概念的理解为基础的，但这种理解的恰当性就不是仅诉诸克雷格就能够解决的，我们有必要参照这两个概念在数学中的演变来进行审视。

在当代数学的视野中，"潜无穷"是基于构造主义立场（认为数学对象来自人的主观构造）对无穷概念的把握："……在构造的过程中，我们不关心实际得到的构造（甚至也不关心所有可能构造的集合），而是关心构造过程（process），并且事实是它总是可以继续下一步。因此我们有潜无穷而无实无穷。"[①] 而"实无穷"则是基于实在论立场（认为数学对象是客观实在）对无穷概念的把握："……从这样的观点（实在论）出发，很自然地就会假定存在一个无穷的对象，并且量词允许我们在某一陈述中表达关于世界的无穷多事实。"[②] 用一个例子来说明此处的区分：对于自然数的概念，如果我们将之理解成从0开始不断加1以至无穷而无终点的生成过程，即"0 ↦1 ↦2 ↦ 3 ↦…"的形式，那么，这就是潜无穷；如果我们将之理解为所有自然数的

[①] ［美］戴尔·杰凯特编：《爱思唯尔科学哲学手册·逻辑哲学（上）》，刘杰、郭建萍译，北京师范大学出版社2015年版，第692页。

[②] ［美］戴尔·杰凯特编：《爱思唯尔科学哲学手册·逻辑哲学（上）》，第667页。

集合从而一劳永逸地给出了所有自然数，即"N = {0, 1, 2, 3, …}"，那么，这就是实无穷。① 概言之，潜无穷的特点是以对量进行无休止的扩张（这是个不断持续的过程）来表达无穷；实无穷的特点是以"量的所有可能值的无穷集合"（这是个静态的概念）来表达无穷。② 上述理解提示我们，在当代数学中所谓"潜无穷""实无穷"之分实际上只是在解决具体数学问题的过程中，从不同的思考方向入手、分别基于构造主义与实在论立场而对无穷概念作出的"方便假设"③，这两个概念并没有为自身提供优先性理由。

当代数学思想发展的历程提示我们，潜无穷与实无穷两种理解都能够有效地解决一部分数学问题，两种理解也分别获得重要数学家的支持。鉴于此，针对这两个概念的如下温和的观点更为可取：正如物理学中的波动说和粒子说，潜无穷与实无穷是一对相互竞争的数学理论，它们之间没有绝对的、公认的对错之分，而是分别从各自角度为数学理论的新进展作出贡献。这种理解下，克雷格对实无穷的坚决否认就是一种武断宣称，而非审慎的结论。正是在这个意义上，斯温伯恩指出，克雷格对"实无穷多个事物不能存在"的论证根据是康托尔数学系统处理无穷数时所包含的"两个集合一一对应"原则，然而，康托尔数学系统以及这个原则都并非唯一可取的思想资源："但我认为，我们可以允许在我看来显然是逻辑上可能的观点：存在无穷多个事物（如恒星），而不采纳康托尔的数学，或者不以这种方式来使用康托尔数学。"④ 诚

---

① ［美］戴尔·杰凯特编：《爱思唯尔科学哲学手册·逻辑哲学（上）》，第663页。
② ［美］戴尔·杰凯特编：《爱思唯尔科学哲学手册·逻辑哲学（上）》，第669页。
③ 简单地说，赞成构造主义的数学家们出于三个理由拒绝实无穷：第一，"声称实无穷不存在"（本体论的理由）；第二，"声称我们有限的生命不能知道实无穷是否存在"（认识论的理由）；第三，"声称我们有限的生命无法有意义地讨论实无穷"（语义的理由）。坚持实在论的数学家们则出于四个理由否认潜无穷：第一，"对空间和时间直觉的摒弃"，即，认为空间和时间直觉是潜无穷的思想基础，因为基于空间和时间直觉的运动学和几何学无力应对负数、无理数等问题而遭到一些数学家的摒弃；第二，"量词组合"任务的要求，即，一些数学家尝试使用"需要更多量的、逻辑更加复杂的"数学陈述，这要求"一下子给出全部取值范围"，潜无穷无法完成这个任务；第三，"作为单一对象的无穷集"的要求，即，由一些数学家发展出来的实数算术理论"通过一个无穷对象表示每一个实数"，这样，实数集合与这个集合的元素都是无穷的，这说明"实无穷不存在"的观点无以为继；第四，康托尔集合论的内在要求，即，在康托尔看来，集合"本身就是一个数学对象"。参见戴尔·杰凯特编《爱思唯尔科学哲学手册·逻辑哲学（上）》，第692页、第668—670页。
④ Richard Swinburne, *The Existence of God*, second edition, Clarendon Press, 2004, Chapter 7, Note 10, pp. 138 – 139.

如斯温伯恩的观察,如果克雷格"诉诸荒谬的论证"仅是基于对康托尔数学系统中一个原则的认识,那么,这种论证显然太过偏狭,难免给人一种武断的立场宣示或仅凭"直觉"得出、缺乏有深度的论证的印象。进一步说,在更宏观的数学体系纷争的视野下,我们所提到的"潜无穷追问",甚至继续提出"替代理解下的实无穷追问"(即,根据其他数学系统中对实无穷概念的理解来构造针对 2.1 的追问)都是有成立的逻辑可能性的,仅靠"简要回答"就要消除掉这样的追问显然过于自信了。

此外,从"方便假设"的角度看,所谓是否"在现实中存在""在真实世界中存在""曾真实地存在过"等问题都不是内含在这两个概念自身之中,而是包含在这两个概念所预设的构造主义或实在论立场之中的问题。显然,这种理解又把我们引入以形而上学立场为主题的"可能世界"理论的花园中,在可能世界理论的视野下,克雷格显然假定我们身处的这个世界是唯一真实的世界,此外的世界要么是不存在的要么是虚假的。但根据模态实在论者大卫·刘易斯的观点,我们可以认为,克雷格的假定其实是一种仅关注"部分存在物"而忽略"绝对地存在的事物"的"限制的说法":"你可能会说,严格说来,只有这个世界的事物才真正存在。我非常乐于同意这种观点,但是在我看来,这种'严格的'说法是限制性的说法……但我们以部分存在物为对象域进行量化时,我们就漏掉了(不受限制地)绝对地存在的事物。"① 如果赞成模态实在论,那么,前文索贝尔作出的"物理层次的"与"逻辑层次的"实无穷之分以及欧佩作出的"特定类型的"与"任何种类的"实无穷之分就顺理成章了。借用刘易斯的洞察,我们认为,索贝尔和欧佩所指责的是,克雷格的实无穷观以及他对"现实""真实世界""真实地"的使用仅是一种"限制性的说法",漏掉了更多的"绝对存在的事物"。

现在,让我们借关于"实无穷"的上述理解来重审克雷格的论证步骤 2.2。我们从两个方面指出克雷格论证的问题。一方面,克雷格基于"过去事件的总体是在时间中相继得到例示的"以及"过去事件的总体是通过不断增

---

① [美] 大卫·刘易斯:《论可能世界》,王永生译,韩林合校,《逻辑与语言:分析哲学经典文选》,陈波、韩林合主编,东方出版社 2005 年版,第 627 页。

加而非减去或除去一个元素的方式实现的"两个理由称2.22"看起来足够明显"。然而，上述两点理由真的能使2.22"足够明显"吗？对此，欧佩指出，如果人们假定时间有个实数结构，也假定在时间中存在着持续的过程，那么人们就会否认过去的时间形成一个系列，也会否认过去事件的总体能够归入连续添加关系。因为，此处人们没有假定不能够有实无穷，并且因为时间是按照实数模型来理解的，所以，就很难看出预设2.22的根据。鉴于这样的考虑，欧佩指出："在我看来，在我们说服别人接受这个前提之前，至少需要一些非常实质性的独立论证。"[1] 欧佩的批评是根据他对"实数模型"的实无穷式的理解，即，用所有实数的集合一劳永逸地给出了所有实数，无须不断添加下去。这个批评提示我们，克雷格对2.22的理解仅在他自己采纳的理论模型之中来说明"足够明显"，没有考虑其他理论模型的合理性，因此是一个较弱的论辩。

另一方面，克雷格用连续添加过程的永无止境性质、芝诺的运动悖论以及康德的第一个二律背反三个来证明2.21。针对这些证明，欧佩也指出，克雷格上述第一个证明的关键点在于"未来不是真实的"这个假设，[2] 这样，连续添加就不会真实地持续下去，所以以连续添加的方式形成的总体充其量只是个"潜无穷"。但如果我们改变思路，设计一个不涉及未来又能够以连续添加的方式形成总体的运动就能够应对上述"关键点"。欧佩构造了这样一个思想实验：一个弹力球以弹跳的方式越过无穷多块石板，假设两个石板之间的时间间隔根据几何比率递减，弹力球的弹跳高度也按照同样的几何比率递减，这个球在到达12点前的一分钟击打了第一块石板，到达12点前的1/2分钟击打了第二块石板，1/4分钟击打了第三块石板，如此下去，这个球就能够在12点时停在一个石板上，此前它已经在从12点前的一分钟到12点之间的

---

[1] Graham Oppy, *Arguing About Gods*, pp. 142–143.
[2] 欧佩从两个层次质疑克雷格对过去事件与未来事件所作的区分：首先，很难为这个区分提供非乞题的内容，具体地说，克雷格不认为过去的真实性和现在的真实性相同，也不假设能够回到过去；同样地，他也应该承认未来的真实性与过去不同，因为，未来依然会来到真实世界，而过去却不能了。其次，尽管能够用"实际的""真实的"等词汇来描述过去与未来的形而上学区分，但"当前主义者"（presentist）和"四维主义者"（the four-dimensionalist）都不承认这样的区分，而这当前主义和四维主义又都能够得到严肃哲学支持的理论。See, Graham Oppy, *Arguing About Gods*, pp. 141–142.

时间间隔里在不同的石板上弹跳了无穷多次。在这个例子中，这个球的跳动确实以连续添加的方式形成了一个实无穷。① 欧佩的这个思想实验说明，在特定的条件下，能够以连续添加的方式形成一个实无穷，如果这个思想实验成立，那么欧佩所提出的第二个和第三个证明也就不成立了：把阿基里斯换成弹力球，它就能穿越运动场；尽管12点之前的一分钟内弹力球完成了实无穷次弹跳，但12点最终来临了。欧佩的思想实验同样是基于"弹力球的连续弹跳构成的是个实无穷"这样一个基本预设之下，与克雷格连续添加所形成的是潜无穷的观点直接相对，这再一次提示我们，具体观点的争论根植于数学体系的选择问题。

作为卡拉姆宇宙论证明最为出色的当代阐释者与捍卫者，克雷格的工作使这个古老的证明能够以当代面貌进入今天的哲学讨论中来，从这个角度看，克雷格贡献颇多。但当代哲学家围绕克雷格版本的证明所展开的争论以及我们对这些争论的基本评判表明，卡拉姆宇宙论证明的当代重构、辩护或批评都依然是开放的，充分汲取数学、物理学、天文学等自然科学领域的新理论、新洞察为以澄清概念、精练论证、明确问题为旨趣的哲学思考提供准确的思想资源和不竭的思考动力是不二之途。

就克雷格的论证本身来说，他讨论的聚焦点是前提2（"宇宙曾开始存在"），与此相应，批评者的反对意见也集中在这个前提上。对于前提1（"任何开始存在的东西都有其存在的原因"），克雷格用"第一个前提在直觉上是如此明显的……"②，"……大多数思想家都直觉地意识到宇宙从无中毫无原因地开始存在是无法被真诚确定的"③，宇宙"……完全非引起地从无中开始存在太过不可思议……"④ 等诉诸强烈情绪的语言来表明它的合理性。在他看来，前提1既然已经如此明显，就无须再为之浪费什么笔墨了，然而，出于行文的完整性，他还是"勉强"提供了"两个可能的支持思路"：第一，"出于经验事实的论证"，称"支持这个命题的经验证据是绝对压倒性的了……"；

---

① See, Graham Oppy, *Arguing About Gods*, p. 143.
② William Lane Craig, *The Kalām Cosmological Argument*, p. 141.
③ William Lane Craig, *The Kalām Cosmological Argument*, p. 141.
④ William Lane Craig, *The Kalām Cosmological Argument*, p. 142.

第二,"来自因果性之先天类型的论证",称"……因果原则会是个先天综合命题"。① 如果前提1确实像克雷格所说的那么显而易见,宇宙论证明就会省却很大的麻烦,然而,哲学思考的历史提示我们,这个麻烦不仅没能省去,反而随着思考的深入愈加令人着迷。接下来,我们沿着阿奎那式宇宙论证明的当代展开聚焦"原因"与"因果性"问题。

第二节 托马斯式宇宙论证明的因果怀疑论反驳

人们普遍认为,托马斯·阿奎那的"五路"证明的前三路是宇宙论证明,分别从运动(motion)、动力因的本性(the nature of the efficient cause)、可能性与必然性(possibility and necessity)等方面推出终极存在者的存在。具体地说,第一路提出:运动是从潜在(potentiality)向现实(actuality)转变;这个转变必须由已处在现实状态的东西推动;故而,处于运动状态的东西必定被另一个东西推动;另一个东西又必定被另一个东西推动,照此类推;但这个类推过程不能是无穷的,因为,倘若如此就没有第一推动者最终也不会有另一个推动者了;由于恰如拐杖的运动是由手推动的,随后的推动者都是被第一个推动者引起的;因此,这个类推过程"必定达到一个第一推动者,其运动不由他物引起;任何人都把这个推动者理解为上帝"。② 第二路辩称:在感官世界存在着动力因的秩序;一个东西不能是自身的动力因,因为它不能优先于自身;动力因的秩序不能推至无穷,因为在动力因的系列中,第一因(first cause)是中介因(intermediate cause)的原因,中介因是最终因(ultimate cause)的原因,如果推至无穷则不会有第一动力因,也不会有最终结果(ultimate effect)和中介因,这显然是错误的;因此,"必定承认一个第一动力因,每个人都将之称为上帝"。③ 第三路认为:我们发现很多东西都可能存在也可能不存在;如果任何东西都可能不存在,就可以有任何东西都不存在的时刻;若此,则即使到现在也不会有任何东西存在,因为不存在之物只能

---

① William Lane Craig, *The Kalām Cosmological Argument*, pp. 145–148.
② St. Thomas Aquinas, *Summa Theologica*, Vol. I, Q. 2, Art. 3.
③ St. Thomas Aquinas, *Summa Theologica*, Vol. I, Q. 2, Art. 3.

被已存在之物引起才能开始存在；故而，"并非所有存在者都仅是可能的，必定存在着某种东西，其存在是必然的"①；必然存在之物的必然性或者是由他物引起的，或者不是；引起必然性的东西不能无穷衍推；因此，只能假定存在着某种自身就拥有其必然性的东西，这就是上帝。这三个论证都是从可观察的经验现象推出作为这些现象之根据的上帝是存在的，因而都是典型的后天证明。尽管阿奎那之前的亚里士多德、法拉比、伊本·西拿、迈蒙尼德等都讨论过宇宙论证明，并且，阿奎那是否为宇宙论证明作出过原创性贡献也尚存争议，但这不妨碍阿奎那的论证成为"一个典范阐述，它总结了数百年来就这些形式的宇宙论证明所进行的思考的高潮"②。

18世纪，英国哲学家大卫·休谟对托马斯式宇宙论证明提出尖锐批评，这开启了"拒斥宇宙论证明的现代阶段"③。这些批评中，针对"动力因论证"所衍生出的因果推理之有效性问题的讨论是最引人注目的一个。聚焦这个问题，休谟本人为宇宙论证明提出了三点反驳：混淆两类推理、无须追问"总体的原因"以及无须为宇宙的规则引入自然的必然性之外的原因。"因果怀疑论"是休谟因果性理论的标签，本节我们将通过考察休谟上述三点反驳的当代重构及它们所遭遇的批评来考察托马斯式宇宙论证明的因果怀疑论反驳的当前进展。

休谟所批评的宇宙论证明是他在《自然宗教对话录》第九章第三段，借第美亚（Demea）之口构造出的论证：（1）任何存在之物都有其存在的"原因"（cause）或理由；（2）任何东西都绝不可能产生自身或成为自身存在的原因；（3）由果溯因只有两种可能性：要么无穷追溯，要么求助于某种必然存在的"终极原因"（ultimate cause）；（4）无穷追溯是荒谬的；（5）根据析取命题的否定前件式，必须求助于"一个必然存在的存在者"（a necessarily existent being），这样的存在者自身就是其存在的理由，想象其不存在会导致

---

① St. Thomas Aquinas, *Summa Theologica*, Vol. I, Q. 2, Art. 3.
② See, William Lane Craig, *The Cosmological Argument From Plato to Leibniz*, p. 196.
③ See, William Rowe, An Examination of the Cosmological Argument, in Louis P. Pojman and Michael Rea (eds.), *Philosophy of Religion: An Anthology*, sixth edition, Wadsworth: Cengage Learning, 2012, p. 152.

自相矛盾；（6）所以，"神"（a deity）这样一个存在者存在。① 显然，"原因"概念及因果推理的性质是第美亚版本宇宙论证明的立论关键。

针对这个论证，休谟在接下来的段落中依次提出了三个反驳，这三个反驳共同的攻击对象是第美亚的立论根基："原因"概念及因果推理的性质。其中，第一个反驳是在本章第五、六段由克里安提斯（Cleanthes）提出的。② 其基本思路是指责第美亚的论证"混淆了两类推理"，即，任何东西的存在都是个"事实问题"（matter of fact），而第美亚却把它当作"观念间关系问题"（relations of ideas），尝试用只适用于后者的"解证推理"（demonstrative reason）来证明前者。由于某个存在者的"存在"是个事实问题，其不存在（non-exitence）也不包含矛盾（其相反包含矛盾是解证推理的特征），因此，"必然存在（necessary existence）这样的词没有意义"，第美亚的第五步不成立，自然地，作为结论的第六步也无法推出。由此，克里安提斯很自信地称这个论证是"彻底决定性的"。

这个反驳涉及在分析命题与综合命题之分框架中审视因果推理的存在与性质，与此密切相关的是宇宙论证明是否必定归结为本体论证明这个康德式的问题。我们沿着麦基和盖伦·斯特劳森（Galen Strawson）的论辩说明该反驳的上述定位，然后以康德式的"归结"判断来进一步展现此反驳的思路。

麦基在讨论宇宙论证明时指责因果原则既不能得到先天辩护也不能得到后天支持。他认为，一方面"……阿基米德所用的正是类似的原因产生类似的结果规则……但所用的这条原则不是先天为人们所知的……即使我们可能有某种内在倾向寻求并期待这种均一性、持续性和规则性，这也不能先天地保证我们总能发现这样的性质"③。另一方面"无论如何，这些因果性、均一性等原则都是指这个世界（the world）的运行方式；当我们假设一个充足理由律并将之用于整个世界（the world as a whole）上时，我们就是远超上述原则有效使用范围来进行推断了。即使在这个世界的范围内任何东西看起来都

---

① See, David Hume, *Dialogues concerning Natural Religion and Other Writings*, Dorothy Coleman (ed.), Cambridge: Cambridge University Press, 2007, pp. 63 – 64.
② See, David Hume, *Dialogues concerning Natural Religion and Other Writings*, pp. 64 – 65.
③ David Hume, *Dialogues concerning Natural Religion and Other Writings*, p. 66.

有个充足理由,即,符合某种规则性的原因,同时,类似的原因也产生类似的结果,但这也无法为我们提供什么根据以期待整个世界或其基本因果律自身有某种不同类型的充足理由"[1]。按照麦基,既然因果原则毫无根据,而奠基于其上的宇宙论证明自然也难以为继了。

麦基的观点是对因果原则进行怀疑论解读的一种较为激进的当代形式。我们知道,对休谟哲学进行怀疑主义解读,即,认为休谟是个怀疑主义者,其贡献主要在于摧毁而非建设,是个从休谟同时代开始一直持续至今的源远流长的传统。这种解读的基本特征可以从一位与休谟同时代的哲学家的判断窥见一斑:"休谟以惊人的精确性进行推理,但他的推理的目标不是获得真理,而是表明真理是不能获得的。他的心灵完全被文学的嗜好奴役……这些文学并不关注真理或效用,仅仅寻求对感情的激动。"[2] 人们把在怀疑主义解读下休谟因果理论概括为"因果性的规则观点"(the regularity view of causation),其基本想法是:所谓因果性只不过是一个东西与另一个东西之间在时空上的相邻性(contiguity)、连续性(succession)和规则性(regularity),并不存在一个作为实在(entity)的因果性。盖伦·斯特劳森指出,"因果性的规则理论"是把休谟的观念理论用到因果性概念上的自然结论:"把休谟的观念理论应用到因果性观念的后果是清楚的:我们根本就没有可以设想为某种物理对象的因果性的观念。为什么没有?因为我们不能对它形成任何正面描述的、有内容的概念。为什么不能?因为我们只能从印象—复制的内容中才能形成某种东西的正面描述的、有内容的概念,而在没有因果性的印象建立在对象中或者从对象中衍生出来。为什么找不到?因为我们实际观察到的所有东西只是规则的连续,一个东西跟随着另一个东西。"[3] 盖伦·斯特劳森诉诸休谟哲学的基本观点,即,对于事实推理来说,只有追溯到一个观念由之而来的印象才能为之提供充分说明,由于找不到因果性所对应的印象,故而

---

[1] J. L. Mackie, *The Miracle of Theism: Arguments For and Against the Existence of God*, p. 85.

[2] James Beattie, *The Nature and Immutability of Truth, In Opposition to Sophistry and Scepticism* (1770), cf., Donald W. Livingston & James T. King ed. *Hume: A Re-evaluation*, New York: Fordham University Press, 1976, pp. 1 – 2.

[3] Galen Strawson, David Hume: Objects and Power, in *The new Hume debate*, edited by Rupert Read & Kenneth A. Richman, London and New York: Routledge, 2000, p. 41.

其存在无法得到证明。

盖伦·斯特劳森着重否定在"事实问题"的层次上证明作为实在的因果性的努力,如果再补充上"因果推理不是观念间关系"以及"哲学推理要么是观念间关系要么是事实问题"两个前提,就把因果性弱化成作为"原因"与作为"结果"的东西的规则性出现的现象。稍微再往前推一步就到了麦基的观点:从先天推理和后天推理两个方面都不能证明因果原则,因此,宇宙论证明不成立。在此意义上,麦基的"先天"与"后天"之分实际上是休谟在两种推理之分框架下讨论因果性思路的具体应用和当代表达。

实际上,采纳休谟思路批评宇宙论证明的最有影响力的尝试是康德的著名论断:宇宙论证明的说服力最终要依赖于本体论证明。康德这个论断的基本思路是:宇宙论证明自认为是用因果原则(经验推理的一种)从偶然之物的存在推出必定会有个"必然存在者"的概念,但要使这个概念能够现实地"存在"就必须借助对"最高存在者"概念进行语义分析,因此,宇宙论证明隐含着混淆两类推理之界限使用因果原则的问题。

康德的论断是在《纯粹理性批判》讨论宇宙论证明的部分提出的。此处,康德把宇宙论证明理解为由"某物的无条件必然性"(unconditioned necessity of some being)推出"该物的无条件实在性"(the unlimited reality of that being),他指出,在证明的过程中其实包含一个翻转,即,需要首先预设后者才推出前者,翻转出现在由"概念"转向"实在"这个步骤上。具体说来,康德认为,宇宙论证明一开始很乐观地认为能够从经验推理得出"某物的无条件必然性":"如果有什么东西存在,一个绝对必然的存在者必定也存在。既然至少我存在。因此,一个绝对必然的存在者存在。"[1] 但,宇宙论证明的支持者没有注意到由这个推理所得出的"某物的无条件必然性"只是一个"概念"(concept),"因为,绝对必然性是个仅由概念确定的存在"[2]。为了使这个"概念"的存在转变为"实在"意义上的存在,他们就"完全抛弃经验,致力于仅从概念入手发现一个绝对必然的存在者必定具有哪些性质"[3]。此处

---

[1] Immanuel Kant, *Critique of Pure Reason*, A604 = B632, p. 508.
[2] Immanuel Kant, *Critique of Pure Reason*, A607 = B635, p. 510.
[3] Immanuel Kant, *Critique of Pure Reason*, A606 – A607 = B634 – B635, p. 509.

"发现"的隐含思路是:"必然存在者只能以一种方式,即,不涉及任何可能的相反的谓词对的方式被确定。因此,它必定通过其自身概念被完全确定。既然只有一个可能概念能够完全先天地确定一个东西,即,最实在的存在者(ens realissimum)概念。所以,最高实在者概念是唯一一个概念,借助它,一个必然的存在者才能被思考。换句话说,一个最高的存在者必然存在。"[1] 简单地说,康德认为宇宙论证明的"发现"隐含着这样的推理:必然存在者只能用不包含任何矛盾的"最实在的存在者"概念来"确定"(determine),因此,必然存在者的"确定"预设了最高实在者。由于证明最高实在者的存在是本体论证明的任务,因此,宇宙论证明的说服力完全系于本体论证明。康德指出,尽管宇宙论证明被宣称为一个经验证明,但它对经验的诉诸仅仅在于得出"绝对必然的存在者"概念的存在这个无足轻重的步骤,对于由概念转向实在这个更为实质性的步骤完全没有贡献,在此意义上"诉诸经验是完全多余的;经验或许能够引导我们获得绝对必然性的概念,但不能证明这个概念属于任何确定的东西(any determinate thing)"[2]。

康德把宇宙论证明所包含的上述困难诊断为犯了把仅能用于感官世界的因果原则用到了感官世界之外的错误:"从偶然之物推出一个原因"这条先验原则"仅能用于可感世界,在可感世界之外没有任何意义。因为,偶然事物的纯然理智概念不能产生任何综合命题,如因果性命题。除了在可感世界之外,因果性原则没有任何意义,其使用也没有任何标准。但在宇宙论证明中,它却恰恰旨在使我们超出它所适用的可感世界。"[3] 显然,康德作出如此诊断的理论根据就是构成"休谟之叉"的两类推理之分。在康德看来,所谓"确定的谓词"(a determining predicate)其实就是"添加到主词的概念上并扩充之的谓词。因此它必定不会已经包含在这个概念之中"[4]。用当代语言说,所谓"确定"就是给主词添加经验内容、赋予主词以实在性的过程,通过这个过程,作为概念的主词得以转化为作为实在的主词,因此,"确定的东西"就

---

[1] Immanuel Kant, *Critique of Pure Reason*, A605 – A606 = B633 – B634, p. 509.
[2] Immanuel Kant, *Critique of Pure Reason*, A607 = B635, p. 510.
[3] Immanuel Kant, *Critique of Pure Reason*, A609 = B637, p. 511.
[4] Immanuel Kant, *Critique of Pure Reason*, A598 = B626, p. 504.

是具有实在性的东西。所以，在康德看来，宇宙论证明基于因果推理的部分所得到的仅是"必然存在者"这个属于观念之关系的"概念"，离证明出具有实在性、在经验世界存在的上帝这个初衷还相差甚远，因此，宇宙论证明不成立。

如前文所述，批评宇宙论证明的休谟—康德—麦基思路所指向的是分析与综合二分框架下因果推理是否存在"僭越使用"的问题，即，由属于"事实问题"领域的偶然存在物僭越地推出属于"观念间关系"的必然存在者问题。与"僭越使用"相对应的是"原因是否比其结果拥有更多必然性"（are causes more necessary than their effects）这样的当代问题。罗伯特·C. 孔斯（Robert C. Koons）指出，围绕这个当代问题，宇宙论证明的反对者坚持：偶然的事物只能有偶然的原因，偶然的原因具有有限属性，只能置身于具体的时空之中，因此，没有所谓"第一原因"；宇宙论证明的支持者则基于事件的同一性条件、亚里士多德传统、以相对偶然性来说明因果优先性的必要性、在解释给定事件之"潜在原因"的有效性等四方面的理由认为"在某种确切的意义上，一个原因总是比其结果更为必然或更少偶然"[1]。双方争论涉及哲学传统的选择这样的一般性议题，也涉及可能世界理论、马尔科夫原理（Markovian principle）的应用等技术性议题，这提示我们，休谟—康德—麦基思路所指向的问题依然拥有广阔的探索空间。

休谟的第二个反驳出现在《自然宗教对话录》第九章第九段，仍借克里安提斯之口提出。其核心论辩是，解释了各组成部分的原因就足以解释总体的原因，故而无须再追问总体的原因了："一个由二十个事物组成的总体，我已向你表明其中每一个个体的具体原因，如果你再问我整个二十个事物的原因是什么的话，我就会认为你的问题非常不合理。解释了各个部分的原因，这一点就足以得到解释。"[2] 这个反驳的基本预设是"整体性原则"（the mereological principle），即，解释了构成整体的每一个部分的原因则整体的原因就自然给出。罗素、保罗·爱德华兹（Paul Edwards）是整体性原则的当代支持者，威廉·

---

[1] Robert C. Koons, A New Look at the Cosmological Argument, in *American Philosophical Quarterly*, Apr., 1997, Vol. 34, No. 2 (Apr., 1997), pp. 193–211.

[2] See, David Hume, *Dialogues concerning Natural Religion and Other Writings*, p. 66.

罗把"整体性原则"概括为"休谟—爱德华兹原则"（the Hume-Edwards Principle）。针对这个原则，罗以"双重限制"，亚历山大·普拉斯（Alexander R. Pruss）以三个反例力证它仅适用于一些特定的推理，更多的推理还需要寻求"整体的原因"，因此，将之视为普遍原则的观点不成立。

罗指出，宇宙论证明面临两个主要批评，其中之一是建立在"整体性原则"之上的："……把原因或解释概念用到事物之整体上是没有意义的，用来表明全体存在物必定有个原因或解释的论证是错误的。"[①] 历史地看，罗素是这种批评的坚定支持者，1948 年他与科普尔斯顿（Copleston）神父在英国广播公司（BBC）就"上帝存在"问题进行一次广播辩论。这次辩论中，针对科普尔斯顿神父的追问：既然偶然之物不能为自身的存在提供解释，"为什么人们不应该提出所有特殊对象之存在的原因这样的问题呢？"罗素回答称："因为我没有看到什么理由支持这样的原因是存在的。整个原因概念都是我们从对特殊事物的观察中得出的，我看不到任何理由来假设这个整体有什么原因。"[②] 罗素进一步补充称，这个回答的意思是"原因概念不能用于整体"，并举出"母亲"例子来说明自己的观点：每个人都有个母亲，但这不能推出人类整体有个母亲，个体的原因与整体的原因属于"不同逻辑范围"（a different logical sphere）。

上述批评的另一个支持者是保罗·爱德华兹，他明确指出宇宙论证明陷入"整体高于其构成要素"的错误假设："寻找作为整体的系列的原因这一要求基于一个错误假设，即，系列是某种在构成这个系列的元素之外并高于这些元素的东西。"[③] 爱德华兹分析到，这个假设的错误之处在于把"系列"（series）视为与"狗""人"等一样的名词，这样，很容易就会把"这个系列"理解为一个个体对象（an individual object），但这种理解显然是错误的，

[①] William L. Rowe, Two Criticisms of the Cosmological Argument, in *The Monist*, July, 1970, Vol. 54, No. 3, (July, 1970), pp. 441 – 459.

[②] Bertrand Russell and Father F. C. Copleston, A Debate on the Existence of God, in *The Existence of God*, John Hick (ed.), pp. 174 – 175.

[③] Paul Edwards, The Cosmological Argument, in *The Cosmological Arguments*, Donald R. Burrill (ed.), Doubleday & Company, Inc., 1967, pp. 113 – 14, cf., William L. Rowe, Two Criticisms of the Cosmological Argument, *The Monist*, July, 1970, Vol. 54, No. 3, (July, 1970), pp. 441 – 459.

因为，"如果我们解释了个体要素，就没有任何额外的东西需要进一步解释了"①。爱德华兹以一个因纽特人群体身处纽约的例子说明他的观点："我"要探寻由五个因纽特人构成的群体身处纽约的原因，调查了每一个人的理由之后，"我"的问题已经得到解决，如果非要再追问这整个群体（the group as a whole）出现在纽约的原因是什么，那只能说这是个荒唐的问题。

基于对爱德华兹与休谟第二个反驳是内在关联的理解，威廉·罗把"整体性原则"概括为"休谟—爱德华兹原则"："如果一个集合任意元素的存在都得到解释了，那个集合的存在就由此得到解释了。"② 实际上，休谟、罗素、爱德华兹在此问题上是立场一致的，他们都把原因概念进行彻底唯名论的理解，坚持原因概念来自观察经验，人们能够观察到的仅仅是特殊事物，特殊事物的"整体"（the total）就是构成这个整体的特殊事物自身，此外没有任何进一步的意义，因此，特殊事物的原因就是整体的原因，无所谓一个高于特殊事物之原因的"整体的原因"，如果一定要讨论"整体的原因"，那也要在不同的逻辑范围中进行，不能简单地通过把特殊事物的原因推而广之的方式得到。我们知道，宇宙论证明恰恰是要从偶然之物的存在推出作为这些事物存在之原因的必然存在者存在，如果这样的反驳成立，宇宙论证明的这个重要步骤就难以为继了。

但问题显然不是这么简单，当代哲学家对"休谟—爱德华兹原则"进行了各种质疑。罗对"休谟—爱德华兹原则"的合理性进行了双重限制：第一，此原则仅适用于"抽象实在"（abstract entity）；第二，此原则仅适用于"有穷集合"（finite sets，具有有穷多个元素的集合）。③ 就第一重限制，罗指出，在处理由"具体实在"构成的集合时，总体完全可以合理地拥有个体所不具有的性质（与"休谟—爱德华兹原则"相反）。他以"弹球例子"来说明这

---

① Paul Edwards, The Cosmological Argument, in *The Cosmological Arguments*, Donald R. Burrill (ed.), cf., William L. Rowe, Two Criticisms of the Cosmological Argument, *The Monist*, July, 1970, Vol. 54, No. 3, (July, 1970), pp. 441 – 459.

② William L. Rowe, Two Criticisms of the Cosmological Argument, *The Monist*, July, 1970, Vol. 54, No. 3, (July, 1970), pp. 441 – 459.

③ William L. Rowe, Two Criticisms of the Cosmological Argument, *The Monist*, July, 1970, Vol. 54, No. 3, (July, 1970), pp. 441 – 459.

一点：我们手里拿着十个弹球，每个弹球具有一定的重量，但由这些弹球构成的总体也有个重量，总体的重量与每个弹球的重量都不同，在这个意义上说宇宙论证明的推理仍有其合理的一面。就第二重限制，罗认为，如果把"休谟—爱德华兹原则"拓展到"无穷集合"（infinite sets）就会出错。他以男人的集合为例说明这一点：假设 M 是由无穷多个男人组成的集合，其中每一个男人的存在都从其父亲那里得到解释，由此，借助血缘关系，每个男人的存在都得到了解释；但是，M 并没有得到解释，理由在于，前述解释根本没有触及"为什么男人们总是存在，而非从来没有任何男人"或者说，"为什么 M 有元素而非根本没有元素"的问题，而只有说清楚这个问题才算解释了 M。

普拉斯提供了三个反例来说明"休谟—爱德华兹原则"的荒谬。[1] 第一个是"炮弹反例"：一个大炮在上午 11：58 发射了一发炮弹，炮弹在两分钟后的 12：00 落地，11：59 至 12：00 之间炮弹在不同时间切片的状态构成一个总体 C。根据"休谟—爱德华兹原则"，只要考察了构成 C 的各个状态，C 就得到了彻底解释，即，C 根据自身解释了自身，完全无须诉诸发射这枚炮弹的大炮，换句话说，炮弹在 11：59 至 12：00 之间的运动状态与发射这枚炮弹的大炮没有关系，这显然是荒谬的。第二个是"自生水蚤反例"：在合适的条件下，一个水蚤通过单性繁殖生出一个和它在基因上完全相同的后代，生完后这个水蚤就死掉了，10 天后，其后代又发育成熟准备繁殖自己的后代了……按照"休谟—爱德华兹原则"，只要说明了水蚤母亲和它的后代就能够解释这里的母亲—孩子的总体，但由于这样的解释没有告诉人们水蚤母亲和它的孩子到底从何而来，所以，上述解释相当于什么都没有解释。第三个是"鸡和蛋反例"：设想在一个可能世界中有无穷多个鸡和蛋，鸡生蛋、蛋孵鸡以至无穷。此处，鸡构成了一个总体 C，蛋构成一个总体 E，对于为什么会有这些鸡和这些蛋的问题，按照"休谟—爱德华兹原则"，由于 C 解释 E，同时 E 解释 C 问题就得到解决了，但这样的解释仅仅构成了一个因果循环，根本

---

[1] See, Alexander R. Pruss, The Hume-Edwards Principle and the Cosmological Argument, *International Journal for Philosophy of Religion*, Jun., 1998, Vol. 43, No. 3 (Jun., 1998), pp. 149–165.

没有触及要解释的问题。普拉斯称第一个反例属于事实层次，第二个反例是逻辑层次的，第三个反例说明"休谟—爱德华兹原则"无法用于由具体实在构成的总体的问题。普拉斯指出，"休谟—爱德华兹原则"实际上是按照解释鸡和蛋的思路批评宇宙论证明的，正如第三个反例所表明的，这种批评根本没有触及宇宙的来源问题，因此根本没有触动宇宙论证明。

罗的"双重限制"洞察和普拉斯的三个反例说明，"休谟—爱德华兹原则"仅对于某些特定的推理有效，对于这些推理之外的其他推理来说，在构成集合的要素之外寻求一个"整体的原因"还是合理的、有必要的。宇宙论证明的支持者显然认为宇宙的存在必定有个超越其构成元素的"整体的原因"，因此，"休谟—爱德华兹原则"并没有从根本上触动宇宙论证明。

综上所述，导致第二个反驳的根本问题是"作为一个整体的宇宙的存在"（the existence of the universe as a whole）是否能够通过解释构成宇宙的特殊事物而得到解释。"休谟—爱德华兹原则"的支持者对此问题持肯定观点，而宇宙论证明的支持者则持否定观点。当代研究者普遍认为，休谟针对宇宙论证明的直接批评对象是塞缪尔·克拉克。此处的分歧同样反映了休谟与塞缪尔·克拉克的立场差别，塞缪尔·克拉克在《自然宗教谈话》（*A Discourse Concerning Natural Religion*）中坚持认为由非独立存在者构成的系列必须有个独立的原因："因此，由没有任何原初独立原因的非独立的存在者构成的无穷连续是个既没有必然性，又没有原因，也根本没有其存在之理由（包括内在与外在理由）的存在者系列，即，这表达的是一个矛盾和不可能性……"[1]当代研究者常把塞缪尔·克拉克对原初独立原因的要求解读为对"充足理由律"的要求，如，理查德·盖尔把克拉克版本的"充足理由律"表述为："任何存在之物都有其存在的理由，这个理由或者来自其自身本性的必然性或者来自某种其他事物的因果效力。"[2] 可见，这个反驳与"充足理由律"密切相关，我们将在下一节专门处理"充足理由律"的问题。

---

[1] Samuel Clarke, The Argument from Contingency, cf., *Philosophy of Religion: An Anthology* (Sixth Edition), Louis P. Pojman and Michael Rea (eds.), p. 150.

[2] Richard M. Gale, *On the Nature and Existence of God*, Cambridge: Cambridge University Press, 1991, p. 244. Gale 是根据塞缪尔·克拉克的《对上帝存在与属性的证明》一书的相关内容进行的概括。

休谟的第三个反驳是在《自然宗教对话录》第九章第十段由斐罗（Philo）提出的。① 其基本想法是，宇宙的规则由其自然的必然性就可得到解释，无须引入其他原因。斐罗以一个简单的算术规律为例说明这一点：9 的各种乘积构成一系列数字，从中取任何数字分别把它各个数位上的数相加在一起就能得到 9 或 9 的较小的乘积，在数学家看来这仅是个简单的数学规律，是"必然性的作用"，其结果来自"这些数字的本性"。与此类似，通过探究"物体的内在本性"就能够解释宇宙的全部法则，认识到这一点就无须赞美自然物的秩序并将之归于作为第一因的创造者。

休谟的这个反驳由否认自然之外还存在任何其他东西进而否定作为宇宙创造者的上帝存在，用当代语言说，它所诉诸的是一个自然主义的坚持：宇宙自身就是其存在的原因，无须外在解释。我们以理查德·道金斯（Richard Dawkins）的工作来说明自然主义者反驳宇宙论证明的思路，以普兰丁格对其的批评来说明这种思路的困难，最后得出结论：这个反驳涉及自然主义与有神论这两种形而上学立场之间的整体分歧。

当代哲学中的自然主义是个肇始于罗素的强有力的思潮，它是不少哲学家和科学家的坚定信念。② 罗素与科普尔斯顿的广播辩论中曾称，"……宇宙就在那里，就是如此"（the universe is just there, and that's all），因此，无须再给宇宙找个作为其原因的上帝。③ 休谟的第三个反驳强调，恰如根据"这些数字的本性"就能解释他所提到的数学运算，通过探究"物体的内在本性"就能够解释宇宙的全部法则，因此，无须求助于其他外在原因。可见，在强调宇宙完全是从无中偶然产生的，根本不需要任何外在原因这一方面上休谟与罗素的观点一脉相承。很多当代哲学家也持有与休谟和罗素类似的观点。

---

① See, David Hume, *Dialogues concerning Natural Religion and Other Writings*, p. 66.
② 普兰丁格指出，当代自然主义者的代表人物包括罗素、丹尼尔·丹尼特（Daniel Dennett）、理查德·道金斯、大卫·阿姆斯特朗（David Armstrong）、斯蒂芬·J. 古尔德（Stephen Jay Gould）以及"其他的许多时不时认可'科学的世界观'的家伙"。（参见普兰丁格《自然主义对抗进化论：一种"宗教—科学"冲突?》，《科学与宗教：二十一世纪的对话——英美四名家复旦演讲集》，徐英瑾、[美] 梅尔威利·斯图尔特主编，徐英瑾、冷欣等译，复旦大学出版社 2008 年版，第 242 页）
③ Bertrand Russell and Father F. C. Copleston, A Debate on the Existence of God, in *The Existence of God*, John Hick（ed.）, p. 175.

如，彼得·阿特金斯（Peter Atkins）认为："起初没有任何东西存在……偶然地从无中产生了一个波动和一系列的点……从绝对没有任何干预的无产生出了原始的存在……"① 又如，约翰·波斯特（John Post）宣称，"宇宙就有个无原因的始点"，理由在于"奇点不可能由更早的自然事件或过程引起"，他还强调"看来，不能援引当代物理宇宙学来支持神圣原因或者宇宙的创造者观念"。② 再如，昆廷·史密斯（Quentin Smith）也坚持："事实是，最合理的信念乃是我们来自无，无缘无故地从无中产生（we came from nothing, by nothing and for nothing）。"③ 昆廷·史密斯的理由是，在大爆炸（the Big Bang）之前没有任何时刻，因此，按照从时间优先性、时空连续性以及法则相关性等方面对因果关系的传统理解，上帝的意志不可能是大爆炸的原因，因此，"宇宙有个原始的神圣原因这种理论在逻辑上与因果性的一切现存定义都不一致，与基于这些现存定义以及关于因果性的一切可能有效的定义或理论也都不一致"④。这些观点面临一个非常严重的批评是：宇宙是非常复杂、精致的，偶然生成观如何解释这种复杂性和精致性呢？这个批评要求为偶然提供某种必然根据。

理查德·道金斯的工作有效地完成了这个任务。道金斯是达尔文进化论的热情拥护者，他把达尔文的"自然选择"理论视为"物体的内在本性"。一方面，他认为达尔文的理论是解释我们自身存在之问题的唯一理论："我想说服读者，达尔文式的世界观并非仅是碰巧为真，而是在已知理论中原则上能够解释我们存在这个神秘的唯一一个理论。"⑤ 另一方面，他坚持自然选择理论是解释宇宙之奇妙和精致的唯一有效理论："自然选择理论不只是一种简

---

① Peter W. Atkins, *Creation Revised*, W. H. Freeman, 1992, p. 129, cf., William Lane Craig, Naturalism and Cosmology, in *Naturalism: A Critical Analysis*, William Lane Craig and J. P. Moreland (eds), London and Now York: Routledge, 2000, p. 236.
② John Post, *Metaphysics: a Contemporary Introduction*, Paragon House, 1991, p. 87, cf., William Lane Craig, Naturalism and Cosmology, in *Naturalism: A Critical Analysis*, p. 237.
③ Quentin Smith, "Uncaused Beginning of the Universe", in William Lane Craig and Quentin Smith, *Theism, Atheism, and Big Bang Cosmology*, Oxford: Clarendon Press, 1993, p. 135.
④ Quentin Smith, "Causation and the Logical Impossibility of a Divine Cause," *Philosophical Topics* 24 (1996): 169–70. cf., William Lane Craig, Naturalism and Cosmology, in *Naturalism: A Critical Analysis*, p. 240.
⑤ Richard Dawkins, *The Blind Watchmaker*, W. W. Norton & Company, Inc., 1997, Preface, XIV.

洁、可信、优美的解决方案，它还是唯一有效的用以替代偶然的方案。"[1] 在说明"有生命之物是如何产生的"这个问题时，道金斯指出，"累积选择"（cumulative selection）是自然选择的具体运行机制："那么，它们是如何开始存在的呢？此处的答案、达尔文的答案是，出于偶然而从简单的始点、从足够简单的原始实在逐渐地、一步一步地转化为存在。与先在的变化相比，在逐渐进化的过程中，每一个连续的变化都足够简单，这些变化都是偶然产生的。但当你考察最终结果相对于原始出发点的复杂性时，就会发现整个累积步骤的序列构成了一个完全不是出于偶然的过程。非随机的生存引导着累积的过程……这种累积选择的力量是一种根本非随机的过程。"[2] 可见，在这个运行机制中，非随机的生存是一种必然性的要素，它"引导"着偶然的变化过程，实现了为偶然变化提供必然根据的目标。正是基于对道金斯观点的审视，普兰丁格把自然主义者的观点概括为："……人类生命和行为的神学或宗教解释是没有必要的，一切生命都可以在唯物主义因素基础上得到解释，人类并不是由上帝设计的，对所有生命——包括人类生命——的正确解释乃是一个盲目的过程：即偶然性（随机的基因突变）与必然性（自然选择）的一个结合。"[3] "盲目"这个关键词（道金斯将其讨论此话题的著作命名为《盲目的钟表匠》的意图正是强调这个关键词）显然与"人格神的主动创造"这个有神论的宇宙生成观格格不入。

针对自然主义者对"盲目"的推崇，普兰丁格提出了一个针锋相对的观点，即，随机的基因突变和自然选择所体现出来的"盲目"并非与上帝的设计和创造不相容："因此，人类是通过作用于随机的基因突变的自然选择而产生的这一事实，如果它是一个事实的话，根本不与他们之被上帝设计和按照他的形象创造不相容。"[4] 按照普兰丁格的理解，随机的基因突变和自然选择仅是人类得以出现的途径，这个途径自身并不包含形而上学预设，仅当用自

---

[1] ［英］理查德·道金斯：《上帝的错觉》，陈蓉霞译，海南出版社2017年版，第100页。
[2] Richard Dawkins, *The Blind Watchmaker*, p. 43.
[3] ［美］阿尔文·普兰丁格：《进化与设计》，王永生译，《知识·信念与自然主义》，赵敦华、凯利·克拉克、邢滔滔主编，宗教文化出版社2007年版，第6—7页。
[4] ［美］阿尔文·普兰丁格：《进化与设计》，王永生译，《知识·信念与自然主义》，第9页。

然主义或有神论的形而上学立场来为之提供解释之后,这个途径才被赋予形而上学立场的色彩。在自然主义立场下,基因的随机变异是盲目偶然的,自然选择通过优胜劣汰的过程清除不利于生存的基因,保留有利于生存的基因从而促进物种的进化;在有神论立场下则可以认为,基因的突变正是出自上帝的"一手安排",这些突变在正确的时间发生以便产生特定的结果,人类及万物都由此得以产生。基于这样的理解,普兰丁格坚持,作为万物产生途径的进化与作为形而上学立场的自然主义结合在一起才构成对设计的否定,在此意义上,"道金斯、辛普森及其他人都信奉哲学的自然主义"。① 因此,在普兰丁格看来,持"科学的世界观"的自然主义者表面上恪守"价值中立"的"科学精神",试图"客观地"解释宇宙和万物产生的奥秘,但他们早已预先接受了"自然主义"这个表达价值取向的形而上学立场了。普兰丁格的这种观察得到一些哲学家的认同,如,一位哲学家在讨论自然主义与科学实在论之间的冲突问题时指出,一个综合"本体论的"、"表现主义的"以及"后哲学的"三重意思的"集大成的自然主义"是"一种哲学理论",这个理论因其所包含的自相矛盾而"不可能是正确的"。② 另一位哲学家在评论丹尼尔·丹尼特的《达尔文的危险思想》一书时也指出,丹尼特把达尔文理论推崇为"万能酸"(a universal acid)的极端立场导致他不可避免地把这个理论推广到生物学之外的文化领域,从而提出"文化达尔文主义"(cultural Darwinism)和"文化进化论的达尔文式科学"(Darwinian science of cultural evolution)等话题,这种推广是"危险的"。③

---

① [美] 阿尔文·普兰丁格:《进化与设计》,王永生译,《知识·信念与自然主义》,第7页。普兰丁格把从形而上学层次上反对宇宙创造者的观点称为"哲学的自然主义",它声称"不存在上帝或者任何像上帝的东西之类的角色这种观念";与"哲学的自然主义"相对的是"方法论的自然主义",它由"至少两个相互关联的观念"构成:"第一,在进行科学研究的时候,我们不能通过诉诸上帝的行为或者任何其他超自然存在者的行为来适当地解释任何东西。关于这类存在者的行为、特征或者性质的那些命题不能被用作科学假设。第二,在科学当中,我们不能适当地使用或者诉诸仅只通过信仰而知道的任何东西。"参见 [美] 阿尔文·普兰丁格《进化与设计》,王永生译,载《知识·信念与自然主义》,第16页。

② [美] 罗伯特·孔思:《自然主义与科学实在论的冲突》,常宏译,《知识·信念与自然主义》,第112页。

③ H. Allen Orr, Dennett's Dangerous Idea, Review to Daniel C. Dennett's *Darwin's Dangerous Idea*, In Evolution, Feb., 1996, Vol. 50, No. 1 (Feb., 1996), pp. 467-472.

如果说上述观察只是普兰丁格对自然主义者"病根"的追溯,那么,他的另一个论证——"反驳形而上学自然主义的认识论论证"就是对自然主义者"病理"的剖析。这个论证在《担保与恰当功能》一书中有完整的呈现,其结论是:"自然主义与进化论的合取是自我挫败的:它为自身提供了一个不可挫败的挫败因子。"① 其大致思路是:我们不能怀疑自己认知官能的可靠性,因为我们的怀疑恰是用这个官能来提出的;形而上学的自然主义与进化论(按照进化论,人的认知官能来自一种进化机制)的合取使得认知官能的可靠性很低,理由在于,根据进化论,人类的认知官能运作的最终目的是生存或适应环境而非产生真信念。② 这意味着,如果一个人接受自然主义就能够合理地质疑自然主义;因此,自然主义是自我挫败的。

对于普兰丁格的上述论证,自然主义者可以从形而上学和认识论两个层面上继续坚持自己的观点。在形而上学层次上,他们可以继续强调,自然主义与进化论是不容置疑的事实,如道金斯的"唯一有效理论"和丹尼特的"万能酸"说。在认识论层次上,他们可能提出替代性的"合理的可接受性理论"(the theory of rational acceptance),如有哲学家认为"接受性的易信原则"(a credulous principle of acceptance)更可取;③ 或者指出普兰丁格的论证包含着内在问题,如有哲学家认为普兰丁格的论证存在着把自然主义与进化论捆绑在一起不够慎重、对生存或适应环境导向与认知官能产生真信念或假信念之间的关联论证不够充分。④ 因此,表面看来,普兰丁格对形而上学自然主义的认识论反驳所涉及的仅是个技术层次上的间接批评,但这种批评的背后隐藏着自然主义和有神论两种形而上学立场之间的综合竞争。在此意义上,普

---

① Alvin Plantinga, *Warrant and Proper Function*, Oxford: Oxford University Press, 1993, p. 235.
② 普兰丁格指出,这个推理其实来自达尔文本人,达尔文在给友人的一封信中曾写道:"总会产生可怕的怀疑:对于从低等动物心灵发展而来的人类心灵的坚定信念到底有什么价值或到底值不值得信任呢?有谁会相信猴子心灵中确信的东西呢,如果猴子的心灵中确实有什么确信的话?"普兰丁格把达尔文的这个担心称为"达尔文的疑虑"(Darwin's Doubt)。See, Alvin Plantinga, *Warrant and Proper Function*, p. 219.
③ 这个原则倡导一种整体主义的观点:如果一个命题在一个人的信念之网中没有遭到挫败,它就是可接受的。See, Glenn Ross, Undefeated Naturalism, In *Philosophical Studies: An International Journal for Philosophy in the Analytic Tradition*, Vol. 87, No. 2 (Aug., 1997), pp. 159 – 184.
④ 程炼:《普兰丁格与自然主义》,《知识·信念与自然主义》,第39—59页。

兰丁格认为，可以把自然主义看作一种"名义宗教"或至少是一种"准宗教"，因为它发挥着与宗教类似的功能，试图成为一个包罗万象的世界观："就目前的情况来看，自然主义并不被认为是一种宗教。然而它却发挥着宗教最重要的一种功能：它提供了某种世界观的支持。它告诉我们这个世界根本上是怎样的；什么是这个世界最深层的和最重要的东西；我们在世界上的位置在何处；我们怎样与其他被造物相联系；死亡之后我们能够期望什么（如果那时候的确有什么可被期望的话），如此等等。"[①] 总的来看，在当代视野中，休谟对宇宙论证明的第三个反驳已经发展成关于自然主义与有神论这两种形而上学立场之间的整体分歧，这种分歧提示我们，宇宙论证明一直无法完全脱离形而上学的维度。

总而言之，休谟对阿奎那基于动力因之本性所构造的宇宙论证明（五路中的第二路）的批评开启了将之归结为"因果推理之有效性"问题的"现代阶段"。休谟的批评由"混淆两类推理"、"无需追问'总体的原因'"以及"无需为宇宙的规则引入自然的必然性之外的原因"等三个反驳构成，当代哲学家围绕这三个反驳展开的正反论辩促使这个"现代阶段"的内容不断得到丰富。

第三节　莱布尼茨式宇宙论证明的充足理由律问题

莱布尼茨在《单子论》的第36—41节构造了这样一个宇宙论证明：宇宙中存在着一系列的事物；如果以分解为具体理由的方式解释这些事物，就会陷入无休止的细分之中；而且这些错综复杂的细节所涉及的也仅仅是其他偶然事物，这些偶然事物又需要进一步分析；所以，充足理由或最终理由必定处于这些偶然事物的系列之外；在此意义上，事物的最终理由必定是在"必然实体"（a necessary substance）之中，我们把这个必然实体称为上帝；进一步说，既然这个实体是一切相互关联的复杂细节的充足理由，故而只有一位上帝，这位上帝是充足的，同样可以推出这位上帝是普遍的、必然的、绝对

[①] ［美］艾尔文·普兰丁格：《自然主义对抗进化论：一种"宗教—科学"冲突?》，《科学与宗教：二十一世纪的对话——英美四名家复旦演讲集》，复旦大学出版社2008年版，第242页。

完美的。①

可以看到,"充足理由律"(the principle of sufficient reason)在莱布尼茨的论证中起到举足轻重的作用。莱布尼茨对"充足理由律"的倚重与其认识论预设紧密相关,他的认识论在《单子论》第31—33节得到集中表达。此处,莱布尼茨把真理分为两类:"推理的真理"(truths of reasoning)和"事实的真理"(truths of fact)。前者是"必然的且其相反是不可能的",其基本推理原则是"矛盾律"(the principle of contradiction),根据这条原则,"我们把包含矛盾的判断为假,把与错的相对或相反的判断为真";后者是"偶然的,其相反是可能的",其基本推理原则是"充足理由律",根据这条原则,"我们考察,除非有个它是如此而非其他的充足理由,就不能发现任何真的或存在的事实,或任何真的断言,即使更多时候这些理由不为我们所知"②。由此区分,莱布尼茨指出,数学的定理(theorems)和准则(canons)可运用矛盾律通过分析定义、公理和假定得出,而受造界的各种事物之存在则可运用充足理由律寻找其最终原因。上帝存在的宇宙论证明正是在运用充足理由律为万物之存在寻找最终理由的过程中构造出来的。

当代哲学家克雷格把莱布尼茨的宇宙论证明概括为五个步骤:(1)某物存在;(2)必定有个充足理由或理性根据来说明为什么某物存在而非空无一物;(3)这种充足理由不能在任何单一之物或事物的全体或一切事物的动力因中找到;(4)因此,在世界和世界的状态之外必定存在着一个解释这个世界之存在的充足理由;(5)这个充足理由是个形而上学的存在者,即,一个其存在的充足理由包含在自身中的存在者。③可以看到,不管是在莱布尼茨本人的原始思想中还是克雷格进行的当代重构中,"充足理由律"都是莱布尼茨式宇宙论证明的逻辑基础,这一规则能否成立及其强弱事关整个论证的成败,鉴于此,这个问题顺理成章地成为当代哲学家讨论莱布尼茨式宇宙论证明的

---

① G. W. Leibniz, *Monadology*, See, Lloyd Strickland, *Leibniz's Monadology: A New Translation and Guide*, Edinburgh: Edinburgh University Press, Ltd., 2014, pp. 20 – 21.

② G. W. Leibniz, *Monadology*, See, Lloyd Strickland, *Leibniz's Monadology: A New Translation and Guide*, p. 20. 此处,莱布尼茨称,矛盾律和充足理由律是我们的推理奠基于其上的"两个伟大原则"。

③ See, William Lane Craig, *The Cosmological Argument From Plato to Leibniz*, p. 274.

关注焦点。

　　莱布尼茨在其作品中多处谈到充足理由律,如在他写作于1714年的《基于理性的自然与恩典原则》一书中写道:"……没有充足理由原则就没有任何东西能够发生,即,没有如下可能性就没有任何东西能够发生:一个知道足够多的东西的人能给出一个充足理由以确定为什么这个东西是这样而不是那样。"① 又如,在1716年8月18日给克拉克的第五封信中,他写道:"……指控我没有为我提出的需要充足理由原则提供任何或者来自事物本性或者来自神圣完美性的证明,这一点非常奇怪。因为,事物的本性要求任何事件都预先拥有其恰当的(必然的)条件、要求和倾向,这些就构成了这个事件的充足理由。"② 此外,早在17世纪70年代,莱布尼茨就为充足理由律提供了这样一个证明:"命题:没有什么东西没有原因,或者任何东西都有个充足理由。定义1:充足理由即那种如果被认定,事物就存在的东西。定义2:要求(a requirement)是那种如果没有被认定,事物就不存在的东西。证明:无论什么东西存在,它都拥有其全部要求。因为,根据定义2,如果[它们中的]一个没有被认定,这个东西就不存在。如果其全部要求都被认定了,这个东西就存在。因为,如果它不存在,它就缺失某种东西,即,缺失一个要求。因此,根据定义1全部这些要求是个充足理由。因此,任何东西的存在都有个充足理由。证毕。"③ 这些文字表明,在莱布尼茨看来,充足理由律的存在和有效性是显而易见的也是普遍的,任何东西都概莫能外。

　　充足理由律是否像莱布尼茨认为的那么显然和普遍呢?很多当代哲学家并不这么认为,他们基于各种考虑对这条规则提出四个疑问,与此相对,莱布尼茨的当代支持者则通过修正充足理由律来努力捍卫这条规则。本节将通

---

① G. W. Leibniz, *Philosophical Essays*, Edited, and Translated by Roger Ariew and Daniel Garber, Indianapolis & Cambridge: Hackett Publishing Company, 1989, p. 210.

② G. W. Leibniz, *The Leiniz-Clarke Correspondence*, together with extracts from Newton's Principia and Opticks, H. G. Alexander (ed.), Manchester, 1956, p. 60, cf., Jonathan Westphal, Leibniz's Argument for the Principle of Sufficient Reason from Necessary and Sufficient Conditions, in *Studia Leibnitiana*, 2018, Bd. 50, H. 2 (2018), pp. 229–241.

③ G. W. Leibniz, *Sämtliche Schriften und Briefe*, Berlin Academy, 1923, p. 483, cf., Robert Merrihew Adams, *Leibniz: Determinist, Theist, Idealist*, Oxford: Oxford University Press, 1994, p. 68.

过考察当代反对者的"乞题"、"模态坍塌"、"偶然命题无需必然命题来解释"以及"自由意志与量子力学等非决定论事件表明充足理由律不成立"等疑问，以及当代支持者提出的"弱版本充足理由律"和"限制版本充足理由律"等辩护来展示此话题所取得的新进展。

"充足理由律是'乞题'的"是这条规则所面临的一个重要质疑。罗伯特·麦瑞休·亚当斯（Robert Merrihew Adams）指责称，充足理由律原是某个东西存在的充分必要条件，有了这条规则该物必定存在，没有这条规则该物必定不存在，但实际上这个规则只有在预先包含着这种东西"存在"的条件才能成为它的充分必要条件，如果不把"存在"作为诸理由之一包含在自身中，人们就会在充足理由具备的条件下仍然不能判定这种东西到底是不是存在着，因此，这里存在着明显的循环论证（即，乞题）："这个证明的关键前提是，除非缺乏其存在的一个要求（即，必要条件）没有什么东西能够不存在。但这似乎乞题了，因为任何否认充足理由律的人都会假设，当一个东西存在的所有必要条件都得到提供了，其存在的可能性与其不存在的可能性都依然没有消失——除非为其要求增加琐碎的必然性条件（如这个事物的存在自身），在这种情况下，这些要求的总和就构成了一个充足理由，这个'理由'仅在一个'理由'的一个非常没意思的意义上成其为理由。"[1] 在亚当斯看来，乞题发生在充足理由律是事物存在的保证与事物的存在是充足理由律的条件之一之间，即，事物的存在需要充足理由律担保，充足理由律又需要事物的存在来担保，因此二者存在逻辑循环。乞题指责提出这样的问题："某物存在"到底是不是充足理由律的条件之一，如果不是，充足理由律如何保证有了这条规则事物必定存在；如果是，那充足理由律就是多余的，仅"存在"一条性质即可保证某物存在了。更进一步看，这个质疑隐约指向上帝存在的本体论证明，既然充足理由包含存在性质，那么，由某事物的充足理由自身就能够推出该事物的存在，而如果把宇宙存在的最终的充足理由视为上帝，那么，就得出上帝的存在保证了万物的存在。上帝存在的本体论证明所面临的问题提示我们，此处的乞题反驳并非一个吹毛求疵的问题。

---

[1] Robert Merrihew Adams, *Leibniz: Determinist, Theist, Idealist*, p. 68.

詹姆斯·罗斯（James Ross）、威廉·罗、弗兰肯和盖尔森（Francken and Geirsson）、范·英瓦根等都是"模态坍塌"质疑的支持者。① 我们沿着范·英瓦根的论证说明这一质疑的思路。在《论自由意志》一书中的第六章，当讨论到决定论可以从充足理由律中衍推出来时，范·英瓦根称："PSR 必须被拒斥，因为它有个荒谬的结果：一切模态区分的坍塌。"② 为了拒斥充足理由律，他首先设定了两条基本原则：第一，充足理由律的意思是，如果 x 是 y 的充足理由，那么 x 必定衍推出 y；第二，偶然事态不能是其自身的充足理由。他的论证共包括五步：（1）令 p 是全部偶然真命题的合取，显然，p 自身是个偶然命题，理由在于必然命题不能有偶然的合取支；（2）根据充足理由律，存在一个事态 s，s 是 p 的充足理由；（3）此时，s 既不能是必然的又不能是偶然的，因为，如果是必然的，那么 p 就是必然的，与（1）冲突；如果是偶然的，s 就是 p 的合取支，这意味着它可以由 p 衍推出来，根据第一个基本原则，s 就既衍推 p 又从 p 中衍推出来，因此，s 只能是 p 自身；（4）如果 s 是 p，那么这意味着偶然事态是自身的充足理由，与第二个原则矛盾，因此这一点不可能；（5）结论：既然 s 不能是必然的又不能是偶然的，它就不能存在，所以，充足理由律是错的。根据这个论证，范·英瓦根指出，承认充足理由律的后果是无法区分真与必然性："因此，如果 PSR 为真，那么，除了必然真之外就没有其他真了：在真与必然性之间无法作出区分。"③ 显然，范·英瓦根是用归谬论证来实现拒斥充足理由律的目标的，这个论证的可靠性与有效性是否足够强呢？

亚历山大·普拉斯指出，范·英瓦根的证明是个颇有影响而又优美、明显有效的归谬论证。④ 他认为，可以把范·英瓦根的证明重构为包括六个前提、一个归谬假设以及七步推理的论证。六个前提分别是：（1）如果 PSR 成立，则任何真的偶然命题都有个解释；（2）没有必然命题能够解释一个偶然命题；

---

① See, Alexander R. Pruss, *The Principle of Sufficient Reason: A Reassessment*, Cambridge: Cambridge University Press, 2006, p. 98.

② Peter van Invagen, *An Essay on Free Will*, Oxford: Clarendon Press, 1983, p. 202.

③ Peter van Invagen, *An Essay on Free Will*, p. 204.

④ See, Alexander R. Pruss, *The Principle of Sufficient Reason: A Reassessment*, pp. 97–98.

(3)没有偶然命题能够解释自身;(4)如果一个命题解释了一个合取,它就解释了每个合取支;(5)一个命题 q 只解释一个命题 p(令 p 为所有偶然真理的合取),如果 q 为真的话;(6)存在一个大合取偶然事实(BCCF, a Big Conjunctive Contingent Fact),它是全部真的偶然命题的合取(或许其中的逻辑冗余被移除了),且 BCCF 是偶然的。归谬假设为(7)PSR 成立。七个推理步骤包括:(8)由(1)、(6)、(7)得出 BCCF 有个解释 q;(9)由(2)、(6)、(8)得出,命题 q 不是必然的;(10)由(5)、(8)、(9)得出 q 是个偶然的真命题;(11)由(6)和(10)得出 q 是 BCCF 中的一个合取支;(12)由(4)、(8)、(11)得出 q 是自我解释的;(13)由(3)、(10)得出 q 不是自我解释的;(14)这样,q 是且不是自我解释的,出现了荒谬,所以,归谬假设(7)不成立,PSR 是错的。普拉斯的重构向我们表明范·英瓦根的论证的有效性确实不存在瑕疵。然而,由于可靠性涉及形而上学立场问题,无法仅靠推理严谨性标准来评判,因而复杂得多。我们以普拉斯所重构的前提(2)为例说明这一点。

普拉斯提到的前提(2)称"没有必然命题能够解释一个偶然命题",这与莱布尼茨的想法冲突。我们知道,莱布尼茨坚持偶然事物的系列不能为自身提供解释,其解释只能向"必然实体"求取,这个必然实体就是上帝,因此,能够根据充足理由律从偶然事物的存在推出上帝存在。除了《单子论》的相关段落之外,莱布尼茨在《基于理性的自然与恩典原则》一书中也把这种观点更清楚地表达出来:"针对宇宙存在的这种充足理由不能在偶然事物的系列中找到,即,不能在物体的系列及其在灵魂中的表象中找到……因此,无需其他原因的充足理由必定在偶然事物的系列之外,必定在一个是其自身原因的实体中发现,这个实体就是必然存在者,他自身承载着其存在的原因。否则,我们还没有一个充足理由说明人们在何处能够停止这个系列。事物的这个最终原因被称为上帝。"[①] 这个冲突所涉及的问题是偶然事物能否解释自身的问题,对此,莱布尼茨坚持否定观点,而充足理由律的当代反对者则坚持肯定观点。反对者们认为偶然事物在其内部即可获得解释,我们在上一节

---

① G. W. Leibniz, *Philosophical Essays*, p. 210.

提到的"休谟—爱德华兹原则"(如果一个集合任意元素的存在都得到解释了,那个集合的存在就由此得到解释了)是他们的理论根据。正如我们所看到的,"休谟—爱德华兹原则"本身是个充满争议的原则,因而,把"没有必然命题能够解释一个偶然命题"作为论辩的前提显然是个暂时搁置争议的权宜之策。从这个意义上看,此处的冲突也依然处于开放之中。

基于自由意志的质疑源于叔本华的"出租马车反驳"(Schopenhauer's taxi-cab objection):叔本华曾称,一旦推出第一因的存在,充足理由律就像出租马车把我们载到目的地一样挥之即去,而不应该再将之用到第一因或第一因的创造行动中去了。沿着这个思路,作为必然存在者的第一因,或者是自我解释的,或者是不能解释的,如果把第一因视为上帝,就产生了上帝出于自身的自由意志自由选择创造这些东西而非其他东西的问题。[①] 上帝行动的根据是自由意志而非充足理由律,这便构成了"万物皆因其充足理由而发生"这个充足理由律的核心要求的一个反例,提出这样的反例是自由意志反驳的基本策略。根据这样的策略,普拉斯构造了这样一个反例:琼斯有两个相互冲突的欲望:一个是吃冰激凌另一个是吃牛排,不管他最终作出什么选择,这些选择都是出于他的欲望,没有什么先在的理由使得他必定选择哪个。普拉斯把持上述观点的人称为"意志自由论者"(the libertarian),由此得出结论:"因此,一个意志自由论者的自由选择似乎违反了PSR。"[②] 与基于自由意志的质疑类似,基于量子力学的质疑的基本思路是,恰如"薛定谔的猫"在未被观察之前处于生死叠加状态,其生死是无法预测的,即,我们无法解释为什么"薛定谔的猫"处于某种状态而非另一种状态,这与充足理由律不一致。自由意志论者和量子力学的支持者都采纳非决定论的立场,因此,来自这两个方面的质疑又把我们推向关于决定论与非决定论之争的问题,由于这个问题已超出在此处的关注焦点,我们暂且不去触及。

[①] See, Alexander R. Pruss, A Restricted Principle of Sufficient Reason and the Cosmological Argument, in *Religious Studies*, Jun., 2004, Vol. 40, No. 2 (Jun., 2004), pp. 165–179.

[②] Alexander R. Pruss, *The Principle of Sufficient Reason: A Reassessment*, p. 126. 普拉斯本人是充足理由律的捍卫者,恰如我们在下文看到的,他为修正充足理由律作出了诸多努力,此处他是在清理针对充足理由律的反对意见的过程中提出这些考察的。

面对这些质疑，充足理由律的当代捍卫者提出了自明论证、托马斯式论证、模态论证等辩护，力图证明充足理由律的合理性。① 简单地说，自明论证力图说明充足理由律可以从因果性中衍推出来，因果性的自明性使得充足理由律也是自明的；托马斯式论证则尝试援引托马斯·阿奎那的"存在"（esse）与"本质"（essentia）之分的思想，说明上帝是存在与本质同一的必然存在者，是任何偶然之物存在的第一因，即，充足理由；模态论证的策略是尝试从更弱版本的充足理由律推出更强版本的充足理由律有可能成立。这些努力各有优缺点，限于篇幅此处不一一展开讨论，我们把目光聚焦于充足理由律的两个修正版本：弱的充足理由律和限定的充足理由律。

"弱版本的充足理由律"（W-PSR, the weak version of PSR）由理查德·盖尔（Richard M. Gale）和亚历山大·普拉斯提出，他们认为，这个版本的充足理由律能够避免针对"强版本的充足理由律"（S-PSR，任何事实都实际地有个解释）的各种批评，从而使得宇宙论证明能够在新的假定下继续成立。他们把这种建立在新假定之上的宇宙论证明称为"新宇宙论证明"。"新宇宙论证明"的结论为："存在一个必然的超自然存在者，他满有威能、理智和善，他自由地创造现实世界，这一点是偶然为真的。"② 盖尔和普拉斯的具体论证过程由十八个步骤组成，其中前七步分别为：（1）如果 p_1 是一个世界 w_1 的大合取偶然事实（BCCF, a Big Conjunctive Contingent Fact），p_2 是世界 W_2 的 BCCF，且如果 p_1 和 p_2 等同，那么，$W_1 = W_2$。（根据定义为真）（2）p 是现实世界的 BCCF。（根据假定为真）（3）W-PSR 对于任何命题 p，以及任何世界 w，如果 p 是世界 w 中的大合取事实，那么，就存在某个可能世界 w_1 和命题 q，

---

① See, Alexander R. Pruss, *The Principle of Sufficient Reason: A Reassessment*, chapter 11, 12 and 13.
② Richard M. Gale and Alexander R. Pruss, A New Cosmological Argument, in *Religious Studies*, Dec., 1999, Vol. 35, No. 4 (Dec., 1999), pp. 461–476. 这是盖伦和普拉斯论证的第十八步。在他们的论证中，盖伦和普拉斯对几个关键术语的界定如下：一个可能世界（a possible world）是"抽象命题的一个最大、可并存的合取"；一个偶然命题（a contingent proposition）即，"在宽泛的概念或逻辑意义上，可能为真也可能为假"的命题；一个存在者是"必然存在者"（a necessary being）"当且仅当其存在是必然的。这个存在者是个自我解释的存在者，有个成功的本体论证明为其存在提供支持，即使我们尚未把此证明提供出来；一个给定世界的大合取事实（BCF, the Big Conjunctive Fact）"包括如果该世界得到实现就会为真的一切命题"；一个可能世界的大合取偶然事实（BCCF, a Big Conjunctive Contingent Fact）"由在那个世界中为真的一切偶然命题组成"。

使得 w_1 的大合取事实包含 p、q 以及"q 解释 p"这个命题。(4)如果 p 在现实世界的 BCCF 中，那么就存在某个可能世界 w_1，使得 w_1 的大合取事实（BCF, the Big Conjunctive Fact）包含 p、q 以及"q 解释 p"这个命题。(5)存在一个可能世界 w_1 和一个命题 q，使得 w_1 的大合取事实包含 p、q 以及"q 解释 p"这个命题。（用肯定前件式由 2、4 推出）(6) w_1 是现实世界。(7)在现实世界中存在一个命题 q，使得现实世界的 BCF 包含 p、q 以及命题"q 解释 p"。第（8）—（11）提出人格解释（a personal explanation）与科学解释（a scientific explanation）之分，指出，q 是个人格解释，即，用存在者的有意图的行为而做出的解释。第（12）—（15）步确定 q 是报告一个必然存在者之自由的、有意图的行为的偶然命题。第（16）—（17）步用设计论证明的思路，由现实世界展现出的令人惊异的复杂性推出一个必然的、超自然的存在者存在。第（18）步是结论。

盖尔和普拉斯的弱版本的充足理由律由论证的第三步给出，它是整个论证的基石。用简单的语言说，弱的充足理由律称，对于任何命题 p，如果 p 为真，那么，就可能有个针对 p 的解释。此版本充足理由律的"弱"体现在仅强调可能有个针对 p 的解释，这与传统版本的充足理由律坚持必定有个针对 p 的解释形成鲜明对照。盖尔和普拉斯乐观地认为，他们构造的"新宇宙论证明"能够经得住基于"休谟—爱德华兹原则"的反驳、出租马车反驳、神学解释的不可理解性反驳、非人格神反驳等各种批评，因此是对宇宙论证明的重要推进，无神论者即使不接受基于充足理由律的宇宙论证明也没有理由不接受基于弱的充足理由律的证明。

然而事与愿违，作为盖伦和普拉斯论证之基石的"弱版本的充足理由律"很快遭到哲学家的批评。我们围绕欧佩、凯文·戴维（Kevin Davey）和罗伯·克利夫顿（Rob Clifton）以及迈克尔·阿尔麦达（Michael J. Almeida）和尼尔·尤迪师（Neal D. Judisch）的相关论辩来展现这类批评。

首先，欧佩指出，我们能够从弱版本的充足理由律导出强版本的充足理由律。欧佩为其观点提供了三个版本的论证：初始论证、借助推导"菲奇推导"（Fitch derivation）进行的论证以及利用盖尔和普拉斯的证明进行的"更直接的"论证。欧佩将这些论证的基本想法概括为："根据菲奇推导，如果解释是真实的、分解的,那么,W-PSR 确实衍推出 S-PSR。给出 S-PSR,立刻可以推出,现实世界的 BCF 和 BCCF 在现实世界中有解释。因此,给出 W-PSR,就可推出,现实世界的 BCF 和 BCCF 在现实世界中有解释。"① 此处,解释是"真实的"(veridical),即,只考虑为真命题提供解释的情况(根据 W-PSR,如果 p 为真,就可能有某个真命题 q,q 为 p 提供解释);解释是"分解的"(dissective),即,如果一个合取有个解释,那么,该合取的每个合取支都有个解释;"菲奇推导",即,由命题 p 蕴涵"p 既是真实的又是分解的是可能的"推出 p 蕴涵"p 既是真实的又是分解的"。

盖尔和普拉斯在回应欧佩时曾把欧佩的论证重构如下:(1)对于任何偶然真的命题 p 来说,都存在一个可能世界 w,它包含命题 p、q 以及"q 解释 p"。(弱版本的充足理由律)(2)p 是偶然真的,且 p 没有解释。(间接证明假设)(3)存在一个可能世界 w,w 包含着这些命题:"p 且 p 没有解释"、q 以及 q 解释了"p 且 p 没有解释"。[由(1)和(2)得出](4)在 w 中,q 解释了 p。(根据解释对合取的分配,即,欧佩所谓"分解的")(5)在 w 中,命题 p 既有解释又没有解释。(6)情况并非如此:p 是偶然为真的,且 p 没有解释。[由(2)—(5)间接证明](7)情况并非如此:对于任意命题 p,p 是偶然为真的,且 p 没有解释。[由(6)得出]② 这个重构显示,欧佩的论证是个归谬论证:假设"p 是偶然真的,且 p 没有解释"最终导致矛盾,因此,只能采纳与之相反的命题,而这个相反的命题就是强版本充足理由律,即,"任何真命题都有解释"。

欧佩强调,其论证的直接后果是,一旦恰当理解了 W-PSR,就能由它衍推出 S-PSR。因此,弱的充足理由律面临着强的充足理由律所面临的问题,这说明盖尔和普拉斯以 W-PSR 回避 S-PSR 之内在困难的策略完全是一厢情

---

① Graham Oppy, On 'A New Cosmological Argument', in *Religious Studies*, Sep., 2000, Vol. 36, No. 3 (Sep., 2000), pp. 345 – 353.

② Richard M. Gale and Alexander R. Pruss, A Response to Oppy, and to Davey and Clifton, in *Religious Studies*, Mar., 2002, Vol. 38, No. 1 (Mar., 2002), pp. 89 – 99. 欧佩提到了这个更直接的论证,但没有完整说明其具体步骤,所以,这个论证的完整版本出现在盖尔和普拉斯的回应文章中。在构造这个完整版本时,盖尔和普拉斯也指出,这个版本的证明更简单、更直接,并且它与欧佩—菲奇证明在本质上是相同的。正是出于这些理由,我们援引盖尔和普拉斯的重构来说明欧佩的论证思路。

愿的。

其次,凯文·戴维和罗伯·克利夫顿也针对盖尔和普拉斯关于弱的充足理由律的证明提出了两个反驳:第一个反驳是通过提供一个针对弱的充足理由律的反例说明其不成立;第二个反驳则通过证明一个与弱的充足理由律完全不相容的命题之可能性来表明其不成立。① 其中,第一个反驳提供的反例是:假设一个命题 a*,a* 是全部偶然真命题 p(不是其自身的恰当支公式)的合取,既然偶然真命题的合取也是偶然真的,a* 是偶然真的,根据弱的充足理由律,a* 可能有个解释[记为 E(a*)],那么,E(a*) 要么是其自身的支公式要么不是其自身的支公式,而无论 E(a*) 是不是自身的支公式,都会导致矛盾。第二个反驳所证明与弱的充足理由律完全不相容的命题是那些完全无理由的随机事件,如抛硬币而这个硬币恰巧正面朝上,或在对一个电子进行量子测量时,这个电子的值恰好是"起旋"状态。根据这两个反驳,戴维和克利夫顿同样指出,盖尔和普拉斯基于弱充足理由律而构造出的"新宇宙论证明"无法得到辩护。

最后,迈克尔·阿尔麦达和尼尔·尤迪师则构造了一个归谬论证来说明盖尔和普拉斯的"新宇宙论证明"是荒谬的。这个归谬论证的矛头所向是盖尔和普拉斯的结论所强调的"q 是个偶然命题"。阿尔麦达和尤迪师把盖尔和普拉斯的结论概括为"(6):q 是个偶然命题,它报告一个(满有威能、理智和善的)必然存在者的自由的、有意图的行为解释了现实宇宙的存在"②。阿尔麦达和尤迪师指出,由此结论出发,借助模态系统 S5 中的模态定义及盖尔和普拉斯的弱的充足理由律能够推出现实世界既包含 q 又包含非 q 这样的谬误,因此,盖尔和普拉斯所坚持的"q 是个偶然命题"无法成立。

欧佩、戴维和克利夫顿以及阿尔麦达和尤迪师的批评都直接指向弱的充足理由律,如果他们的批评成立,就意味着,盖尔和普拉斯满怀信心地构造出来的基于弱的充足理由律的"新宇宙论证明"并没有什么新意,依然无法

---

① Kevin Davey and Rob Clifton, Insufficient Reason in the 'New Cosmological Argument', in *Religious Studies*, Dec., 2001, Vol. 37, No. 4 (Dec., 2001), pp. 485–490.

② Michael J. Almeida and Neal D. Judisch, A New Cosmological Argument Undone, in *International Journal for Philosophy of Religion*, Feb., 2002, Vol. 51, No. 1 (Feb., 2002), pp. 55–64.

摆脱传统宇宙论证明所面临的那些问题,因此,"新宇宙论证明"的"优越性"最终也只能是空中楼阁。

针对上述批评,盖尔和普拉斯也及时给出回应。他们回应欧佩的基本策略是:承认欧佩的核心论辩,但反其道而行之,坚持弱的充足理由律与强的充足理由律之间的衍推关系,并不导致基于弱的充足理由律的"新宇宙论证明"对基于强的充足理由律的传统宇宙论证明没有任何改进,相反,"新宇宙论证明"给人们提供一个相信强的充足理由律的理由。① 盖尔和普拉斯认为,戴维和克利夫顿的反例经不起自身的检验,即,如果按照他们的假设 a^* 是个命题,因为如果它是命题,那么,$T(a^*)$ 要么是自身的支公式要么不是,这面临着和 $E(a^*)$ 同样的情况。戴维和克利夫顿提供的不相容命题实际上取决于在选择模态直觉时的偏好问题,这个偏好是由讨论者的背景模态直觉决定的,盖尔和普拉斯根据自己的背景直觉坚持弱的充足理由律比毫无理由的随机事件更容易被接受,因此,这个反例并不是决定性的批评。② 盖尔和普拉斯指出,阿尔麦达和尤迪师的论辩是建立在"一个替换解释原则"(a principle of alternate explanation)之上的,这个原则与弱的充足理由律不相容,因此,他们的论证是失败的。具体地说,这个替换解释原则即,"必然地,对于有个解释 q 的任意偶然命题 p,p 都可能有个替换的解释 r,r 与 p 不相容"③。这个替换解释原则与弱的充足理由律之所以不相容在于它所包含的内容"既多于又少于"弱的充足理由律。"多于"体现在它"要求每个实际上有个解释的真的偶然命题也都实际地有另外一个解释,这个解释与前一个解释不相容";"少于"体现在"它没有要求每个真的偶然命题都可能有个解释"。总而言之,在盖尔和普拉斯看来,所有这些批评意见尽管在某些方面有道理,但并没有决定性地证明弱的充足理由律不成立,因此,他们的"新宇宙论证明"依然是个卓有成效的进展。

---

① Richard M. Gale and Alexander R. Pruss, A Response to Oppy, and to Davey and Clifton, in *Religious Studies*, Mar., 2002, Vol. 38, No. 1 (Mar., 2002), pp. 89 – 99.

② Richard M. Gale and Alexander R. Pruss, A Response to Oppy, and to Davey and Clifton, in *Religious Studies*, Mar., 2002, Vol. 38, No. 1 (Mar., 2002), pp. 89 – 99.

③ Alexander R. Pruss and Richard M. Gale, A Response to Almeida and Judisch, in *International Journal for Philosophy of Religion*, Apr., 2003, Vol. 53, No. 2 (Apr., 2003), pp. 65 – 72.

上述争论提示我们，在充足理由律遭到各种质疑的情况下，作为这条规则之修正形式的弱的充足理由律已经引起了哲学家们的热烈讨论，这些讨论为应对充足理由律所面临的各种质疑提供了丰富的思想资源。然而，恰如普拉斯指出的，他和盖尔一起构造的弱充足理由律的目的是说服不接受充足理由律的无神论者，但对于一些认为充足理由律是合理的，但又由于充足理由律面临严重的反例（如，这个规则无法解释随机的量子力学的现象，或出于人的自由意志的行为）而对充足理由律感到不满意的人来说，还需要来自其他维度的思考。

普拉斯认为，面向承认充足理由律但又对之不满的人的针对性的解决方案有两种：其一，拒斥明显的反例；其二，以某种方式限定充足理由律以使得它能够克服反例。"限定的充足理由律"（a restricted principle of sufficient reason）就是采纳上述第二个解决方案的尝试。普拉斯从讨论一个出于自由意志的行为（琼斯出于自由意志杀死了史密斯）引出这样的观察：在没有什么理由来解释一个行为的情形中，这个行为为什么会发生这样的问题就不是个"合理的"（sensible）问题，因此，只有合理的关于为什么的问题才能够有解释，有些为什么的问题不可能有答案。鉴于此，他提出了一个限定的充足理由律（RPSR）："如果 p 是个真命题，且可能 p 有个解释，那么，p 就现实地（actually）有个解释。"[①] 用更清楚的语言表达，这个限定的充足理由律即，"如果 p 是个真命题，使得有个可能世界 w，在其中 p 为真，且在 w 中有个命题 q 为真，使得在 w 中 q 解释了 p 为真，那么，在现实世界中 p 也有个解释"[②]。可以看到，这个限定的充足理由律的特点在于其作用范围只限于可能有解释的真命题，那些不符合条件命题就被归于"不合理的"问题。这样一来所谓"反例"也就无法成其为反例了，因为，如果它们能够进入限定的充足理由律中，那么就有解释，不再是"反例"了；如果它仍然是"反例"，那么，它们其实只是一些"不合理的"问题。根据这种思路，普拉斯分别说

---

① Alexander R. Pruss, A Restricted Principle of Sufficient Reason and the Cosmological Argument, in *Religious Studies*, Jun., 2004, Vol. 40, No. 2 (Jun., 2004), pp. 165 – 179.

② Alexander R. Pruss, A Restricted Principle of Sufficient Reason and the Cosmological Argument, in *Religious Studies*, Jun., 2004, Vol. 40, No. 2 (Jun., 2004), pp. 165 – 179.

明出于人的自由意志的行为和随机的量子力学的现象都不是限定的充足理由律的反例，而且范·英瓦根的"反例"也对限定的充足理由律毫发无伤，因为情况无非两种：要么充足理由律的捍卫者解决了范·英瓦根所指出的问题从而为他的"反例"提供解释，要么他的"反例"确实没有解释，但这种情况也没什么大不了："好吧，如果这样的话 RPSR 根本不要求 p 有个解释。"[①] 限定的充足理由律在成功应对"反例"方面的独特优势确实解开了萦绕在那些承认充足理由律的合理性，又为"反例"所困的人们的疑虑，在此意义上，它有其独特的理论价值。

弱的充足理由律和限定的充足理由律是针对不同的读者或者说针对充足理由律面临的不同质疑而设计出来的不同修正方案，这些方案从不同侧面回应了充足理由律所面临的质疑，尝试在新的基础上重新构造宇宙论证明。尽管依然存在一些争议，但这些努力无疑是值得尊重的。一言以蔽之，当代研究者围绕充足理由律展开了热烈讨论，尽管没有出现各方都接受的一致意见，但这些讨论无疑推动人们更深入地思考这一规则、更深入地理解莱布尼茨式宇宙论证明。

[①] Alexander R. Pruss, A Restricted Principle of Sufficient Reason and the Cosmological Argument, in *Religious Studies*, Jun., 2004, Vol. 40, No. 2 (Jun., 2004), pp. 165 – 179.

第三章 设计论证明

康德所区分的上帝存在之三大证明的第三个论证是目的论证明,这个证明的主旨是根据世界的美丽、优雅以及秩序性推论称这样的世界不是盲目、随机地产生出来的,而是由一位理智的行动者有目的地设计出来的。由于这个证明内在地包含着"设计"概念,故而人们经常又称之为"设计论证明"(the argument from design),恰如斯温伯恩指出:"'目的论证明'这个名称常被用来描述与'设计论证明'相同的那些论证。"[①] 因此,在当代文献中,如果不作专门区分,这两个概念可以交替使用。出于笔者的偏好,本章采纳"设计论证明"来命名,在行文中也更多地用到这个概念。

希克指出:"目的论或设计论证明从世界所展现出来的可理解的秩序推出神圣理智是这种秩序的源泉,它非常古老。"[②] 从历史悠久的角度看,设计论证明可以远溯至古希腊,柏拉图曾提及宇宙是非理智的,心灵推动它并为之规定秩序。在犹太-基督教传统中,设计论证明的思想灵感在圣经中就可以找到,《旧约》的《诗篇》(19:1)写道:"诸天述说神的荣耀,穹苍传扬他的手段。"[③] 此外保罗在《新约》的《罗马书》(1:20)也论辩称:"自造天地以来,神的永能和神性是明明可知的,虽是眼不能见,但藉着所造之物就可以晓得,叫人无可推诿。"从哲学论证上说,托马斯·阿奎那"五路"证明的第五路"根据世界的管理方式"提出的论证就是个设计论证明:无理智的事物都朝向一个目的活动,显然,这种活动不是偶然发生的而是出于设计的,

---

[①] Richard Swinburne, *The Existence of God*, second edition, p. 153. 由于当代文献更多地使用"设计论证明"概念,出于衔接流畅性方面的考虑,本书也用设计论证明。

[②] John Hick, *Arguments for the Existence of God*, New York: Herder and Herder, 1971, p. 1.

[③] 本书所涉及的圣经经文全部引自和合本。

因为除非得到有知识和理智的存在者的引导，无理智的东西不会朝向目的运动，因此，一个一切自然事物借以被引向其目的的理智存在者一定存在，这个存在者就是上帝。①

围绕设计论证的现代争论则往往会归结到威廉·佩利（William Paley，1743—1805）的辩护和休谟的批评。佩利在出版于1802年的《自然神学》一书第一章开篇提到著名的"手表论证"：当走过一个荒野时发现一块手表，观察到这块手表能够准确指示时间，其内部构造的精致程度促使我们无法认为它和石头一样是一直存在那里的，而不可避免地会推论这块手表一定曾有个制造者，这个制造者在某时某地出于准确计时的目的将之制造出来。② 在接下来的篇章中，佩利列举了包括生物、物理、天文等各领域的大量现象，根据同样的论证思路指出这些现象无不说明它们是出于一个设计者的有条理的整体计划，因此作为设计者的上帝必定存在。休谟的批评则出现在1779年出版的《自然宗教对话录》的第十二章，针对克里安提斯对设计论证明的坚定宣示："……一个目的、一个意向、一个设计处处冲击着最粗心、最愚蠢的思想家，没有人能如此顽固地沉溺于荒谬的理论系统而一直拒斥这一点。"③ 斐罗对此质疑道：根据"结果的相似性与原因的相似性要成比例"④ 这条原则（休谟称，自然的作品和艺术的作品之间存在着类比，"好的推理规则"要求两种作品的原因也要有个成比例的类比），由自然作品与人工作品间的类似能够推出的应该是自然作品的设计者是个心灵（mind）或思想（thought），而非上帝或神（deity），因为，人与神之间的差异过大，得出上帝存在的结论违反了上述原则。

从哲学论证的角度看，尽管佩利著作的出版日期要晚于休谟的著作（休谟的《自然宗教对话录》是休谟去世之后才出版的，实际写作年份更是早于1752年），但从影响上看，休谟的批评要比佩利的辩护更为深远。当代哲学家

---

① St. Thomas Aquinas, *Summa Theologica*, Vol. I, Q. 2, Art. 3.
② William Paley, *Natural Theology or Evidence of the Existence and Attributes of the Deity, collected from the appearances of nature*, Edited with an Introduction and Notes by Matthew D. Eddy and David Knight, Oxford: Oxford University Press, 2006, pp. 7–8.
③ David Hume, *Dialogues Concerning Natural Religion and Other Writings*, p. 83.
④ David Hume, *Dialogues Concerning Natural Religion and Other Writings*, p. 92.

们对休谟的论证评价不一,一个很强的观点认为休谟彻底驳倒了设计论证明,如罗伯特·赫尔伯特(Robert Hurlbutt)坚持认为,休谟对"设计论证明与自然神学的驳斥在逻辑上是毁灭性的也是结论性的"[①]。埃利奥特·索伯(Elliott Sober)也称:"批评有机体设计论证明的哲学家常相信休谟给予这个论证致命一击……休谟之后的设计论证明仅仅是个可被展览和检阅的尸体。休谟取走了它的生命。"[②] 但也有学者持更弱的观点,认为休谟的批评并非决定性的,如本杰明·詹特森(Benjamin C. Jantzen)则认为,休谟终结了设计论证明的观点"仅是部分正确的",即,休谟确实动摇了基于类比的设计论证明,但休谟还有另一种反驳设计论证明——基于秩序的证明(the argument from order)的批评,这个批评还有待进一步考察。[③] 不管是强的观点还是弱的观点都没有掩饰对休谟论证之重要性的强调,但这些评论也告诉我们,休谟的批评仅是局限于哲学论证层次上的。由于设计论证明大量援引自然科学的新进展来为其哲学论证提供证据,如,佩利就援引他那个时代最精致的机械——手表为例构造其论证,因此,针对性地反驳作为论据的具体自然科学理论是批评设计论证明的内在要求。这一任务由应时代而生的达尔文的进化论卓越地完成了。

有文献显示,达尔文阅读过佩利的著作,对适应性的普遍重要性印象深刻,但他用自然选择理论则为这些现象提供了与佩利完全不同的解释。[④] 达尔文进化论的核心概念包括遗传变异、生存斗争、自然选择等,其基本思想可概括为:生物普遍具有可遗传的变异性,在生存斗争的过程中有利的变异得到保存有害的变异遭到淘汰,这个过程的长期累积使得生物不断适应环境实现进化。需要强调的是,达尔文坚持进化是个"自然"过程,上帝

[①] Robert Hurlbutt, *Hume, Newton, and the Design Argument*, University of Nebraska Press, 1965, pp. xiii - xiv, cf., Benjamin C. Jantzen, *An Introduction to Design Arguments*, Cambridge: Cambridge University Press, 2014, p. 110.

[②] Elliott Sober, The Design Argument, in T*he Blackwell Guide to the Philosophy of Religion*, William E-. Mann (ed.), Oxford: Blackwell Publishing Ltd., 2005, p. 132.

[③] Benjamin C. Jantzen, *An Introduction to Design Arguments*, p. 110.

[④] See, Peter J. Bowler, Darwinism and the Argument from Design: Suggestions for a Reevaluation, in *Journal of the History of Biology*, Spring, 1977, Vol. 10, No. 1 (Spring, 1977), pp. 29 - 43.

并不参与其中（当然在人工选择的情况下，需要人的有目的的参与），因此，进化论是个与目的论完全不同的解释路径。达尔文进化论的影响不仅限于具体的实证层次，更在于它改变了很多人的世界观和思考方式，对此，一位学者写道："但《起源》之后，大多数生物学家都不再尝试根据上帝的意图来解释或理解鳞甲的规则性功能了，尽管他们依然相信上帝存在。对他们来说，有生命的世界与无生命的世界一样，是一个自然的、受规律约束的——即，并非超自然的——领域。"[1] 正如这些生物学家一样，达尔文的著作出版之后，很多哲学家也认为设计论/目的论的思路已经被达尔文进化论取代了。

鉴于休谟和达尔文在哲学与自然科学领域的出色工作，上帝存在的设计论证明陷入衰落。20世纪中叶以来，在一些分析哲学家和自然科学家的努力下，设计论证明重新回到学术研究的聚光灯下。20世纪60年代，斯温伯恩通过反驳休谟的论辩指出"只要设计论证明得到足够清晰地表达，就不存在针对此证明的有效的形式反驳"[2]，此后他又在《上帝存在》（*The Existence of God*，初版于1979年，后来多次修订）一书及一系列文章、讲座中系统阐发了基于"贝叶斯定理"（Bayes's Theorem）的设计论证明。20世纪八九十年代，一些物理学家、哲学家由生命的复杂性及其产生条件的苛刻性得出宇宙必定是微调之产物的观点，这种思路形成了当代设计论证明的一种重要形式："微调论证"（the fine-tuning argument）。同一时期，另有一些生物学家则批评达尔文的进化论中"盲目进化"的观点，提出生物体的产生和进化是理智的设计者有意识地干预的结果，这构成了当代设计论证明的另一种形式："智能设计论"（intelligent design）。本章围绕上述三种形式的论证来展示设计论证明的当代发展，并结合当代讨论探究这些论证可能存在的问题。

---

[1] Michael Ruse, *Darwin and Design: Does Evolution Have a Purpose?* Cambridge Massachusetts and London: Harvard University Press, 2003, p. 7.

[2] See, R. G. Swinburne, The Argument from Design, in *Philosophy*, Jul., 1968, Vol. 43, No. 165 (Jul., 1968), pp. 199–212.

第一节　贝叶斯式设计论证明

　　理查德·斯温伯恩为宗教哲学于20世纪中叶在英美学界的复兴作出了重要贡献，他援引贝叶斯定理及当代科学的最新进展为设计论证明提供的当代辩护是这些贡献的组成部分之一。他的辩护围绕"宇宙的有秩序性"（包括时间秩序和空间秩序，进而这些秩序又可归结为万物都遵循简单的自然法则）这个事实展开，运用概率理论的基本定理——"贝叶斯定理"来证明"上帝存在"假设能够为此提供一个很强的C-归纳论证，而"上帝不存在"假设则无法达到这个效果，因此接受前者更合理。20世纪八九十年代"微调论证"成为设计论证明的新近形式，斯温伯恩又把上述论辩思路运用到这个当时的热点问题上，从而进一步强化了自己的辩护。出于布局谋篇的考虑，我们把斯温伯恩对微调论证的讨论放在下一节"微调论证"中。本节将在阐明斯温伯恩的技术手段的前提下，探讨他的论证思路，然后通过考察学者们对"简单性原则"和"人格解释"提出的批评而揭示他的论证所面临的问题。

　　斯温伯恩从时间和空间两个方面说明宇宙的有秩序性。他称时间的秩序（temporal order）为连续（succession）的规则性，如一个人按照舞蹈的标准动作移动其腿脚；称空间的秩序（spatial order）为共现（co-presence）的规则性，如一个城市所有道路都相互呈直角分布或图书馆中的书按照作者姓名的字母表顺序进行排列等。斯温伯恩一方面援引经验事实指出，有惊人的事实表明宇宙具有时间秩序，如我们在物理、化学以及生物学中看到大量事物的运行规律，这些规律都能用简单的、人类能够理解的公式描述出来，它们与简单的、可公式化的科学规律一致，能够成功地预测未来；同样也有大量的事实显明宇宙具有空间秩序，如人与动物身体各部分间的精妙构造、机器各组成部分间的精致排列等。另一方面，他又援引圣经和阿奎那《神学大全》的相关章节说明宇宙的秩序性是犹太-基督教传统中的固有观念，如《耶利米书》第三十三章以宇宙运转的稳定、不可改变来说明上帝与大卫及其后裔之约的稳固："耶和华如此说：你们若能废弃我所立的白日黑夜的约，使白日黑夜不按时轮转，就能废弃我与我仆人大卫所立的约……"（第20—21节）以及"耶和华如此说:'若是我立的白日黑夜的约不能存在,若是我未曾安排天地的定例,我就弃绝雅各的后裔和我仆人大卫的后裔……'"(第25—26节)此外,阿奎那在《神学大全》所构造的"五路证明"中的第五个是基于自然的导向性,即,自然中的万物都指向其目标,这种导向性即秩序的体现,而使得万物指向其目标的正是上帝。① 既然宇宙的秩序性昭然若揭,传统设计论证明也把这种秩序性最终指向上帝,斯温伯恩指出,此处的"实质性问题"是从世界的有秩序性推出上帝的论证是否一个好的"(C-或P-)归纳论证"。

用直观的语言,斯温伯恩把正确的"P-归纳"(P-inductive argument)描述为:"前提使得结论是可能的"论证;把正确的"C-归纳"(C-inductive argument)描述为:"其前提增强了结论的概率(即,使得该结论比其他结论更有希望或更为可能)"的论证,斯温伯恩提示,在正确的C-归纳论证中,称前提"证实"(confirm)了结论。② 更形式化地说,斯温伯恩把正确的"P-归纳"刻画为:"一个正确的P-归纳论证,当(且仅当)$P(h \mid e \& k) > 1/2$;把正确的"C-归纳"刻画为:"(对于背景知识k)一个从e到h的论证是个正确的C-归纳论证当(且仅当)$P(h \mid e \& k) > P(h \mid k)$。"③ 这些刻画中,h表示"一个假设"(hypothesis);k表示"背景知识"(background evidence);e表示"新证据"(new evidence);$P(h \mid e \& k)$表示给定证据(e&k),假设h的概率[此处(e&k)指e和k的合取,即,命题"e且k"];$P(h \mid k)$表示给定背景知识k,假设h的概率。鉴于$P(h \mid k)$被称为先验概率,$P(h \mid e \& k)$被称为后验概率,正确的"C-归纳"论证,即后验概率大于先验概率的论证。可以看到,斯温伯恩是用"概率"来理解C-归纳论证或P-归纳论证的,斯温伯恩强调,此处的"概率"是指"归纳的概率"(inductive probability)中的"逻辑概率"(logical probability)。

准确理解斯温伯恩的限定需要了解他对概率的分类。在他看来,存在着三种基本概率:归纳的、物理的、统计的。其中,"归纳的概率",即,用来

---

① See, Richard Swinburne, *The Existence of God*, Second edition, pp. 153 – 155.
② Richard Swinburne, *The Existence of God*, Second edition, p. 6.
③ Richard Swinburne, *The Existence of God*, Second edition, p. 17.

度量"在多大程度上一个命题会使另一个命题可能为真的概率";"物理的概率",即,用以衡量"自然界在多大程度上具有会促使某事件发生之倾向"的概率;"统计的概率",即,"对于一个大类的事件中某一小类的事件所占比例的度量"。进一步,斯温伯恩又在"归纳概率"中区分了"逻辑的概率"以及"主观的概率",前者指"一个命题在正确的归纳概率标准下对另一命题而言的概率";后者是"某一人(或团体)用自己的一套归纳概率标准进行度量的产物"。① 这番限定下,斯温伯恩得以利用贝叶斯定理从宇宙的有秩序性来构造设计论证明。

贝叶斯定理的形式是:P(h｜e&k)=P(e｜h&k)P(h｜k)/P(e｜k),即,给定证据(e&k),假设h的概率等于给定(h&k),新证据e的概率与给定背景知识k,假设h的概率的乘积除以新证据e的先验概率。斯温伯恩指出,根据贝叶斯定理很快就能推出"相关性标准":P(h｜e&k)>P(h｜k)当且仅当P(e｜h&k)>P(e｜k),由此再进行简短的逻辑推理即可得到P(h｜e&k)>P(h｜k)当且仅当P(e｜h&k)>P(e｜~h&k)。斯温伯恩称,这番推理表明"由e推出h的论证是个正确的C-归纳论证,当(且仅当)与h为假相比较,如果h为真则e更有可能被发现"②。斯温伯恩的设计论证明就是对上述推理的应用,即,令h表示有神论假设,e表示宇宙具有时间秩序或空间秩序或符合法则,k表示一个复杂的物理宇宙的存在。来自三个侧面的论证的共同目标都是证明从e到h的论证是个正确的C-归纳论证,即,P(h｜e&k)>P(h｜k),既然已经推出P(h｜e&k)>P(h｜k)当且仅当P(e｜h&k)>P(e｜~h&k),所以只要把论证的重心放在后者,即,在上帝存在的假设下这些秩序的存在要比上帝不存在的假设下这些秩序的存在可能性更大就可以了。

斯温伯恩从时间秩序和空间秩序两个侧面分别进行论证,指出宇宙的秩序性最终归结为"万物都遵循简单的自然法则",由此从"物理世界受简单的

---

① 参见[英]理查德·斯温伯恩《是什么使得一个科学理论具有成真概率?》,《科学与宗教:二十一世纪的对话——英美四名家复旦演讲集》,徐英瑾、[美]梅尔威利·斯图尔特主编,徐英瑾、冷欣等译,复旦大学出版社2008年版,第38—39页。

② Richard Swinburne, *The Existence of God*, Second edition, p. 70.

自然法则支配"是个观察事实出发，构造了这样的论证：如果没有上帝，这种观察事实发生的概率会非常小；如果上帝存在，则这样的事实发生的概率会非常大。在正式进入论证之前，斯温伯恩首先说明何谓宇宙法则。他认为，如下现象表明"宇宙受简单的自然法则支配"是个有大量证据的物理学假设：所有物理对象都受相对简单的自然法则的支配，重力、电磁力、弱力也都服从于量子力学和相对论这两种最基本的物理学理论，而所有这一切很可能都可以追溯到"超级统一理论"（Grand Unified Theory）或"万物至理"（Theory of Everything）。[①] 而说明自然法则存在着两种模式，其一是"共相间关系"（relations-between-universals，RBU），即，认为自然法则是独立于物理事件的形而上学的实在，它驱使事件按规律运行，具体事件的运行只是自然法则的示例；其二是"物质—力量—倾向"（substances-powers-and-liabilities，SPL），即，认为自然法则所牵涉的物理必然性包含在受自然法则支配的物体之中，因此是偶然的，力量和倾向是物体的属性，各个物体凭自身的力量以及"在特定条件如此施加其理论的倾向"引起各种后果，在这种理解下，自然法则就是不同物质所拥有的不同的"因果力的规律性"。[②] 斯温伯恩认为，"就对于事物为何发生而作出的解释而言"，SPL"是一种明显比 RBU 模式更具说服力的说明模式，因为它所提供的解释模式，非常类似于某种我们在任何情况下都必须使用的解释模式"[③]。鉴于斯温伯恩的这个立场，我们仅就他关于 SPL 的讨论来重构他的论证。

斯温伯恩的论证从时间秩序和空间秩序两侧面分别展开。他从时间秩序构造的论证包括两个组成部分：没有上帝，自然法则的存在非常不可能，以及上帝存在则自然法则的存在非常可能。就前者说，他围绕"宇宙的始点问题"来论证在没有上帝的宇宙中，自然法则的存在非常不可能。他论辩称，通过比较不同理论的简单性，宇宙始于一个点的理论更为可取，如果宇宙源

---

① ［英］理查德·斯温伯恩：《是什么使得一个科学理论具有成真概率？》，《科学与宗教：二十一世纪的对话——英美四名家复旦演讲集》，第50页。
② ［英］理查德·斯温伯恩：《是什么使得一个科学理论具有成真概率？》，《科学与宗教：二十一世纪的对话——英美四名家复旦演讲集》，第51—54页。
③ ［英］理查德·斯温伯恩：《是什么使得一个科学理论具有成真概率？》，《科学与宗教：二十一世纪的对话——英美四名家复旦演讲集》，第54页。

于一个不扩展的点,最简单的理论是这个点没有力量产生扩张的物质,但这样宇宙就无法产生。如果这个点有这种力量,简单性又要求它只产生一个扩张的物质,但实际情况要求它要产生少数种类的有力量的物质,由此进一步产生更多此类物质,每一种都能够施行其力量,这使得该理论不再简单,这说明,宇宙始于一个点的理论是个"非常不可能的巧合",这个巧合要求进一步的解释。由此,斯温伯恩得出:在 SPL 模式下"在没有上帝的宇宙中,自然法则足够简单以使得理性存在者能够借以非常成功地探索未来非常不可能"[1]。就后者说,斯温伯恩的基本观点是:有神论会导致我们怀着很高的概率期待上帝会创造作为自由行动者的人、一个在某些现象层次上简单的、可信赖的世界、恰当的初始奇点、恰当的具有同样力量和倾向的物质并保持这些物质的存在,一句话,在有神论假设下,我们可以期待上帝会有意识地创造和保持这个世界,上帝的目的性行动使得物理事件都遵循自然法则成为一种事实。

人们或许会反驳称,斯温伯恩的这个观点完全是一种立场宣示,对于那些不接受此立场的人没有任何说服力。斯温伯恩的进一步论辩提示我们,这种指责是没有充分理由的、一厢情愿的猜测。斯温伯恩此处论证的力量源于他对有神论假设、上帝概念的阐释以及对"科学解释"与"人格解释"的区分。斯温伯恩称:"有神论的假设其实是一个相当简单的理论,因为通过假定存在着一个具有无限力量、绝对真实的信念、没有限制的自由和没有终结的生命的人格,有神论实际上是假设了这样一个存在者的存在:他在成就一个人格的过程中,可以在任何程度上,并且不受任何限制地拥有那些属性。"[2]可见,就有神论假设,斯温伯恩并没有将之作为一种宗教教义或者作为一种形而上学立场直接宣示,而是强调它是依据简单性原则在与各种相互竞争的假设中胜出的。具体地说,恰如他上述围绕时间秩序之论证的第一部分所揭示的,在无神论假设下"物理世界受简单的自然法则支配"这个事实"非常不可能";与多神论相比,假设一个神显然比假设很多神简单得多。进而,在

---

[1] Richard Swinburne, *The Existence of God*, second edition, p. 164.
[2] [英]理查德·斯温伯恩:《是什么使得一个科学理论具有成真概率?》,《科学与宗教:二十一世纪的对话——英美四名家复旦演讲集》,第 47 页。

假设一个神的情况下，解释宇宙之复杂性、精妙性的最简单方式是赋予上帝以所需要的属性，恰如他的洞察："……很显然，如果我们干脆假定上帝在本质上就是全知、全能的、完全自由的和永恒的，那么，事情就没这么复杂了。"① 具有这些属性的"上帝"概念正是斯温伯恩有神论假设的一贯坚持。斯温伯恩明确强调，他所讨论的上帝是个没有身体的"人格"（person），他是永恒的（一直存在将来也一直存在）、完全自由的（除了他自身的选择之外，没有什么东西因果地影响其行动）、全能的（能够做逻辑上可能的一切事情）、全知的（知道他在逻辑上可能知道的一切）、全善的（他总是做道德上最好的行为，不做任何道德上恶的行为），是万物的创造者（任何时刻存在的任何事物的原因都在于他使其存在或允许其存在）。② 这样的上帝概念说明斯温伯恩设计论证明的旨归与阿奎那、佩利等传统的论证是一致的。

对于"科学解释"与"人格解释"（personal explanation）之分，斯温伯恩指出，当我们尝试说明某个既定事件时，常会采纳两种不同因果解释模式，即，所谓"科学解释"（斯温伯恩又称之为"从非生命眼光出发的解释"）与"人格解释"。前者的基本想法是，考虑促成此事件的先前事件、借助自然法则来说明该事件的发生是自然而然的。如对于某次特定的爆炸，根据前者就会提供这样的先在事件，"在一定的温度、压力和温度等条件下，一定体积的黑火药被引燃了"；以及这样一个普遍的自然法则，"在如此这般的条件下，被引燃的黑火药总会爆炸"。③ 后者的基本想法是，认为一些事件是出于理性行动者有意的作为，理性行动者的信念、力量和目的对于这些事件的发生至关重要。如对于"当我敲打我的电脑上的一些特定的键的时候，我就很可能会给你发一封电子邮件"这个事件，后者会解释称，我的敲打键盘能够打字的信念、给你发邮件的目的、敲打键盘的力量等要素促成了该事件的发生。概而言之，两个解释的差异在于："……从非生命眼光作出的解释就牵涉到了

---

① ［英］理查德·斯温伯恩：《是什么使得一个科学理论具有成真概率？》，《科学与宗教：二十一世纪的对话——英美四名家复旦演讲集》，第49页。
② See, Richard Swinburne, *The Existence of God*, second edition, p. 7.
③ ［英］理查德·斯温伯恩：《是什么使得一个科学理论具有成真概率？》，《科学与宗教：二十一世纪的对话——英美四名家复旦演讲集》，第28页。

法则和初始条件；人格性的解释则牵涉到了理性能动者、他们的信念、力量和目的。"① 提出人格解释，使之与"科学解释"区分开来的效果是在于，斯温伯恩能够合理地把"目的论"的思考方式引入论证，使得前文所提到的可以期待上帝会有意识地创造和保持这个世界成为可理解的。

斯温伯恩提到，18世纪从空间秩序展开的设计论证明是由人、动物、植物的存在和繁衍方式，即它们如何能够开始存在，如何能够以特定方式各从其类、有条不紊地繁殖下去。与18世纪的论证思路类似，斯温伯恩从空间秩序展开的设计论证明也是围绕这些生物的存在与繁衍方式展开，他特别把关注点集中在人类身上。在人的身体方面，他指出其构造的复杂性，任何微小的差异都会导致巨大的不同；在人的"心灵"方面，他指出人是有自由意志的"自由的行动者"（free agents）。从这两方面看，人的进化都遵循特定的物理学、化学以及生物学法则，从无机物逐步演变而来，这构成了"物理世界受简单的自然法则支配"的观察事实。斯温伯恩采纳与从时间秩序进行的论证类似的思路，辩称自然法则的存在以及宇宙的边际条件对于科学自身的解释来说是"过于巨大"的东西，"但如果存在一位上帝，是由他引起的，那么，我们就有了一个关于上帝存在的进一步的实质性的C-归纳论证"。② 斯温伯恩的具体论证是从人体的"微调"特征展开的，我们把他的这些论证留在聚焦"微调论证"的下一节来专门讨论。

综上所述，斯温伯恩设计论证明的整体思路是从万物都受简单的自然法则支配这个基本现象入手，通过比较有神论为假与有神论为真两种假设的解释力，得出结论：前者是相对不可能的，而后者则是相对更为可能的。"简单性原则"是比较的重要标准之一，而"人格解释"概念的提出和应用是说明有神论解释力的重要途径，围绕这两点产生了不少争议，我们就这些争议来审视斯温伯恩设计论证明的潜在问题与解决方案。

对于斯温伯恩的"简单性原则"，学者们从简单性原则的认知地位、有神论假设有违奥卡姆剃刀的精神、上帝概念经不起简单性原则的检验、简单性

---

① ［英］理查德·斯温伯恩：《是什么使得一个科学理论具有成真概率？》，《科学与宗教：二十一世纪的对话——英美四名家复旦演讲集》，第30页。

② See, Richard Swinburne, *The Existence of God*, second edition, p.172.

原则的使用前提不成立等四个方面提出不同意见。

就第一个方面说，索伯称斯温伯恩把简单性作为真理的指南，坚持如果不将之视为真理的指南，科学家和普通人就不能有核证地相信常见的经验命题。索伯认为，斯温伯恩的这种观点过分强调了简单性原则的认知地位，他从简单性原则的认知地位的相对性、简单性原则的多样性以及上帝假设的简单性程度等三个方面批评斯温伯恩的上述观点。第一，在索伯看来，只有科学家们在无法一次性地考察所有假设而又要决定需要先考虑哪个假设的情况下，赋予更简单的假设以优先性才是合理的。这种理解是在接受还有其他并行的衡量标准的前提下作出的，因此，简单性原则在衡量假说上的作用是相对的，并没有达到"真理的指南"那样的程度，更不是评判假说的最根本标准"……当它得到辩护时，其辩护是因为它反映了更深层的认知价值（如似然性）"①。第二，索伯指出，斯温伯恩认为有一个普遍适用于日常生活、科学以及哲学中的推理问题的单一的简单性原则，对此，索伯认为，"存在多种这样的原则"，需要分别讨论之。第三，索伯质疑有神论假设自身的简单性程度，他提到这样两种可能猜测：如果是在没有部分的意义上称上帝是个简单的存在者，那么这并没有说明有神论比无神论更简单的问题；如果有神论称无数可观察的事实都是上帝不同选择的结果，那么这个过程就会非常复杂。索伯的第二、三个批评所涉及的是对简单性原则的具体理解以及对之的应用是否恰当的问题，他的第一个批评则更具实质性，即，作为评判假说的标准之一，"简单性原则"到底有多么根本，如果它仅是个需要诉诸其他更深层认知价值的相对标准，那么，斯温伯恩就需要根据这些更深层的认知价值来说明其可信性；如果它确实是个最根本的评判标准，这种根本性同样需要得到进一步的说明。

就第二个方面说，昆廷·史密斯（Quentin Smith）认为，在斯温伯恩的有神论假设下，宇宙产生和运行的复杂性与无神论假设下并无差异，差异在于有神论与无神论这个形而上学假设上，斯温伯恩错拿有神论假设的简单性与宇宙产生和运行的复杂性相比较了，如果比较得以正确地进行则会发现有

---

① Elliot Sober, *The Design Argument*, Cambridge: Cambridge University Press, 2019, p. 33.

神论因"增加了实体"而更复杂。具体说来，如上文所述，斯温伯恩的观点是，在无神论假设下，解释宇宙受简单的法则支配这样的现象需要非常复杂的理论，而有神论则以"无限的上帝有目的的创造"这样一个非常简单的理由就为之提供令人信服的说明了，作为更简单的假设，有神论显然比无神论更为可取。史密斯批评的出发点是，有神论假设下，尽管上帝存在是个简单的假设，但上帝创造宇宙并使之受简单法则支配的过程一点都不简单，其复杂性与无神论假设是一样的。据此，史密斯认为，斯温伯恩的论辩没有区分"上帝"和"上帝的创造行为"（God's creative acts），而后者才能衍推出宇宙存在，因此，能够相互比较的是有神论与无神论假设下宇宙的产生过程，而这个过程的复杂程度是完全一样的：有神论"在其最终解释中也假定了无限多或数量极大的因果事件"[①]。按照这种思路，史密斯继续推论，可以认为无神论比有神论更简单，因为，在承认同样复杂的因果事件之外，有神论还要假设上帝存在。史密斯进一步认为，斯温伯恩坚持有神论是最简单的假设的理由在于上帝是无限的，"而无限和零是科学家们所用的最简单的概念"[②]。然而，在史密斯看来，斯温伯恩在"第一个超穷基数"、"光速是无限的"、"程度属性的最高层次"以及"绝对无限"等四种不同的意义上来使用上帝的"无限"（infinite）性质概念，用法的模糊性导致其"有神论假设是最简单的"这一判断难以成立。

就第三个方面说，斯温伯恩用"假设一个神比假设多个神更简单"来说明他选择"有神论"（实质上是犹太－基督教传统中的独一神论）的理由，他也用赋予上帝全知、全能、完全自由以及永恒等所需要的属性的方式说明有神论在解释复杂现象上的简单性。然而，斯温伯恩没有去追问下一个问题：他赋予这些性质的"上帝"是否符合简单性原则呢？唐·福克斯（Don Fawkes）和汤姆·斯迈斯（Tom Smythe）的批评正是从这个角度展开的。他们认为，斯温伯恩的上帝是个具有无限能力、知识和良善的概念，上帝能够

[①] Quentin Smith, Swinburne's Explanation of the Universe: Review to *Is There a God?* By Richard Swinburne, in *Religious Studies*, Mar., 1998, Vol. 34, No. 1 (Mar., 1998), pp. 91–102.

[②] Quentin Smith, Swinburne's Explanation of the Universe: Review to *Is There a God?* By Richard Swinburne, in *Religious Studies*, Mar., 1998, Vol. 34, No. 1 (Mar., 1998), pp. 91–102.

知道逻辑上可知的一切东西、能够做与其本性一致的任何事情，同时又拥有无限的慈心善肠，"因此，考虑到这些属性，这个上帝概念是一切可能性中最为复杂的存在者"①。福克斯和斯迈斯称，与斯温伯恩的上帝概念相比，休谟的仅具有有限能力的神灵概念更为简单：一方面，休谟的神灵仅具有足以创造宇宙的能力，创造之后这个神灵就退隐了因而不再需要其他能力；另一方面，休谟也假设少量在知识、能力和良善上都有限的神灵，宇宙是这些神灵合力创造的产物，这些神灵虽然数量上多于斯温伯恩的上帝，但其属性的复杂性小于后者。此外，福克斯和斯迈斯还辩称，休谟的神灵概念在应对恶的问题上具有明显的优势：恶存在的理由在于这个世界是个由不完美的神灵创造的不完美的世界。或许人们会基于不同的考虑在一神论与多神论之简单性方面持不同意见，但福克斯和斯迈斯批评的真正有力之处在于把斯温伯恩的简单性原则用来衡量他自己的上帝概念，这其实是在追问斯温伯恩论证的融贯性，这显然是个需要认真对待的实质性问题。

就第四个方面说，阿道夫·格鲁鲍姆（Adolf Grünbaum）批评斯温伯恩的简单性原则没有充分考虑相互竞争的理论在内容方面的"可比性"（comparability）。针对斯温伯恩"有神论比其对手更为简单"的断言，格鲁鲍姆写道："……缺乏关于这两种相互竞争的假设之必要的内容均等性的证明，这种所谓的更大简单性不能表明有神论比无神论在归纳上更可能为真。"② 此处，格鲁鲍姆所提到的"内容均等性"（content-equality）即，两种相互竞争的理论在内容负载上是完全相同的。格鲁鲍姆援引斯温伯恩的两段文献说明"内容均等性"概念是斯温伯恩自己的术语："……相反，我的目的是通过考察相互冲突的理论的案例来表明简单性标准的本性和力量，此处，选择这些理论的其他标准（如内容的对等性）都均等地得到满足。"③ 以及"……在同等地符合

---

① Don Fawkes and Tom Smythe, Simplicity and Theology, in *Religious Studies*, Jun., 1996, Vol. 32, No. 2 (Jun., 1996), pp. 259 – 270.

② Adolf Grünbaum, Is Simplicity Evidence of Truth? in *American Philosophical Quarterly*, Apr., 2008, Vol. 45, No. 2 (Apr., 2008), pp. 179 – 189.

③ Richard Swinburne, *Simplicity as Evidence of Truth*, Marquette University Press, 1997, p. 15, cf., Adolf Grünbaum, Is Simplicity Evidence of Truth? in *American Philosophical Quarterly*, Apr., 2008, Vol. 45, No. 2 (Apr., 2008), pp. 179 – 189.

背景证据并具有同样的逻辑概率以产生同样数据的均等范围［即，内容］的［相互竞争］的科学理论中进行选择……"① 这两段文献显示，斯温伯恩的想法是：相对照的理论在内容层次上完全没有优劣之别是使用简单性原则的基本前提。格鲁鲍姆所批评的是，斯温伯恩仅把"内容的均等"当作前提，并没有为这个前提提供清楚的说明："不幸的是，斯温伯恩根本没有为他的断言：至少存在内容具有大致可比性的相互冲突的理论提供代表性的说明，更没为这种可比性提供系统的处理。"② 进一步说，格鲁鲍姆援引卡尔·波普的"相互竞争的理论在内容上具有不可比较性"的观点辩称斯温伯恩的上述前提根本不成立。

总而言之，作为斯温伯恩设计论证明关键原则之一的"简单性原则"依然面临不少争议，这些争议要求斯温伯恩为这个原则提供更为详细的说明，也为我们进一步思考贝叶斯式设计论证明指示了努力方向。

斯温伯恩的"人格解释"概念也受到一些批评。奥尔丁（A. Olding）坚持人格解释比科学解释更简单的断言无法成立。他辩称，作为论辩的基本预设，设计论证明并不能表明基督教的上帝（God）存在，鉴于此，他用"神灵"（god）来表达人格的解释的最终施行者，这个神灵不是全知、全能、全善的，也不是宇宙的创造者，不能从无中开始工作，只能作用于既有物质之上。在这种理解下，关于秩序性的人格解释只能是这样的：神灵作用于既有物质，使之呈现秩序性。产生秩序性的过程有两种可能：第一，神灵作用于混沌（chaos），从混沌中产生秩序。奥尔丁认为，这种情况下，我们无法描述此过程的细节，因此，这样的解释不是简单的；第二，神灵作用于"静止"（motionless）的宇宙，推动这个宇宙使之呈现出秩序性。奥尔丁追问这样的理解究竟在何种意义上比仅简单地接受自然法则而不诉诸自然法则之外的心智原因更为简单呢？此外，奥尔丁还质疑斯温伯恩科学解释与人格解释二分的

---

① Richard Swinburne, *Epistemic Justification*, Clarendon Press, 2001, p. 83, cf., Adolf Grünbaum, Is Simplicity Evidence of Truth? in *American Philosophical Quarterly*, Apr., 2008, Vol. 45, No. 2 (Apr., 2008), pp. 179–189.

② Adolf Grünbaum, Is Simplicity Evidence of Truth? in *American Philosophical Quarterly*, Apr., 2008, Vol. 45, No. 2 (Apr., 2008), pp. 179–189.

充分性，猜测最终解释有可能是非科学亦非人格的："即使我们认为'宇宙的最终解释'是可能的，或许这个解释是以既非科学的亦非人格的术语给出的。"① 奥尔丁的疑问是1971年提出的，如我们看到的，斯温伯恩在对其论证的不断修订中着力说明了其上帝概念，这些说明其实就包含着对此质疑的回应。然而，奥尔丁所提出的科学解释与人格解释二分的充分性问题依然悬而未决。

马克·韦恩（Mark Wynn）的质疑就是针对这个问题展开的。他认为斯温伯恩的"科学解释"与"人格解释"因其三点理由而无法成立。第一，韦恩指出，在上述两种解释之外还有其他解释的可能性，如源于"共同的非人格源泉"（a common but non-personal source）。他为"共同的非人格源泉"提供的例子包括共同的动力因、共享的质料因。其中共享的质料因是指这样的想法：如果一些东西是由共同的材料构成，那么，它们就会相互类似，按照这种想法，就可以用它们都是由"物质"这种简单的材料构成的来解释基本粒子的反复出现了。第二，他认为，斯温伯恩的二分包含着把两种解释对立起来的倾向，而这会导致以人格解释排斥科学解释的问题，因为，既然人格解释要优越得多"我们就不能为自然中最基本的规则性提供科学解释了"②。第三，韦恩坚持，科学解释其实能够说明斯温伯恩所提到的那些用人格解释才能说明的现象。如，针对斯温伯恩用上帝对美的欣赏为时间秩序提供说明的思路，韦恩称，非人格的理由或许不能够评价美，但它们可以分享美的倾向从而导致美的后果。根据这三个层次的讨论，韦恩得出结论：斯温伯恩的"时间秩序需要解释"与"这样的秩序要求人格解释"这样两个命题之间存在着张力。

犹太－基督教传统一直从"拯救史"（salvation history）的视角审视世界历史，上帝有目的作为是历史的动力："拯救史是上帝与人交往的全过程，拯救史的主体是上帝，核心是上帝的拯救计划，发生在时间和人中间的一切事

---

① A. Olding, The Argument from Design, A Reply to R. G. Swinburne, in *Religious Studies*, Vol. 7, No. 4 (Dec., 1971), pp. 361–373.
② Mark Wynn, Some Reflections on Richard Swinburne's Argument from Design, in *Religious Studies*, Sep., 1993, Vol. 29, No. 3 (Sep., 1993), pp. 325–335.

件都围绕这个核心而展开。"① 可以看到，拯救史与世界史的区别就在于前者采纳"人格解释"而后者采纳"科学解释"。因此，了解犹太-基督教传统的人们对"人格解释"并不陌生，而把"人格解释"引入哲学论证，赋予它以必要的严格性是斯温伯恩对设计论证明的重要贡献。"人格解释"所面临的上述批评也提示人们，此处的"严格性"还有进一步提升的空间。

第二节　微调论证

佩利"手表论证"的中心论辩在于，手表的精密性、复杂性以及有效运行的能力表明它一定是出于制造者的精确设计，"微调"概念所表达的正是这种精确设计的思想。由于"参数"是精确设计的技术根据，在当代术语中，微调"通常被用来刻画事实或属性对特定参数值的典型敏感依赖性"②。人们常把"生命"作为精确设计的对象，由生命的复杂性、生命产生条件的苛刻性等现象推出它必定是微调的产物。聚焦于生命的产生，有学者把"微调"描述为这样一个观念："宇宙从一开始就拥有某些属性，这些属性是有利于在宇宙历史的这一点上在地球上产生出有智慧的生命的——能够反思其存在意义的生命。人们证明自然的基本常数是已经被可靠地微调于对生命友好的数值上。碳基生命在地球上的存在依赖于物理和宇宙力量及参数之间的精密平衡，以至于这些数量的任何细微改变都会打破这种平衡。"③

我们身处其中的宇宙所具有的上述"微调"特征受到当代最著名的科学家之一斯蒂芬·霍金（Stephen W. Hawking）的赞同，他曾指出宇宙膨胀率处于非常狭窄的界域之中，一点微小的改变都会导致生命就根本不会产生的后果："为什么宇宙如此接近于再次毁灭和无穷膨胀的临界线上？为了像我们现在这样接近这个分界线，在早先的时候，这个膨胀率就必须令人惊叹地精确

---

① 赵敦华：《圣经历史哲学》（上卷），江苏人民出版社 2011 年版，第 13 页。
② Simon Friederich, Fine-Tuning, in *Stanford Encyclopedia of Philosophy*, first published Tue Aug 22, 2017, substantive revision Fri Nov 12, 2021, available from, https://plato.stanford.edu/entries/fine-tuning/.
③ ［英］麦格拉斯：《微调的宇宙——在科学与神学中探索上帝》，蔡蓁译，华东师范大学出版社 2013 年版，第 127—128 页。

地加以选择。如果在大爆炸之后的一秒膨胀率少了 $1/10^{10}$，宇宙就会在几百万年后毁灭。要是膨胀率多了 $1/10^{10}$，宇宙就会在几百万年后在根本上变得虚空。在这两种情况下宇宙都不可能足够长久地延续下去以发展出生命。因此人们要么必须诉诸人择原理要么必须给为什么宇宙是这个样子找到某种物理解释。"[1] 霍金致力于寻求物理的解释，认为量子物理学的规律使得大爆炸等事件完全自然地发生，因此，宇宙的演化是个彻底的自然过程。但这种观点并非所有科学家的共识，专攻量子引力的物理学家保罗·戴维斯（Paul Davies）坚持，科学的魅力在于自然的可理解性，即，人们至少能够部分地理解自然，这说明"仅当一位科学家接受一种实质的神学世界观时科学才能前进"[2]。戴维斯的理由在于，只有在自然具有精巧、稳定的规律以使得复杂的秩序能够出现的情况下它才是可理解的，这样的规律不可能来自随机的选择，只能是一种受控制的创造活动的结果。

霍金和戴维斯的分歧在于，在面对同样的物理学证据时，前者采纳"物理的解释"而后者进一步推出"物理的解释"之外的"神学世界观"。他们的分歧体现了对"微调"的两个层次的理解：其一，承认宇宙的"微调"特征，但仅限于在"物理的解释"的领域内为其提供说明；其二，同样承认宇宙的"微调"特征，但进一步假设存在着一位"微调者"（a Fine-Tuner），尽管对于"微调者"是否犹太－基督教传统的上帝依然意见不一。当代自然神学视野下的"微调论证"在上述第二个层次上理解"微调"概念，由生命的复杂性、生命产生条件的苛刻性等宇宙的微调特征推出作为"微调者"的"上帝"存在。

微调论证与佩利式的传统设计论证明的差异之一在于，前者所诉诸的"微调"特征得到自然科学当代进度的广泛支持，正如克雷格指出的："在物理学和天体物理学、经典宇宙论、量子力学以及生物化学等诸领域的各种新发现一再揭示，有理智的碳基生命之存在依赖于物理与宇宙的量的微妙平衡，

---

[1] Stephen W. Hawking and Roger Penrose, *The Nature of Space and Time*, Princeton University Press, pp. 89-90，转引自［英］麦格拉斯《微调的宇宙——在科学与神学中探索上帝》，第 128 页。

[2] Paul Davies, The Appearance of Design in Physics and Cosmology, in Neil A. Manson, *God and Design: The Teleological Argument and Modern Science*, London and New York: Routledge, 2003, p. 148.

这些量中的任何一个的细微改变都会破坏这种平衡，生命也不会存在。"[1] 克雷格的观察提示我们，微调论证所涉及的自然科学领域至少包括物理学、量子力学、生物化学等，因此，这个论证是当代科学新进展与哲学思考紧密结合的典范之一。

面对自然科学研究所发现的宇宙的微调特征，存有三种解释：其一，纯粹出于运气与巧合；其二，这个宇宙仅是上帝所创造的多元宇宙中的一个；其三，是由上帝有目的地设计出来的。其中，第一种解释则是微调论证的支持者们展开论证过程中的背景对手，在具体的论辩中其身影若隐若现，后两种解释是支持微调论证的哲学家的两种不同论证思路。与这里的观察类似，罗德尼·霍尔德（Rodney D. Holder）认为微调论证所依据的基本假设包括多元宇宙和有神论两种形式，其中，多元宇宙假设意味着："假定存在着很多不同的时空区域，其参数值各不相同，可以将之设想为是以多种物理方式产生的。这些时空区域（宽泛地称之为'宇宙'）中的大部分都不是微调的，但这个整体的存在可以用来解释至少其中的一个区域是微调的。"[2] 有神论假设则意味着："存在着一位设计者或微调者，带着创造有生命的宇宙这样一个明确目标，他存心把所需要的常数设定为微调的值。"[3] 本节中我们以约翰·莱斯利（John Leslie）与斯温伯恩两位哲学家的相关论述为聚焦点，分别讨论这两种思路，然后结合既有批评意见讨论微调论证所隐藏的问题以实现对这一论证更为深入的理解。

莱斯利是微调论证的早期倡导者。多元宇宙假设和可观察到的选择效应是莱斯利式微调论证的两大根基，前者称生命的产生之所以可能在于宇宙的数量足够多，因而能够从中找到适合生命的那一个；后者称可观察的宇宙对生命具有本质性重要性的特征，其精密性提示它是出于有意识的选择。

就多元宇宙假设说，在出版于1989年的《诸宇宙》（*Universes*）一书中，

---

[1]　William Lane Craig, Design And The Anthropic Fine-tuning of The Universe, in Neil A. Manson, *God and Design: The Teleological Argument and Modern Science*, p. 155.

[2]　Rodney D. Holder, Fine-Tuning, Multiple Universes and Theism, in *Nous*, Jun., 2002, Vol. 36, No. 2. (Jun., 2002), pp. 295 – 312.

[3]　Rodney D. Holder, Fine-Tuning, Multiple Universes and Theism, in *Nous*, Jun., 2002, Vol. 36, No. 2. (Jun., 2002), pp. 295 – 312.

莱斯利提出这样的观点：我们身处其中的宇宙满足生命进化所要求的极端不可能而又必需的条件，这意味着存在着很多宇宙，我们恰好身处在其中最合适的一个中。换句话说，莱斯利的基本观点是：生命能够得以维持的宇宙需要解释，而具有各种性质的诸多宇宙中总有一个能够满足这些条件，因此，多元宇宙论能够提供所需要的解释。莱斯利援引林德（A. D. Linde）的"午餐例"来说明该观点：膨胀的宇宙就像一顿各种可能食品都得到提供的午餐，从中发现至少有一些食物适合有理智的生命体，这一点毫不意外。[①] 莱斯利本人也提供了若干类似的小故事，其中之一是捕鱼的故事：你在一个湖里捕到一条23.2576英寸长的鱼，对此的合理解释是，这个湖里有很多鱼，每条鱼都有其长度，你只是碰巧捕到了如此长度的这条；一个是扑克游戏的故事：在游戏中，你手中的牌可能有各种组合，但我们很自然地认为这些都是出于碰巧，因为，这些牌总会产生各种组合；另一个是彩票的故事：一共发行十万张彩票，其中之一会获得一百万美元的奖励，任何人获得这张幸运彩票都无须特殊的解释，因为总有人会获得它；另外还有墙上的苍蝇的故事：在一面墙上有只苍蝇，一些枪手往墙上射击，恰好一颗子弹击中了苍蝇，我们对此不会感到惊诧而寻求解释等。[②] 莱斯利用这些故事说明，如果有很多个宇宙，每一个宇宙的规律参数都不一样，我们正好处在当前这个适合生命的宇宙之中，对此无须特殊的解释，可能宇宙的数量越多，适合生命的宇宙出现的可能性就越高。

就可观察到的选择效应说，莱斯利认为，这些故事并没有把全部解释都归于碰巧和幸运，而是以承认宇宙的微调现象为前提的。他指出，至少有七个方面的现代宇宙学证据都提示我们所处的宇宙是出于微调。第一，是"平稳性问题"（the Smoothness Problem），即，大爆炸产生大量不协调的区域，从中选择我们所在的这样一个有秩序的世界需要超乎寻常的精确性；第二，是"平坦性问题"（the Flatness Problem），即，为了避免宇宙重新坍塌或扩张速度过快以致星系无法形成的灾难，扩张的速度必须被微调到 $1/10^{55}$，这使得

---

① John Leslie, *Universes*, London and New York: Routledge, p. 8.
② John Leslie, *Universes*, p. 9, p. 12, p. 17.

空间非常平坦；第三，"宇宙膨胀"（Inflation）的速度要非常精确，否则生命就无法产生，具体地说，驱动膨胀的宇宙常数的两个成分要精确到 $1/10^{50}$ 才能相互抵消以达到现在的效果，即使原子弱力或重力改变 $1/10^{100}$ 也会使得这种抵消无法实现；第四，原子弱力如果过强，大爆炸就会使得所有氢燃烧为氦，从而不会产生水或长期稳定存在的恒星，如果过弱也会破坏氢；第五，如果电磁力稍微强一点，恒星的发光就会急剧下降变成红星从而不会出现生命进化所需要的温度，如果电磁力稍微弱一点，恒星就会变得非常热而成为寿命短的蓝星；第六，重力对恒星和行星的形成也至关重要，如果它比电磁力弱 10^{39} 倍，恒星密度就会减少 10 亿倍，燃烧速度就会快 100 万倍；第七，粒子的质量必须处于适于产生生命的恰当值，这些质量的复杂平衡使得星系、恒星、行星以及有生命的有机体达到相对稳定。[1] 莱斯利称，这些线索累积起来能够形成我们所处的宇宙是出于微调的很有说服力的证据。

　　莱斯利强调，他的微调论证是个基于概率的论证而非基于类比的论证。如同休谟所批评的那样，类比论证存在着"类比不恰当"的问题，前述七个宇宙学证据与人工制品（如手表等）之间很难说是相似的。而概率论证的强度则取决于样本的大小，样本越大出现所需要情况的概率就越高。恰如在前述例子中湖里的鱼越多捕获某特定尺寸的鱼的概率就越高、牌的总量越多获得特定组合的概率越高、卖出去的彩票总量越大开出大奖的概率越高、发射的子弹越多墙上的苍蝇被某颗子弹击中的概率就越高一样，宇宙的数量越多那么恰好适合生命存在的宇宙存在的概率就越高，因此，在多元宇宙假设下发现一个我们看到的当前这个宇宙就不令人吃惊了。可见，样本的数量对于这个论证非常重要，样本越小偶然性越大，如果样本降低为一个，即，宇宙只有一个，那么，莱斯利的论证就难以为继了，我们所在的宇宙就完全是出于偶然了，因此，多元宇宙假设是必需的。

　　对于莱斯利上述思路的一个常见的理解是，既然这个论证的根据在于概率，那么，完全无须假定一个作为微调者的上帝存在，因此，莱斯利的微调论证没有给上帝留下任何位置。然而这并非莱斯利的观点，莱斯利坚持多元

---

[1] John Leslie, *Universes*, pp. 3–5.

宇宙与微调者是共存的，将二者联结起来的推理非常简单：这些宇宙可以是出自作为微调者的上帝的创造。

说明上帝所造的诸多宇宙会具有保证生命产生的基本规律是莱斯利坚持多元宇宙与微调者是共存的关键。对此，莱斯利从两个方面进行工作。首先，说明即使生命完全出于偶然也可能是上帝促成的：他援引皮考克（A. R. Peacocke）的论辩提出这样的推理："……上帝或许曾创造了无穷多个宇宙，无疑地，至少其中有些（或实际上有无穷多个）会仅出于偶然而成为支持生命的。"[1] 此外，他还提出了这样的可能性：上帝也可以思考了在特定基本规律下会偶然产生的一切宇宙，然后从中选择一个将之创造出来，在这个宇宙中生命偶然诞生。其次，表明如果上帝缺席，生命的出现将会是彻底令人惊讶的，相反则是顺理成章的：一方面，他指出，如果没有上帝，那么，在讲述生命得以出现的故事时就必须把可观察的选择效应和非常复杂的变量都包括进来，变量的复杂性使得这个故事难以讲下去；另一方面，他认为如果上帝存在，那么宇宙的规律和常数则会使得生命的出现和进化成为不可避免的事件。

乍一看来，莱斯利的上述论辩或许有些奇怪，上帝怎么会容许偶然事件的发生呢？上帝又如何保证生命不可避免地出现呢？这些疑问指向的是莱斯利的"上帝"概念。莱斯利称所谓"上帝"不是个人格而是个用以解释为什么有什么东西存在而非一无所有的"伦理需要"，因此是个柏拉图主义神学的概念。在这种理解下，上帝"不是个存在者而是存在的力量"，即，"上帝是世界的有创造力的伦理要求，或者，等同地，上帝是应该存在一个（好的）世界的有创造力的、有效的伦理需要。"[2] 在这种理解下，如果上帝是实在的话，他就可以通过选择有利于生命产生的自然律、力的强度、粒子质量、宇宙膨胀速度等，具备了这些条件，生命的产生和进化就是不可避免的。由此，莱斯利认为，上帝的假设不仅与多元宇宙兼容，而且为有利于生命产生于进化的规律与参数提供了解释。莱斯利的上帝是个功能概念，其性质与其他科学假说类似，与有神论的"上帝"概念相差甚远，因此，他的微调论证在最

---

[1] John Leslie, *Universes*, p. 181.
[2] John Leslie, *Universes*, p. 167.

终目标上与佩利式的设计论证明也颇有差距，与之对照，斯温伯恩微调论证的目标则与传统设计论证明颇为接近。

如本章第一节所述，斯温伯恩的"上帝"是没有身体的人格，具有永恒、完全自由、全能、全知、全善等属性并且是万物的创造者。斯温伯恩把"微调论证"概括为一种根据导致人类进化的宇宙的规律与边界条件进行的设计论证明，这种证明宣称"如果宇宙包含人类生命进化的话，就要求非常特殊的规律和边界条件"，人们通常用"那些规律与边界条件的常量与变量必须局限在非常狭窄的范围内"来说明此处的"非常特殊的规律和边界条件"。[1] 斯温伯恩以"人的出现"为例来说明宇宙确实是由上帝微调好的，从而提出一个累积证据证明。在他看来，人是个包括意识与身体的有机体，这个有机体是通过漫长的进化过程从无机物逐步进化而来，这个进化过程所要求的条件非常苛刻，因此，该进化过程明显体现出了微调的特征。进一步地说，通过比较在自然主义与有神论两个假设下微调得以出现的概率，得出后者比前者明显出于前者，最终推出作为创造者的上帝存在。

鉴于意识涉及更深层次的现象，斯温伯恩仅从人的身体（body）层次来构造上述论证。他认为人的身体包括感觉器官（它能够根据输入的多样性产生大量不同的可能状态）、信息处理器（它能把感觉器官的状态转化为脑状态，以产生具有道德重要性和审慎选择价值的信念）、记忆库（它能够把与从前经验相关的状态整理归档）、产生欲望以及善与恶的大脑状态、由我们所拥有的不同目的所引起的大脑状态、处理器（它把这些大脑状态转化为肢体或其他有意志活动）以及不完全由其他物理状态决定的大脑状态等七个必不可少的特征。[2] 这些特征使得人体是个同时具有理智与生理功能的智慧生命体，斯温伯恩指出，这种生命体的产生与进化需要自然律的常量和初始条件中的变量都处在一个非常狭窄、准确的范围之内。具体地说，自然量常量中的宇宙常数要极端地接近于零，否则宇宙膨胀的速度过大或过小；强力常数如果减弱50%元素就无法保持稳定性；弱力常数如果减弱30倍就会导致恒星的寿

---

[1] Richard Swinburne, The Argument to God from Fine-tuning Reassessed, in Neil A. Manson, *God and Design: The Teleological Argument and Modern Science*, p. 106.

[2] See, Richard Swinburne, *The Existence of God*, second edition, p. 169.

命不能超过 10 亿年，无法满足演化出人体所需要的时间等。初始条件则要求宇宙开始时必须具有恰当的密度、膨胀速率以及辐射异质性总量，非常微小地改变生命都无法产生，恰如霍金所提到的，膨胀速率即使在百万分之一尺度上的改变都会导致宇宙过早坍塌或者恒星无法形成。在大量科学数据的基础上，斯温伯恩指出，"宇宙是被微调好的"是当前科学界的共识："关于这一点，科学界没有争论。"[①]

作为事实性的共识，微调的证据无须进一步列举和讨论，问题的关键在于如何为这种共识提供解释。斯温伯恩的微调论证实质上正是对恰当的解释理论的讨论，与基于"宇宙的有秩序性"构造的设计论证明的思路类似，他从反、正两个方面构造其论证：一方面，如果上帝不存在，这些规律和初始条件都仅出于碰巧的话，那么，人体得以产生和进化的概率就非常低；另一方面，如果存在一位上帝，由他来创造这些自然规律和初始条件的话，则人体能够产生和进化的概率就非常高。

斯温伯恩的反面论辩从单一宇宙与多元宇宙两种假设分别展开。就单一宇宙来说，他首先确立了衡量一个宇宙是否在逻辑上可能导致人体产生和演化的三个根据：第一，"支配这个宇宙的法则是否足够简单"；第二，"其相关边际条件所牵涉的对象是否足够少、足够简单"；第三，"在正确理论的各种版本中，是否只有一小部分能够导致一个被精确调谐的宇宙的出现呢"。[②] 其次，他以人体存在的七个必需特征之复杂性为例说明没有相对简单的宇宙满足上述条件因而是被微调好的宇宙。如，感觉器官会接收到非常多样化的刺激，并对这些刺激的任何细微差别作出不同的反应；信息处理机制需要记忆库的大量库存与分类以形成各种不同的大脑状态最终形成一些重要的信息；每个人的身体都由大量不同种类的粒子构成，每一个粒子又能够存在于不同的离散状态之中，等等。这些例子说明宇宙需要非常复杂才有可能产生人体，

[①] ［英］理查德·斯温伯恩：《从精确微调出发的对于上帝的论证》，《科学与宗教：二十一世纪的对话——英美四名家复旦演讲集》，第 69 页。斯温伯恩指出，他的这篇演讲是其 *The Existence of God* 一书中第八章后半部分的概要（参见该演讲的第一个注释），鉴于其思想的一致性，此处我们交叉援引该演讲和 *The Existence of God* 中的相关论述。

[②] ［英］理查德·斯温伯恩：《从精确微调出发的对于上帝的论证》，《科学与宗教：二十一世纪的对话——英美四名家复旦演讲集》，第 76—77 页。

然而这与上述的三个根据所强调的简单性冲突。据此，斯温伯恩得出结论："简单性指标所具有的先验权重也告诉我们：在上帝缺场的情况下，任何一个宇宙被调谐到以至于产生人体的先验概率都是极低的。"① 就多元宇宙来说，斯温伯恩依然诉诸简单性原则指出，无论假设存在着诸多宇宙，还是假设仅有一个宇宙但该宇宙包含着诸多不同的宇宙机制，都要比一个仅具有同一个机制的单一宇宙复杂得多，因此，多元宇宙假设最终就会被回溯到前述的单一宇宙假设，既然已经证明没有上帝的情况下单一宇宙被协调好的概率非常低，相同情况下多元宇宙中产生被协调好的一个宇宙的概率就更低了。

斯温伯恩正面论证的基本想法是，如果接受有神论假设，那么，可以有很好的理由来说明上帝为什么会对宇宙进行微调以让有身体的、自由的行动者——人出现，上帝不管是以一劳永逸的方式创造人体，还是赋予宇宙以精确的规律和常数以促使人经过长期进化过程而产生，如上帝可以为了万物的美而选择进化路径让人得以出现。鉴于此，斯温伯恩的结论是："如果上帝存在，宇宙的规律和边际条件就会如此以使得人体的进化得以可能，这一点非常有可能。"② 斯温伯恩的正面论证看起来过于简单，然而，如果结合他的上帝概念来看这就能够理解他的隐而未提的前提和进一步证明了：由于上帝是全知、全能、全善又是完全自由的，那么，他可以出于完全良善的意图，以惊人的精确性把这个宇宙创造出来，同时把秩序、美等属性赋予这个宇宙。

综合上述两方面的论证，斯温伯恩把上述推理形式化地构造为：假设没有上帝，宇宙的法则和边际条件能够具有"可导致人体产生"这一特征的概率是 P（e | ~h &k）；假设上帝存在，则此概率为 P（h | e &h）；据其论证，后者远远大于前者，根据贝叶斯定理就可以得出 P（h | e &h）远远大于 P（h | k）。斯温伯恩总结称，经过上述推理"我们已经得到了一个关于上帝之存在的很强有力的 C-归纳论证"。③ 此处，e 表示关于边际条件和法则之本

---

① ［英］理查德·斯温伯恩：《从精确微调出发的对于上帝的论证》，《科学与宗教：二十一世纪的对话——英美四名家复旦演讲集》，第 80 页。
② Richard Swinburne, *The Existence of God*, second edition, p. 189.
③ ［英］理查德·斯温伯恩：《从精确微调出发的对于上帝的论证》，《科学与宗教：二十一世纪的对话——英美四名家复旦演讲集》，第 84 页。

性的证据；h 指有神论假设；k 表示关于存在着一个被简单自然律支配的宇宙的背景知识。这个推理表明，一个由上帝创造的、经过微调以至于人能够产生和进化的宇宙是非常合理的，反过来看，这样的宇宙的存在本身就是上帝存在的证据，因此，在科学新进展的背景下佩利式的目标依然能够得到辩护。

莱斯利和斯温伯恩的探讨为我们理解微调论证的核心观点和主要论辩提供了丰富的资源。针对他们的相关批评意见则引导我们更深入地思考这些论辩可能隐藏的问题，接下来我们从基于"观察选择效应的批评"以及针对微调论证在应用概率方面之准确性的批评来审视微调论证所面临的质疑。

埃利奥特·索伯基于"观察选择效应"（observational selection effect，OSE）或"弱人择原理"（a weak anthropic principle）对微调论证提出的批评同时适用于莱斯利和斯温伯恩式的论证。索伯认为，微调论证的支持者之所以能够观察到宇宙是微调的，恰是因为他受其观察能力局限只能观察到这一点，由于明显受到观察选择效应的影响，故而微调不足以为上帝存在提供证据。"观察选择效应"最早由亚瑟·艾丁顿（Arthur Eddington）在出版于1939年的《物理科学哲学》（*The Philosophy of Physical Science*）一书中提出，其基本精神是：你所得出的结论看起来是客观中立的，但实际上是由你所使用的观察方式导致的。索伯把这个基本精神概括为："你所用以获得你的观察的程序可以是与评估可能性相关的。"[①] 实际上，用艾丁顿本人的一个例子可以更清楚地说明这种效应：你在一个湖中捕鱼，如果你所捕到的鱼都很大，这形成了"此湖中大部分鱼都很大"这样一个判断的证据。但如果你发现自己所用的渔网网眼很大，无法捕到小鱼，那么，上述判断其实就是受到观察选择效应影响的，因为没有完整考虑湖中鱼的真正大小分布，因此不准确。[②] 与艾丁顿的例子类似，索伯称，微调论证的支持者观察到宇宙的物理常数的值恰好允许生命存在，任何细微的不同都会导致生命不可能产生，但如果微调论证的支

---

① Elliott Sober, The Design Argument, in Neil A. Manson, *God and Design: The Teleological Argument and Modern Science*, p. 42.
② See, John T. Roberts, Fine-tuning and The Infrared Bull's-eye, in *Philosophical Studies: An International Journal for Philosophy in the Analytic Tradition*, September 2012, Vol. 160, No. 2 (September 2012), pp. 287–303. 索伯用更加形式化的语言提到艾丁顿的这个例子，出于清楚简洁地表达这个例子的核心精神的考虑，我们选用罗伯特的重述。

持者考虑到这样一个事实：(A_3)"我们存在，且如果我们存在，那些常数必定是恰当的"①（因此，这些允许生命存在的物理常数值不能用作微调论证的证据），那么，恰如在艾丁顿的捕鱼例中你会发现自己受到观察选择效应的蒙蔽因而得出的结论不准确一样，微调论证的支持者也会发现自己受到了同样的蒙蔽，他们所得出的宇宙出于微调的结论也不准确。索伯指出，"观察选择效应"与布兰登·卡特（Brandon Carter）所谓"弱人择原理"，即，"我们能够期望观察到的东西必定受到对于作为观察者的我们的出现来说必要的条件之限制"② 是一致的。鉴于此，我们把索伯的批评概括为来自"观察选择效应"的批评或来自"弱人择原理"的批评。

微调论证的支持者坚持观察选择效应并没有触动微调论证，理由在于，尽管我们确实具有观察者身份，也只能看到我们身处的这个宇宙，但这并不意味着我们就不用考察宇宙的那些常数和规律。斯温伯恩援引莱斯利的"行刑队例子"（一个罪犯被执行枪决，有 12 个训练有素的行刑人，每人都开了 12 枪，但最终这 144 颗子弹都错过了目标，这个事件需要解释，备选的解释有意外和计划两种，微调论证的支持者坚持因为出于计划的概率要远比出于意外的概率高，因此选择出于计划）来表达这样的想法："任何基于人择原理的解释，如果这种解释建议观察者的进化是那种不需根据边际条件和特定方式运行的规律进行解释（不管是莫名其妙的还是出于选择）的，它都是错的。"③ 斯温伯恩论辩的要点在于，由于这个事件必须在罪犯幸免于难的条件下才成立，从作为观察者的罪犯的角度看事情只能如此，否则他就不在世上而故事情节也不是那样了，因此，整个事件是依据"人择原理"的解释。但论证的关键在于，即便是依据"人择原理"的解释也必须考察观察者得以生

---

① Elliott Sober, The Design Argument, in Neil A. Manson, *God and Design*: *The Teleological Argument and Modern Science*, p. 42.

② Brandon Carter, Larger Number Coincidences and the anthropic principle in cosmology, in M. S. Longair (ed.) *Confrontation of Cosmological Theories with Observational Date*, Deidel, 1974, pp. 291–298, cf., Elliott Sober, The Design Argument, in Neil A. Manson, *God and Design*: *The Teleological Argument and Modern Science*, p. 42.

③ Richard Swinburne, Argument from the fine-tuning of the Universe, in J. Leslie (ed.) *Physical Cosmology and Philosophy*, Macmillan, 1990, p. 171, cf., Elliott Sober, The Design Argument, in Neil A. Manson, *God and Design*: *The Teleological Argument and Modern Science*, p. 44.

存和进化的边际条件与自然律,这个层次的考察依然可以借助概率推理进行,因此,来自"观察选择效应"或"弱人择原理"的批评把微调论证支持者的思路简单化了。

对于斯温伯恩的辩护,索伯认为,他的推理存在一个两难困境:一方面,如果用生命出现的概率来分析行刑队例子,那么罪犯就是对的,他的幸存不允许他得出设计比偶然更为可能的结论;另一方面,如果根据概率假设来分析罪犯的处境,那么就会得出罪犯就是错的,这意味着罪犯的推理方式与微调论证的推理方式根本不同。但索伯认为,问题的关键在于罪犯和旁观者的真正差别在于他们所处的认知处境(epistemic situation)的不同。罪犯因为枪手有意错过目标而得活的概率更高,这是旁观者的看法,它不受观察选择效应的影响;罪犯的看法则是,他得以幸存是出于枪手故意与出于偶然的概率都相同,因为不管出自前者还是后者,罪犯得活的概率都是100%,因为,罪犯确实得以幸存了。索伯指出,罪犯和旁观者因认知处境的不同而得出的不同概率提示我们,行刑队例子所表达的其实是个对不同假设之"似然性"(likelihoods)的选择的问题。索伯认为,对诸多假设之似然性的追问正是"观察选择效应"的实质所在:"观察选择效应的基本思想是,当我们评估诸假设的似然性时必须考虑用以获得观察的程序。"① 由于索伯认为微调论证的也是个关于似然性的宣称:"这一点告诉什么关于微调版本的设计论证明的信息呢?我把那个论证理解为关于似然性的宣称。"② 因此,"它遭受 OSE 的挑战,倘若我们存在,常量必须是恰当的,不管我们的宇宙是偶然产生的还是出于设计"③。经过这番论辩,索伯坚持,针对微调论证来自"观察选择效应"的批评或来自"弱人择原理"的批评依然成立。

然而,索伯的论证和结论并没有成功地说服其对手。微调论证的支持者之一布拉德利·蒙顿(Bradley Monton)认为,观察选择效应并不构成对微调

---

① Elliott Sober, The Design Argument, in Neil A. Manson, *God and Design: The Teleological Argument and Modern Science*, p. 45.
② Elliott Sober, The Design Argument, in Neil A. Manson, *God and Design: The Teleological Argument and Modern Science*, p. 46.
③ Elliott Sober, The Design Argument, in Neil A. Manson, *God and Design: The Teleological Argument and Modern Science*, p. 42.

论证的一个好的批评，即使宇宙必须是这个样子我们才能观察到其精妙，但这并不意味着微调论证不成立。他以如下例子说明允许生命存在的宇宙是能够作为有效证据为论证提供支持的：假设你发现一个封闭的箱子，同时你在和上帝交谈，上帝告诉你在箱子里的或者是白球或者是黑球。此时你会把箱子中是白球的概率指定为 0.5。然后，上帝又告诉你为了决定到底是否创造一个允许生命的宇宙，他用个随机数字生成器以生成 1 到 20 之间的整数，如果生成了 1 到 9 之间的数，上帝就创造一个没有生命的宇宙，并把黑球放在箱子里；如果生成数字 10，就创造一个没有生命的宇宙，并把白球放在箱子里；如果生成 11 到 19 之间的数，就创造一个允许生命的宇宙，并把白球放在箱子里；如果生成数字 20，就会创造一个允许生命的宇宙，并把黑球放在箱子里。这种情况下，你就会给箱子中是白球的概率赋值为 0.5—0.9，因为，你知道允许生命的宇宙是存在的。[1] 蒙顿认为，他的例子说明，允许生命的宇宙确实能够作为"箱子中是白球"这个命题的证据，这与索伯的观点相反。蒙顿进一步指出，微调论证与他的例子运行方式一样，知道允许生命存在的宇宙的存在确实能够影响概率的赋值，从而能够作为微调论证的证据。

总而言之，"观察选择效应"确实是个显然的事实，这个事实在微调论证中的作用是个需要我们认真思考的问题，只有有效地解决了这个问题，才能恰当地构造微调论证。

概率是微调论证的常用工具，莱斯利和斯温伯恩在构造自己的论证时都用了这个工具，相应地，这个工具也遭受不少质疑。罗杰·怀特（Roger White）从"概率的证实"（probabilistic confirmation）概念入手指责莱斯利基于"概率"的推理存在着其多元宇宙假设并非提升概率值一个有效的"证实"的错误。怀特称，概率的"证实"就是能够提高概率值的证据，如，给定背景知识 K，证据 E 证实了假设 H，当且仅当，H 相对于 E 与 K 的概率大于 H 相对于 K 的概率，这个观点可形式化为 P（H｜E & K）> P（H｜K）。莱斯利的多元宇宙假设之所以不是个有效的证实在于莱斯利犯了"逆赌徒谬误"

---

[1] Bradley Monton, God, Fine-Tuning, and the Problem of Old Evidence, in *The British Journal for the Philosophy of Science*, Jun., 2006, Vol. 57, No. 2 (Jun., 2006), pp. 405–424.

(Inverse Gambler's Fallacy)。"逆赌徒谬误"是根据"赌徒悖谬"(Gambler's Fallacy)进行的反推,后者是指这样的错误推理:随机骰子游戏的过程中,随着投的次数增多就获得所希望之点数的概率就会提升,其错误在于,概率并不随所投掷的次数而变化,不管投掷多少次其概率都是相同的。在"逆赌徒谬误"中,当出现赌徒所希望的点数时,他就推理称一定是投掷了很多次,否则这个点数不会出现。莱斯利多元宇宙论证的核心推理:"可能宇宙的数量越多,适合生命的宇宙出现的可能性就越高"就是犯了"逆赌徒谬误":适合生命的宇宙出现的概率非常小,既然它出现了说明一定有大量的备选宇宙,或者说,产生这个宇宙的大爆炸应该不是一瞬间的独立事件,而应该曾经有过很多次,这种情况下,这一个宇宙才更有可能产生。根据这番推理,怀特得出结论:"此处的错误在于假设存在着很多其他宇宙,这使得这个宇宙——我们能够观察到的唯一的宇宙——更可能允许生命。"① 按照怀特的论辩,既然莱斯利的论证隐含着"逆赌徒谬误",他讲的那些故事以及由此得出的基于多重宇宙假设的微调论证也难以令人信服。

对于斯温伯恩的微调论证中所运用的概率工具,布拉德利(M. C. Bradley)批评斯温伯恩在使用贝叶斯定理时高度依赖于"客观主义的价值论",而贝叶斯定理本身对假设的内容或起源没有限制,因此"正是贝叶斯定理的这种力量妨碍了对斯温伯恩微调论证所建议的修订"②。具体地说,布拉德利认为,斯温伯恩的"有意识的生命是好的"这样的表述"必定采纳了客观主义者的意思",他的"传统的设计者有理由创造这个世界"这样的宣称也"参考了这位设计者对客观的善的认识",这导致 P(e|h & K)在已得的情况下高,而在未得的情况下低。贝叶斯定理则要求对证据持中立态度,不能有特定偏爱,仅考虑给定证据能否提高其概率以及提高多少,因此,斯温伯恩在使用贝叶斯定理构造微调论证的过程中出现了问题。仔细考察斯温伯恩的论证与布拉德利的批评,我们认为,布拉德利对斯温伯恩的观察及他对贝

---

① Roger White, Fine-tuning and Multiple Universe, in Neil A. Manson, *God and Design*: *The Teleological Argument and Modern Science*, p. 232.

② M. C. Bradley, The Fine-Tuning Argument: The Bayesian Version, in *Religious Studies*, Dec., 2002, Vol. 38, No. 4 (Dec., 2002), pp. 375 – 404.

叶斯定理的理解是准确的，但他此处对斯温伯恩的批评却难以成立。理由在于，斯温伯恩论辩的基本思路是对比有神论假设与上帝缺场假设下，这个宇宙得以产生的概率，借助贝叶斯定理进行的计算，他的这个概率在前一个假设下要比在后一个假设下高，鉴于这个宇宙存在是既成事实，因此，接受有神论假设而认为这个宇宙是出于上帝的微调要比接受上帝缺场假设而认为这个宇宙是出于碰巧更为合理。在论辩的过程中，斯温伯恩用贝叶斯定理一方面考察了有神论假设下给定证据提高概率的程度，另一方面考察了上帝缺场假设下给定证据提高概率的程度，然后对之进行比较得出结论。斯温伯恩不是在无特定立场的情况下，用"完全客观的证据"进行计算的，因此，布拉德利此处的批评是在没有准确把握斯温伯恩论辩策略的情况下得出的。

在基于"观察选择效应"的批评与针对概率的批评之外，学者们还对不同版本微调论证的具体思路提出各种不同的批评，这些批评促使围绕微调论证进行的相关探讨不断深入。莱斯利和斯温伯恩的讨论提示我们，微调论证所借助的"科学证据"主要是来自物理宇宙学（physical cosmology）（当然也涉及经典宇宙论、量子力学等领域的证据），鉴于此，人们常把微调论证称为基于"物理宇宙学"的设计论证明，而把当代设计论证明中主要借助生物学（biology）领域的证据的另一种形式"智能设计论"概括为基于"生物学"的论证。[①] 接下来我们把目光转向智能设计论。

第三节　智能设计论

智能设计论（intelligent design）有广义和狭义之分。广义地看，智能设计论是20世纪80年代末开始在美国产生的一个社会运动，其基本性质可以概括为两个方面：第一，"是针对自然主义（特别是教学和科学实践中的自然主义）的社会、政治斗争"；第二，"是一种从科学与哲学角度试图去定义和

[①] Neil A. Manson 的 *God and Design: The Teleological Argument and Modern Science* 一书就是按照这种理解，把微调论证的相关文献编在名为 Physical Cosmology 的第二部分；把智能设计论证明的相关文献编在名为 Biology 的第四部分。当然这个划分是相对的，Manson 就出于集中问题的考虑把讨论多重宇宙微调论证的几篇文献单独编在名为 Multiple Universes 的第三部分。

辨识自然界中的'设计'现象的努力"。① 作为一种社会运动，其支持者和反对者就这种理论是否应该进入公立学校的科学课堂以作为达尔文进化论的替代选项而产生持久争论，直到 21 世纪的前十年，这个争论仍然颇为热烈。该争论的焦点在于智能设计论是不是一种科学理论，让这个理论进入公立学校的课堂是否恰当。狭义地看，智能设计论是由美国一些从事生物学、数学等研究领域的自然科学家提出的一种理论假说，这种假说认为，生物体或其他物体所体现出来的复杂性无法仅靠盲目的进化过程产生，需要一个理智的设计者有意识地进行干预。因此，理智设计论是最先在科学界以一种与达尔文进化论相竞争的假说的面貌出现的理论。我们此处的讨论仅限于狭义的智能设计论。②

尽管不少论者（既包括倡导此理论的学者也包括反对此理论的学者）都坚持智能设计论是个纯粹的科学理论，与宗教无关，因此不应对之进行"形而上学"归谬。但从理论渊源上说，智能设计论的思想源头往往被追溯到佩利的"手表论证"，而事情的另一面是，围绕智能设计论的争论文章经常被编撰到设计论证明的文集中，讨论设计论证明之当代发展的文献也多把智能设计论作为其重要组成部分。鉴于此，我们依然把智能设计论作为设计论证明之当代形式的一种。

智能设计论声名卓著的倡导者包括菲利浦·约翰逊（Philip E. Johnson）、迈克尔·贝希（Michael J. Behe）、威廉·邓勃斯基（William A. Dembski）等人。约翰逊是个法学教授，他从法学家的立场撰写了《审判达尔文》（*Darwin on Trial*, 1991）一书，并积极投身于宏观意义的智能设计论运动之中。贝希是一位生物化学教授，他曾获得化学方面的理学学士学位，研究生阶段专攻生物化学，并以研究镰形细胞疾病的论文获得博士学位，后又做过研究 DNA 结构的博士后工作。他以自己所看到的细胞的"无法简化的复杂性"来证明智能设计论的合理性。邓勃斯基在不同学习阶段分别获得了心理学、统计学、哲学、数学、神学学位，毕业后又分别做过数学、物理学、计算机科学的博

---

① [美] 斯蒂芬·马特森：《对智慧设计的科学批判与宗教批判》，《科学与宗教：二十一世纪的对话——英美四名家复旦演讲集》，第 159 页。
② 下文若无特别说明，所出现的"智能设计论"概念均指狭义的用法。

士后研究，这些教育背景使得他有能力跨学科地引入概率思想、用"特定复杂性"概念来证明智能设计论。鉴于狭义的智能设计论才是我们的关注点，我们围绕贝希和邓勃斯基的论辩展现智能设计论的相关争论。

贝希的智能设计论根据生物化学（biochemistry）的当代进展，尝试论证：从分子和细胞层次上看，达尔文的进化论无法合理解释生命体"无法简化的复杂性"（irreducibly complex），而其替代者智能设计论则能够出色地解释这一点，两相对比之下，用后者取代前者是个明智的选择。

"无法简化的复杂系统"（an irreducibly complex system）是贝希的核心概念，他把这个概念定义为："一个由多种匹配的、相互影响的部分构成的单一系统，这些部分促成了基本功能，除去其中任何一个都会导致这个系统无法有效运行。"① 贝希用家用捕鼠器为例说明这样的系统：这个捕鼠器至少要包括平木基座、金属锤、弹簧、感应器、金属棒等构成部分，这些部分按照机械原理精密协作、同时发挥作用，任何一部分缺失或失灵都会导致这个系统不能正常工作。② 借助这个例子，他把"无法简化的复杂系统"的特征概括为两个方面：第一，由多个部分构成，每个部分都为该系统的正常运行作出贡献；第二，对于该系统的正常运行来说，每个构成部分都必不可少。在细胞层次上，他又以细菌的鞭毛为例说明这一点：细菌的鞭毛至少包括三个部分，即，推进器、转子以及马达（其实际构造要复杂得多），这些部分协同发挥作用使得它能够根据船桨机制游动，这些部分构成了一个无法简化的复杂系统。③

为了反对达尔文进化论，贝希提出了两种论辩思路："比较论证"和"自否论证"。就"比较论证"，贝希指出，人类制造滑板、玩具四轮马车、自行车、摩托车等日常经验告诉我们，"人能够设计无法简化的复杂系统"，然而，具有无法简化的复杂性的系统不能按照达尔文进化论的模式从先前的系统经过细微、连续的变异而直接产生，理由在于："自然选择只能选择那些已经起

---

① Michael J. Behe, *Darwin's Black Box*, 10th Anniversary Edition, New York · London · Toronto · Sydney: Free Press, 2006, p. 39.
② See, Michael J. Behe, *Darwin's Black Box*, pp. 42–43.
③ See, Michael J. Behe, *Darwin's Black Box*, pp. 69–72.

作用的系统，但如果一个生物系统不能逐渐产生，那么，它只能作为一个完整的整体一下子全部出现，这样自然选择才能对之起作用。"① 这个判断暗示，贝希认为达尔文进化论坚持"逐渐生成"的观点，即，生物系统是在漫长的历史过程中经过不断演变逐渐成为现在的样子。实际上，贝希曾强调，达尔文进化论的核心观点是"作用于随机变异的自然选择"（natural selection working on random variation），根据这种观点，物种的多样性是随机变异的结果，那些在生存斗争中具有优势的物种最终击败其他物种获得生存、繁衍，"如果这种变异得到遗传，那么，这些物种的特征将会随时间而改变；经过足够长的时间，就会产生足够多的变化"②。因此，完整地看，贝希认为达尔文进化论包含几个重要侧面：随机变异、自然选择、适者生存、逐渐生成（即，物种特征的变化通过遗传的方式在足够长的时间段中缓慢实现）等。根据这种认识，贝希坚持，在达尔文进化论模式下，生物系统是根据生存需要、在随机变异的自然选择的推动下经历漫长历史过程一点一点实现的，这与"作为一个完整的整体一下子全部出现"的要求差异明显，因此，在解释力上，理智设计论比达尔文进化论更为可取。就此，他写道："……我认为，与达尔文式的进化相比，对于在细胞中发现的不可简化的复杂的分子机制的一个更有竞争力的解释是，它们实际上是出于设计……由一个理智的行动主体有目的地设计出来的。"③

贝希"自否论证"的基本思路是：进化论经不起达尔文自己标准的检验，因此，被达尔文自己否定了。贝希指出，达尔文其实提到过衡量其理论成功与否的标准："如果能证明存在着任何不能由大量连续、细微的突变而形成的复杂器官，我的理论就彻底失败了。"④ 鉴于家用捕鼠器、细菌的鞭毛等"无法简化的复杂系统"都构成了达尔文进化论的反例，可以说，当代科学的进

---

① Michael J. Behe, *Darwin's Black Box*, p. 39.
② Michael J. Behe, *Darwin's Black Box*, p. 4.
③ Michael Behe, The Modern Intelligent Design Hypothesis: Breaking Rules, in Neil A. Manson, *God and Design: The Teleological Argument and Modern Science*, p. 280.
④ Charles Darwin, *The Origin of Species*, Bantam Books, 1999, p. 154, cf., Michael Behe, The Modern Intelligent Design Hypothesis: Breaking Rules, in Neil A. Manson, *God and Design: The Teleological Argument and Modern Science*, p. 278.

展已经为否定达尔文提供了足够的工具。

基于"比较论证"和"自否论证",贝希满怀信心地宣称他所倡导的智能设计论是科学史上最伟大的成就之一:"研究细胞——在分子层次上研究生命——的这些不断努力的结果是'设计!'的洪亮、清晰尖锐的呼喊。这个结果如此清楚、如此重要,一定会被列入科学史上最伟大的成就之一。这个发现可与牛顿和爱因斯坦、拉瓦锡和薛定谔、巴斯德以及达尔文的发现相媲美。"① 在科学史而非哲学史的视野中评判智能设计论的地位体现了贝希讨论这一问题的落脚点是科学而非哲学。实际上,在科学领域内讨论智能设计论是贝希的一贯坚持,他强调他的理论仅限于"设计"自身,并不是涉及上帝的存在,这使得他的理论能够甩掉佩利式设计论证在应对恶的问题以及说明上帝的性质等方面的历史负担。在此意义上,他称自己的理智设计论实际上是个"科学的论证"而非哲学的或神学的论证,它仅"批判地依赖于在自然中发现的物理证据",因此,"它是常识性的,仅宣称,在我们当前所获得信息的条件下,目前看来它是最佳解释"②。换句话说,贝希提示,他的理论是个科学论证,对它的任何批评都应仅在这个层次上提出,超出此范围的那些哲学、神学论辩都是偏离主题的。贝希提到,他阐发智能设计论的论著《达尔文的黑箱:对进化论的生物化学挑战》引起广泛反响,到该书出版5年后的2001年,《纽约时报》《华尔街日报》《华盛顿邮报》等主流媒体以及100多个综合或学术期刊都发表过书评或讨论,而且该书得到1398个图书馆收藏。③ 诚如此处所提到的,针对贝希智能设计论的评论范围广泛,鉴于贝希"在科学领域内讨论问题"的限定,接下来,我们仅从科学证据与科学研究方法两个方面审视针对其理论的批评。

就科学证据来说,贝希的对手大部分都是专攻生命科学的科学家,他们根据专业研究的"事实"向贝希提供大量挑战,我们可将之分为针对具体事

---

① Michael J. Behe, *Darwin's Black Box*, pp. 232 – 233.
② Michael Behe, The Modern Intelligent Design Hypothesis: Breaking Rules, in Neil A. Manson, *God and Design: The Teleological Argument and Modern Science*, p. 277.
③ See, Michael J. Behe, Thinking outside Darwin's Box, in *American Libraries*, May, 2001, Vol. 32, No. 5 (May, 2001), p. 42.

实与针对普遍原则两类。针对具体事实的挑战指责贝希对家用捕鼠器、细菌鞭毛的理解有违生活常识和科学证据。贝希举例称,由五个不可或缺的部分构成的家用捕鼠器是"无法简化的复杂系统"的例子,但有科学家指出,实际上家用捕鼠器可由三部分、两部分甚或一部分构成,依然可以有效发挥作用。① 因此贝希的这个例子有违生活常识。如果家用捕鼠器例子仅是个出于生活常识的问题无伤大雅,那么,对细菌鞭毛的科学质疑则有力得多。首先,科学家们指出,细菌鞭毛并非全部都具有无法简化的复杂性:有科学家发现,原始细菌的鞭毛与一种被称为IV类菌毛蛋白的一群细胞表面蛋白密切相关,但这些蛋白与运动毫无关系;鳗鱼的精子鞭毛缺失了三个重要部分依然不影响其正常功能;贝希用作证据的真菌鞭毛也出现了例外,科学家发现真菌鞭毛与III型分泌器密切相关,来自真菌鞭毛的10个蛋白缺失了超过40个部分,但在III型分泌器中它们依然能够完满地发挥作用。② 其次,科学家们通过实验证据针对贝希的"具有无法简化的复杂系统不能按照达尔文进化论的模式经过漫长的历史过程直接产生"这一论断提出针锋相对的反例。比如,有科学家在1998年绘制了一个复杂的、由多个部分构成的细胞色素C氧化酶质子泵的进化树,这个进化树把它的进化路径清楚揭示出来,这表明它确实是按照进化论模式直接产生的。③ 最后,有科学家发现构成推进器的鞭毛蛋白会自动组装,即,如果把一些这样的蛋白混合在一起,它们会自动聚合形成浆状物,这表明这些蛋白已经实现了进化。④ 综合看来,自1996年贝希著作发表以来,生物科学的新进展可以提供大量类似支持进化论、反对智能设计论的具体例子。

如果说捕鼠器和细菌鞭毛的构造属于"具体事实"层次的问题,那么,

---

① Kenneth R. Miller, Ansering the Biochemical Argument from Design, in Neil A. Manson (ed.), *God and Design: The Teleological Argument and Modern Science*, p. 302.

② See, Kenneth R. Miller, Ansering the Biochemical Argument from Design, in Neil A. Manson (ed.), *God and Design: The Teleological Argument and Modern Science*, pp. 297 - 299.

③ See, Kenneth R. Miller, Ansering the Biochemical Argument from Design, in Neil A. Manson (ed.), *God and Design: The Teleological Argument and Modern Science*, p. 295.

④ See, David Ussery, Darwin's Transparent Box: The Biochemical Evidence for Evolution, in Matt Young and Taner Edis (eds.), *Why Intelligent Design Fails: A Scientific Critique of the New Creationism*, New Brunswick, New Jersey and London: Rutgers University Press, 2004, p. 51.

"无法简化的复杂系统"则是贝希的普遍原则,这个原则也是科学家们质疑的矛头所向。一方面,有科学家指出,作为一个"科学的"假设,这条普遍原则应该具有预测性,其中最重要的预测是,不可简化的复杂结构的构成部分不能具有为自然选择所青睐的功能,但基于科学证据,贝希的细菌鞭毛例子中"包含着具有选择功能的个体部分",这意味着"不可简化的复杂系统"这个假设是错误的。[1] 另一方面,有科学家认为,上述假设的一些基本要求根本无法说清楚。首先,无法说清楚这样一个系统到底应该包含多少部分才可称得上是"不可简化的",就鞭毛蛋白来说,大肠杆菌有44条鞭毛蛋白,而空肠弯曲杆菌只有27条,由于细菌鞭毛的类型复杂,很难给出确切数字。[2] 实际上,这一点连贝希自己都无法确定,他称"除了已经讨论过的蛋白之外,细菌鞭毛还需要大概40个其他蛋白才能发挥功能"[3]。其次,无法说清楚这样一个系统所包含的部分的种类,贝希称细菌鞭毛至少应包括推进器、转子以及马达才能正常运行,相应地,细菌鞭毛蛋白至少应包括构成这三种功能的蛋白,但有科学文献指出细菌鞭毛蛋白构成包括六个功能性概念:调节蛋白、聚合蛋白、鞭毛的构造成分、负责未知功能的鞭毛蛋白、感受传导蛋白、化学感应蛋白等。[4] 尽管贝希强调"至少应包括",但与蛋白"功能"本身的失察也体现了其理论的模糊性。根据科学研究的常识,如果一个假设在关键数据上模棱两可,并且在预测性上也不尽如人意,那么这个假设就很难称得上能有多少可信性,因而,无法成为与之相互竞争的理论的有力对手。

就科学研究方法来说,有科学家认为,智能设计论者有个严重的理论漏洞,即,它根据否定推理,诉诸不可知性来反驳达尔文进化论:"ID 的倡导者所提出的所有科学结论在本性上都具有否定性命题的性质,换言之,他们几乎把注意力全部都集中于那些关于'某种情况不可能发生'的断言之

---

[1] See, Kenneth R. Miller, Ansering the Biochemical Argument from Design, in Neil A. Manson (ed.), *God and Design: The Teleological Argument and Modern Science*, pp. 299–301.

[2] See, David Ussery, Darwin's Transparent Box: The Biochemical Evidence for Evolution, in Matt Young and Taner Edis (eds.), *Why Intelligent Design Fails: A Scientific Critique of the New Creationism*, p. 50.

[3] Michael J. Behe, *Darwin's Black Box*, p. 72.

[4] See, David Ussery, Darwin's Transparent Box: The Biochemical Evidence for Evolution, in Matt Young and Taner Edis, eds., *Why Intelligent Design Fails: A Scientific Critique of the New Creationism*, p. 51.

上……毋宁说，ID 的漏洞其实是出现在构建论证的过程中：这帮家伙常常立足于那些科学目前不知道或目前不可能发生的事情。在我看来，那个关于不可被还原的复杂性的论证，其实就是一个立足于无知的论证……"① 这个批评指责贝希把进化论当前尚未解释的内容等同为不可能解释的内容，这与提出假说—不断验证—进一步修正—解释力提升这样的常规科学研究模式不相符。进一步说，如果人们把此处的"否定推理"应用到智能设计论，它也必定会面临达尔文进化论同样的困难，如果智能设计论也是个科学假设的话。

上述来自科学证据的批评和来自科学研究方法的批评显然向贝希提出了严肃挑战。我们知道，贝希"比较论证"的落脚点是达尔文进化论在说明"无法简化的复杂系统"方面的无力，贝希在说明这种无力到底体现在哪些方面时也确实用了模糊的词汇，如，他声称"我们有个系统，这个系统看起来非常不可能是通过'大量、连续、细微变异'的方式得以产生的"②，仅靠"看起来非常不可能"这样的强调显然不足以回应这些挑战。因此，我们有必要简要看一下贝希基于科学研究"认真地"回应这些批评的大致思路。

在"无法简化的复杂性：达尔文进化论的障碍"一文中，贝希回应了前述针对具体事实的"有违生活常识"和"有违科学证据"的批评。针对有批评者指出的，捕鼠器可以有更少构成部分的"生活常识"，贝希称承认捕鼠器确实可以有不同的制造方式，但这并非他用捕鼠器例子所强调的要点，其要点在于"一个具体的捕鼠器能否在没有理智干预的情况下，从一个简单的起点，通过'大量、连续、细微变异'的方式被造出来"③。贝希坚持，答案显然是否定的，因此，"有违生活常识"的批评并没有切中其论证的要点。针对有科学家对鞭毛缺失一些部分仍不影响其功能的批评，贝希用提供相反的观察予以回答："然而，正如我所论辩的，减去那些鞭毛的一些部分确实破坏了

---

① [美] 斯蒂芬·马特森：《对智慧设计的科学批判与宗教批判》，《科学与宗教：二十一世纪的对话——英美四名家复旦演讲集》，第 174 页。
② Michael Behe, The Modern Intelligent Design Hypothesis: Breaking Rules, in Neil A. Manson, *God and Design: The Teleological Argument and Modern Science*, p. 279.
③ Michael J. Behe, Irreducible Complexity: Obstacle to Darwinian Evolution, in William A. Dembski and Michael Ruse (eds.), *Debating Design: From Darwin to DNA*, Cambridge: Cambridge University Press, 2006, pp. 365–366.

这个系统作为旋转推进机器的活动能力。"① 类似的反例还有：敲掉血液的凝血成分的不同基因会导致不同疾病，如，缺失血浆酶原会导致血栓；缺失凝血因子会导致失血；缺失凝血素也会导致失血等。② 基于这些反批评，贝希坚持他所阐释的"不可简化的复杂性"依然在事实上成立，并且生物学的新进展进一步证明了这一点。综合上述讨论，我们可以这样来概括贝希回应这些批评的基本思路：同样基于科学证据说明批评者在解释相关现象上的失败，因此他们的批评对其智能设计论并没有颠覆性的力量，相反，这些证据恰恰揭示了不可简化的复杂性给达尔文主义设置的障碍。由于坚信科学的证据支持智能设计论，贝希期望在 21 世纪科学能够证实并拓展这个理论："科学在 20 世纪的进展把我们引向设计假设。我希望在 21 世纪的进展能够证实并拓展它。"③

接下来我们来看另一个版本的智能设计论：邓勃斯基基于"特定的复杂性"构造的理智设计论。威廉·邓勃斯基是智能设计论的另一位著名倡导者，他把智能设计论理解为"研究智能之标志的科学"④。与贝希类似，邓勃斯基也坚持智能设计论是个与宗教无关的严格的科学问题，他称智能设计论的论辩提供了"严格的科学证明"、是个"科学推理，而不是个哲学的迷梦"。⑤ 在论辩思路上，他尝试把智能设计论处理为一个与达尔文进化论相竞争的科学理论，他也力图表明有些复杂的现象是单凭进化论无法说明的，因此，智能设计论不可或缺。

邓勃斯基立论的根据是"特定的复杂性"（specified complexity）概念。邓勃斯基指出，这个概念并非他的独创，莱斯利·奥格尔（Leslie Orgel）曾

---

① Michael J. Behe, Irreducible Complexity: Obstacle to Darwinian Evolution, in William A. Dembski and Michael Ruse (eds.), *Debating Design: From Darwin to DNA*, p. 360.
② Michael J. Behe, Irreducible Complexity: Obstacle to Darwinian Evolution, in William A. Dembski and Michael Ruse (eds.), *Debating Design: From Darwin to DNA*, p. 363.
③ Michael J. Behe, Irreducible Complexity: Obstacle to Darwinian Evolution, in William A. Dembski and Michael Ruse (eds.), *Debating Design: From Darwin to DNA*, p. 368.
④ William A. Dembski, *The Design Revolution: Answering The Toughest Questions About Intelligent Design*, InterVarsity Press, 2004, p. 33.
⑤ William A. Dembski, *Intelligent Design: The Bridge between Science & Thology*, InterVarsity Press, 1999, p. 223.

称"有生命的有机体因其特定的复杂性而与众不同";保罗·戴维斯也提到过"有生命的有机体的神奇不在于其本身的复杂性,而在于其严格的特定的复杂性"。[1] 根据奥格尔和戴维斯的用法,此处所谓"特定的"是对有生命的有机体来说的,因此,"特定的复杂性"即,有生命的有机体所展示出来的复杂性。邓勃斯基沿用奥格尔和戴维斯的"特定的复杂性"概念,并从五个要素对之进行细致刻画:第一,用于事件的概率复杂性(a probabilistic version of complexity),这种复杂性与事件发生的概率成反比。例如,一个组合锁,其打开的方式越复杂,碰巧被打开的概率就越小。第二,独立于条件的样本。例如,一个弓箭手练习射箭,如果我们等他的箭射出后再围绕箭的落点圈定目标,那么这个样本就不是独立于箭的轨迹的,相反,如果事先圈定目标,弓箭手再射中目标,这个样本就是独立于条件的。第三,概率资源(probabilistic resources),指一个事件发生或特定化之机会的数字,它包括两种形式,即,复制的(replicational)和特定的(specificational)。例如,墙上有 N 个目标,箭袋中有 M 支箭,一支箭碰巧射中 N 个目标中的一个的概率是 Np,M 支箭中至少有一个射中 N 个目标中的一个的概率是 MNp,这种情况下,复制资源的数目等于 M,特定资源等于 N,概率资源的总数等于 M 和 N 的乘积。第四,适用于样本的特定复杂性。特定性的复杂程度决定了特定资源的数量,样本越复杂,所包括的特定资源越多。第五,宇宙的概率界限(universal Probability Bound)。即,由于在宇宙史上特定事件的总数不能超过 10^{150},$1/10^{150}$ 这个概率就是宇宙的概率界限。[2] 邓勃斯基把这个经过限定的概念用作探查设计的标准,即,"复杂性—特定性标准"(the complexity-specification criterion),我们来看他是如何基于此标准为智能设计论提供论证的。

邓勃斯基把达尔文式进化论概括为包括自然选择、随机变异以及盲目的物质机制(这种机制与理智无关)的理论,这种理论认为理智程序不是进化

---

[1] 莱斯利·奥格尔的观点出自他出版于 1973 年的《生命的起源》一书,保罗·戴维斯的观点出自发表于 1999 年的《第五个神迹》一书,See, William A. Dembski, The Logical Underpinnings of Intelligent Design, in William A. Dembski and Michael Ruse (eds.), *Debating Design: From Darwin to DNA*, p. 315.

[2] William A. Dembski, The Logical Underpinnings of Intelligent Design, in William A. Dembski and Michael Ruse (eds.), *Debating Design: From Darwin to DNA*, pp. 316–318.

生物学的恰当部分；他把智能设计论概括为这样的理论：生物复杂性不排除物质机制的结果，但也要求不可还原为这种机制的智能参与其中。因此，两种理论的争议点在于，理智在生物复杂性的出现中是否起到不可或缺的作用。邓勃斯基以贝希讨论过的细菌鞭毛为例来说明自己的论辩，他称"细菌鞭毛是我们表明特定复杂性（因此表明设计）的最好证据"，并强调根据当前证据"科学界有责任——至少暂时地——承认细菌鞭毛能够是设计的产物"。[①] 他的基本论证策略是，就产生细菌鞭毛这样的特定复杂性的东西来说，进化论（他称为物质的机制）能够解释部分功能，但它无法排除设计解释的可能性，按照排除归纳法（eliminative induction），既然无法排除就需要接受其合理性。更概括地说，他的思路是：在解释具体案例上，智能设计论无法被排除，因此，必须接受智能设计论的合理性，而"复杂性—特定性标准"是证明智能设计论不能被排除的重要理由。邓勃斯基注意到，作为归纳推理的一种，排除归纳法显然是可错的，但他为进化论排除理智设计论提出了非常严苛的标准："如果进化生物学家能够发现或构造详细的、可检验的、间接的达尔文式途径来解释复杂的生物系统，如细菌鞭毛，那么，设计论才会无可置疑地失败。"[②] 表面上看，邓勃斯基尝试从弱势一方的视角，为智能设计论提供一个非常弱的论辩，仅要求进化论者不能在没有充分证据的条件下，先天地排除智能设计论的可能性，但上述严苛标准却令他难以摆脱"双重标准"的嫌疑。正如邓勃斯基观察到的，进化论者并不是这么看问题，他们要求智能设计论提供详尽、确切的解释："根据进化生物学，智能设计论只有一条成功途径，即，表明复杂的特定生物结构不能通过物质机制进化出来。"[③] 邓勃斯基并没有提供出这样的解释，因此，他为智能设计论提供的辩护并不十分有力。我们从事实和理论两个层次来审视邓勃斯基的批评者的意见。

生物学家斯蒂芬·马特森从生物学的"事实层面"认为邓勃斯基的观点

[①] William A. Dembski, The Logical Underpinnings of Intelligent Design, in William A. Dembski and Michael Ruse (eds.), *Debating Design: From Darwin to DNA*, p. 326.

[②] William A. Dembski, The Logical Underpinnings of Intelligent Design, in William A. Dembski and Michael Ruse (eds.), *Debating Design: From Darwin to DNA*, p. 329.

[③] William A. Dembski, The Logical Underpinnings of Intelligent Design, in William A. Dembski and Michael Ruse (eds.), *Debating Design: From Darwin to DNA*, p. 329.

是"不可信的"。首先，他指出，实验已经证明具有特定复杂性的东西确实能够通过进化论的方式出现："近来的著作已经通过由数字化有机体模型完成的模拟，证明了这种复杂性是如何经过随机突变和自然选择出现的。"① 其次，他认为邓勃斯基的核心论证没有完整理解达尔文进化论的机制，忽视了自然选择的非盲目性，因而把论辩的重点放在"特定复杂性出现的概率"问题上是偏离主题的："……像邓勃斯基这样大谈'特定复杂性出现的概率如何之低'根本就是文不对题，因为进化过程不仅牵涉到变异，而且还牵涉自然选择——很明显，自然选择……在下述意义上是被引导的：生物的性状会根据'功能性功用'的要求而被加以选择。"② 综合这两个观察，马特森认为邓勃斯基和智能设计论的其他倡导者一样，都低估了基因变异和自然选择在生物变化中展现出来的"巨大力量"。马特森的这个观点意味着，邓勃斯基及其同侪是在忽略达尔文进化论在推动物种进化中的真实效果这样的科学事实的前提下，一厢情愿地假定其解释力有限，因为无法排除智能设计论。

马特森承认自己作为一个生物学家，没有足够的专业储备来处理邓勃斯基的"特定的复杂性"概念所涉及的技术侧面。但杰弗里·海利特（Jeffrey Shallit）和韦斯利·艾尔斯伯里（Wesley Elsberry）则正是针对此概念的"技术性"侧面展开批评。他们指出，邓勃斯基经过精心刻画的"特定的复杂性"是个统计学概念，作为一位数学家，邓勃斯基的工作应该是严谨的，但他们发现邓勃斯基的"特定的复杂性"概念和"概率"概念都存在着严重的问题。就前者说，海利特和艾尔斯伯里把邓勃斯基的"特定的复杂性"概括如下：我们见证了一个物理事件 E，把 E 指派给可能事件的类 N，随后努力发现 E 所符合的样本 T，如果 T 是恰当地独立于 E 的，那么就成 E 是特定的。然后就算从 N 中随机挑出来的事件会符合 T 的概率，如果这个概率小于或等于 2^{-k}，则称，E 至少有 k 这么多的特定复杂性。③ 根据这种"特定的复杂性"

---

① ［美］斯蒂芬·马特森：《对智慧设计的科学批判与宗教批判》，《科学与宗教：二十一世纪的对话——英美四名家复旦演讲集》，第 171 页。
② ［美］斯蒂芬·马特森：《对智慧设计的科学批判与宗教批判》，《科学与宗教：二十一世纪的对话——英美四名家复旦演讲集》，第 171 页。
③ Jeffrey Shallit and Wesley Elsberry, Playing Games with Probability: Dembski's Complex Specified Information, in William A. Dembski and Michael Ruse (eds.), *Debating Design: From Darwin to DNA*, p. 129.

概念，邓勃斯基称，是理智设计论而非随机选择或自然原因提高了事件 E 的复杂程度。海利特和艾尔斯伯里指出，邓勃斯基的问题出在他对"E 的复杂性到底需要达到什么程度"上前后不一，有时称很低就行，有时又要求很高。① 就后者说，海利特和艾尔斯伯里指责邓勃斯基对概率的理解犯了他指派概率的方法不一致的错误，即，给予有人参与而生成的事件和无人参与而生成的事件以不同的标准，标准的随意性使得邓勃斯基几乎是全凭自己的喜好赞成或反对设计。② 此外，海利特和艾尔斯伯里还指出邓勃斯基作品中存在的不少其他技术性错误。这些问题导致他们认为邓勃斯基的"特定的复杂性"概念根本不是区分设计对象与非设计对象的有效方法，因此邓勃斯基的论辩不成立。进一步说，他们开始质疑邓勃斯基的数学家头衔以及他的智能设计论是否真正的科学，他们认为邓勃斯基的"特定性"与雷恩·布隆德洛（René Blondlot）的 N 射线等其他伪科学非常相似。

马特森以及海利特和艾尔斯伯里对邓勃斯基的质疑再一次提示我们，智能设计论在科学领域内的争论非常激烈，双方观点也很激进。如果智能设计论确实是个科学问题，这些争论完全可以在可检验性、可重复性等公认的科学检验标准下得到准确的判定。然而，事情似乎并不是如此简单，一些重要的、悬而未决的问题提醒我们更为周密地思考是必不可少的：智能设计论真的像贝希和邓勃斯基认为的那样纯粹是个科学假说，与哲学、宗教无关吗？智能设计论果真是个与传统设计论证明本质上不同的理论吗？倘若如此，我们还有必要在讨论设计论证明的篇章中给它一席之地吗？显然，这些问题已经超出了科学的界限，我们有必要听听哲学家的声音。

哲学家罗伯特·奥康纳（Robert O'Connor）给前两个问题提供了明确的否定回答，他认为，智能设计论之于以佩利、斯温伯恩的论辩为代表的传统设计论实际上只是旧酒装在新酒囊中，因为智能设计论和传统设计论证明一样都依赖于一个共同的哲学前提，即，这些论证得以成立的一些关键信息"必

---

① Jeffrey Shallit and Wesley Elsberry, Playing Games with Probability: Dembski's Complex Specified Information, in William A. Dembski and Michael Ruse (eds.), *Debating Design: From Darwin to DNA*, p. 129.
② Jeffrey Shallit and Wesley Elsberry, Playing Games with Probability: Dembski's Complex Specified Information, in William A. Dembski and Michael Ruse (eds.), *Debating Design: From Darwin to DNA*, p. 130.

定最终来自一个外在于自然系统本身的源头",就贝希和邓勃斯基的论辩来说,他们的"复杂的与特定的信息必定源于自然系统之外的某处"①。奥康纳得出上述判断的论辩过程包括三步。第一,他作出"局部设计论证"(local design argumens, LDA)与"普遍设计论证"(global design argument, GDA)之分,由于智能设计论聚焦于分子机制、DNA 序列等特定的局部现象,因而它属于"局部设计论证";而与之对应的关注生命在宇宙中的出现等普遍问题的论证则属于"普遍设计论证"。第二,他指出,接受某些关键信息来自自然系统之外是"普遍设计论证"以及传统设计论证明的核心假定。第三,证明"局部设计论证"也接受这个假定。他以邓勃斯基的"复杂特定信息"(complex specified information, CSI)为例证明这一点:邓勃斯基在定义他的"信息保存规律"(Law of Conservation of Information)时承认 CSI 来自自然系统之外:"(1)在一个封闭的自然因果系统中的 CSI 保持恒定或减少。(2)CSI 不能自发生成、内在发生或组织自身……(3)在一个封闭的自然因果系统中的 CSI 或者永恒地存在于该系统中,或者在某个时间点被外在地加入其中的(这意味着,这个系统尽管现在是封闭的,但并非总是封闭的)。(4)特别地,封闭的自然因果系统的持续时间是有穷的,任何这样的系统都在它成为封闭系统之前接受它所包含的那种 CSI。"②

奥康纳的观点和论辩代表哲学家的一种比较普遍的看法:尽管贝希、邓勃斯基等智能设计论的倡导者竭力与传统设计论证明撇清关系,但如果考察他们的论证所预设的前提以及所运用的策略就不难发现他们在论辩的层次上还是无法与传统设计论划清界限的,他们的新贡献仅在基于当代科学的新进展所提供的新证据上。

---

① Robert O'Connor, The Design Inference: Old wine in new wineskins, in Neil A. Manson, ed., *God and Design: The Teleological Argument and Modern Science*, pp. 76–77.
② William A. Dembski, *Intelligent Design: The Bridge between Science & Thology*, InterVarsity Press, 1999, p. 170, Cf., Robert O'Connor, The Design Inference: Old wine in new wineskins, in Neil A. Manson, ed., *God and Design: The Teleological Argument and Modern Science*, p. 73.

第四章 恶的问题

"恶的问题"（the problem of evil）是当代自然神学研究的另一个热点，一般地说，它是指这样一个哲学问题："各种坏事"（bad things）存在的事实挑战了上帝存在的断言。人们常援引"伊壁鸠鲁之谜"来概括这种论辩的基本形式："是他愿意避免恶但不能够吗？那么他就不是全能的。是他能够而又不愿意吗？那么他就是坏心肠的。他既能够又愿意吗？那么，恶从何来？"[①] 显然，这种论辩试图以存在着恶这样的事实与上帝属性之间的冲突来表明上帝是不存在的。

恶的问题同样拥有悠久的历史。柏拉图在《理想国》中就提到神不应为恶的事情负责："既然神是善的，他不就是——像很多人宣称的那样——发生在人身上一切事情的原因，而只是一些事情的原因，因为，在我们的生活中好事情比坏事情少。他只对好事情负责，我们必须为坏事情寻找其他原因，其原因不是神。"[②] 中世纪哲学的教父时代，奥古斯丁对恶的问题进行了大量讨论，提出恶不是实体："至于恶，我探究其根源，并不是实体；因为如果是实体，则是善……"[③] 以及人的贪欲是恶性的原因："显然，唯有贪欲才是一

[①] 这是休谟在《自然宗教对话录》第十章重述的版本，休谟称之为"伊壁鸠鲁的老问题"。See, David Hume, *Dialogues Concerning Natural Religion and Other Writings*, Dorothy Coleman (ed.), Cambridge: Cambridge University Press, 2007, p. 74.

[②] Plato, *Complete Works*, edited with an Introduction and Notes by John M. Cooper, Hackett Publishing Company, 1997, p. 1018, 379c, cf., Michael W. Hickson, A Brief History of Problems of Evil, in Justin P. McBrayer and Baniel Howard-Snyder (eds.), *The Blackwell Company to the Problem of Evil*, West Sussex: John Wiley & Sons Ltd., 2013, p. 4.

[③] ［古罗马］奥古斯丁：《忏悔录》（第七卷第十二章），参见赵敦华、傅乐安主编《中世纪哲学》（上卷），吴天岳校，商务印书馆2013年版，第223页。

切罪恶行为的总根源"①等观点。经院哲学时代,阿奎那在《神学大全》一书中讨论上帝存在的章节中提到了一个明确的由恶的现象反对上帝存在的论证:"上帝似乎不存在,因为,如果两个相反之物中的一个是无限的,另一个就会被完全消灭。但'上帝'一词意味着他是无限良善的。因此,如果上帝存在,恶就不会被发现,但世界上存在着恶,所以,上帝不存在。"② 恶的问题同样是近代哲学家广泛关注的话题之一,笛卡尔、莱布尼茨、休谟等都就此问题提出过经典论辩。其中,笛卡尔把良善的上帝不会欺骗我们作为理智可靠性的最终根据;莱布尼茨针对把恶归咎于上帝的论调,提出恶源于受造物的不完善,"这些恶反而会产生一个更高的善"③ 的神义论思想;休谟列举了人生的悲惨、人类的不幸、人性的普遍腐化以及弱肉强食、疾病等痛苦和邪恶现象,提出了与伊壁鸠鲁类似的质问:"为什么这个世界上要有痛苦呢?……它是由于神的主意吗?但他是完全仁慈的。它是违反了神的主意而来的吗?但他是全能的。"④ 上述大致线索表明,在西方哲学发展的各个重要阶段,恶的问题都得到了最卓越的哲学家们的关注,是哲学史上最引人注目的问题之一。

围绕恶的问题的当代论辩从对该问题的当代构造以及对之的回应两方面展开。就第一方面来说,范·英瓦根指出,从当代视野看,无法为"恶的问题"提供定义,因为这个概念所表达的其实是大量密切相关但又有重要差别的问题的汇集,即,由诸多问题构成的家族。⑤ 与范·英瓦根把"恶的问题"的家族划分为"理论的"(theoretical)与"实践的"(practical)两个分支相较,更常见的则是将之划分为"恶的逻辑问题"(the logical problem of evil)与"恶的证据问题"(the evidential problem of evil),前者从上帝的存在与已

---

① [古罗马]奥古斯丁:《论自由决断》(第一卷第三章),参见《中世纪哲学》(上卷),第295页。
② St. Thomas Aquinas, *Summa Theologica*, Vol. I, Q. 2, Art. 3, obj. 1.
③ [德]莱布尼茨:《神义论:为有神论辩护》,莫伟民译,参见胡景钟、张庆熊主编《西方宗教哲学文选》,上海人民出版社2002年版,第187页。
④ [英]休谟:《自然宗教对话录》,陈修斋、曹棉之译,郑之骧校,商务印书馆1989年版,第71页。
⑤ See, Peter van Inwagen, *The Problem of Evil*, Oxford: Clarendon Press, 2006, p. 4.

知的某些关于恶的事实不兼容这个前提展开的论辩，后者则仅仅在由恶的事实而反驳上帝之存在。就第二个方面来说，回应恶的问题的思路有三种，即，"神义论"（theodicy）、"怀疑论的有神论"（skeptical theism）以及"辩护"（defence）。三者都尝试提供一些理由以为上帝允许恶提供核证，但其区别在于强度和论证策略。神义论的目标是"尝试告诉我们上帝为什么允许恶"，辩护的目标最多只在于"说明上帝的理由可能是什么"；① 而怀疑论的有神论则致力于表明，人的理解不足以发现上帝允许恶的理由。当代神义论的主要进路包括主张恶是出于上帝之外的行动主体之自由选择的"自由意志神义论"（the free will theodicy）、主张上帝出于建造灵魂以及引导德性之目的而允许恶的"灵魂建造神义论"（the soul-building theodicy）以及上帝将恶作为惩罚罪之手段而允许其发生的"惩罚神义论"（the punishment theodicy）。② 根据所怀疑对象的不同，怀疑论的有神论包括认知原则进路、普遍的认知局限进路、宽泛的模态/道德怀疑论进路以及聚焦的模态/道德怀疑论进路等四种。辩护的杰出代表则是普兰丁格构造的自由意志辩护和范·英瓦根对之的拓展——扩展的自由意志辩护。

本着广度与深度相结合的原则，本章第一节从"恶的逻辑问题"与"恶的证据问题"两个方面展现恶的问题的当代形式；第二节和第三节分别聚焦回应恶的问题的两个思路：怀疑论的有神论以及扩展的自由意志辩护。

第一节　恶的逻辑问题与恶的证据问题

"恶的逻辑问题"以上帝的存在与恶的存在之间存在着逻辑冲突为由否认上帝的存在；"恶的证据问题"把广泛存在的恶的实例作为上帝不存在的经验证据。我们围绕麦基对"恶的逻辑问题"的当代重构与普兰丁格对之的回应来讨论前者；聚焦威廉·罗所构造的三个版本的"恶的证据问题"以及这些版本所面临的批评来讨论后者。

---

① Alvin Plantinga, *God, Freedom and Evil*, p. 28.
② See, Derk Pereboom, The Problem of Evil, in *The Blackwell Guid to the Philosophy of Religion*, William E. Mann（ed.）, p. 148.

"伊壁鸠鲁之谜"是"恶的逻辑问题"的最早论述，它仅通过说明上帝的属性与恶存在之间的逻辑疑难来质疑上帝存在的可信性，并没有把精力放在旁征博引恶存在的各种证据上。麦基是恶的逻辑问题的当代阐发者之一，他在发表于1955年的"恶与全能"一文提出，恶的问题是对上帝存在"更为令人信服"的批评，这个问题的性质"不在于宗教信念缺乏合理性支持，而在于它们确实是不合理的，即，实质性的神学教义的几个部分之间相互不一致……"① 确切地说，麦基认为，这三个命题之间存在矛盾（contradiction）："上帝是全能的"，"上帝是全善的"以及"恶存在"，三者之间的冲突使得"如果它们中的任意两个为真，则第三个就为假"。当然，还需要增加"善与恶相反，善的东西总是尽其所能地清除恶"以及"全能的存在者所能够做的事情没有限制"这两条原则在此处的矛盾才更显而易见："……一个善的全能者彻底清除了恶，那么，一个善的全能者存在与恶的存在就是不兼容的。"② 麦基指出，如下四种解决此冲突的尝试都无法奏效：把恶作为善的对应物，因此其存在是必要的；恶是实现善的方式；与完全没有恶的宇宙相比，存在着恶的宇宙更好；恶出于人的自由意志。由此，他得出结论：在不修改有神论立场的核心构成命题的情况下，针对他所概括的恶的问题不存在有效的解决方式。

鉴于麦基此处对恶的问题的明确定位以及他对逻辑冲突的清楚揭示，有学者指出，他的这篇文章是"迄今为止恶的逻辑问题的最著名的代表"③。麦基的概括与判断准确吗？我们着重就他对第四种尝试——基于人的自由意志的尝试来审视这个问题。

麦基称，基于人的自由意志的尝试是解决恶的问题的"最重要的建议"，其基本精神在于这样的坚持：恶不是出于上帝，而是出于拥有意志自由的人的独立行动。麦基从"上帝没有创造只行善不作恶的人"和"全能悖论"这

---

① J. L. Mackie, Evil and Omnipotence, in *Mind*, Apr., 1955, Vol. 64, No. 254 (Apr., 1955), pp. 200 – 212.

② J. L. Mackie, Evil and Omnipotence, in *Mind*, Apr., 1955, Vol. 64, No. 254 (Apr., 1955), pp. 200 – 212.

③ Daniel Howard-Snyder, The Logical Problem of Evil: Mackie and Plantinga, in Justin P. McBrayer and Baniel Howard-Snyder (eds.), *The Blackwell Company to the Problem of Evil*, p. 19.

两个方面对此尝试展开批评。就第一方面，麦基追问称："如果上帝使人在其自由选择中有时候选择善的东西，有时候选择恶的东西，那么，他为什么不使他们总是自由地选择善的东西呢？"① 麦基认为，上帝没能使人总是运用其自由意志行善而不作恶，这是与其全能与全善不一致的。进一步说，麦基指出，自由逻辑地包含着"作出错误选择"的想法也是荒谬的，因为这种想法把"自由"理解为完全的随机或不确定性，即，人的选择完全不受其性格支配。这种理解下的自由概念会面临如下问题：这样的概念如何是意志的特征？它怎么会是最重要的善？如果随机行为不受行动者本性支配的话，那么自由选择的价值何在？就第二方面，麦基指出，如果上帝创造了有自由意志的人，那么这就意味着上帝也不能控制这样的人，理由在于，"如果人的意志是真正自由的，这就必定意味着即使上帝也不能控制他们，即，上帝不再是全能的"②。这样的推理说明，如果上帝创造了有自由意志的人，他就陷入了"全能悖论"（the paradox of omnipotence），即，全能者能否创造他不能控制的东西的难题之中。"全能悖论"的肯定和否定回答都面临困难：如果回答是肯定的，则一旦上帝创造出来一个他不能掌控的东西，他就不再是全能的了，因为有些东西不在其掌控之下；如果回答是否定的，那么上帝也同样不是全能的了，因为有些东西他无法创造出来。

麦基的两方面批评隐含着不少不严谨之处。首先，他对"自由意志"概念的理解有待商榷：在要求上帝不断干预人的行为以使其只选择行善而不选择作恶的时候，他没有审查不断遭到干预的自由意志是否真正的自由意志；其次，他把人的自由与上帝的全能置于同一个层次上对立起来也经不起推敲，没有考虑二者兼容的可能；最后，他对上帝全能属性的理解也过强，如，他认为"全能的上帝会用因果或逻辑规则来约束自身"这样的观点是不可能的，而更为常见的观点是，上帝亦需遵守逻辑规则。尽管如此，麦基对恶的逻辑问题的揭示推动了进一步的思考，为20世纪下半叶的新讨论提供了很高的起点。

---

① J. L. Mackie, Evil and Omnipotence, in *Mind*, Apr., 1955, Vol. 64, No. 254 (Apr., 1955), pp. 200–212.

② J. L. Mackie, Evil and Omnipotence, in *Mind*, Apr., 1955, Vol. 64, No. 254 (Apr., 1955), pp. 200–212.

学者们普遍认为，普兰丁格在 20 世纪 70 年代的工作卓越地解决了麦基所揭示的问题。普兰丁格以论证上帝的存在与恶的存在相互兼容为己任，他首先指出麦基论证的缺陷在于对"矛盾"的不充分理解，因此麦基所揭示的逻辑问题不成立；然后，沿着"基于人的自由意志的尝试"的进路，通过添加一个可能为真的前提以消解上帝的存在与恶的存在之间的张力的方式为恶的论证的逻辑问题提供一个解决方案。

普兰丁格把麦基的三个命题称为"集合 A"，集合 A 的成员为：（1）上帝是全能的；（2）上帝是全善的；（3）恶存在。普兰丁格着重讨论麦基所指认的这三个命题间所存在的"矛盾"的性质。首先，他认为此矛盾不是"明确矛盾的"（explicitly contradictory），即，"一个命题集是明确矛盾的，当其成员之一是其他成员的否认（denial）或否定（negation）"[①]。理由在于，这三个命题的否定（即，上帝不是全能的、上帝不是全善的以及恶不存在）都不在集合 A 中。其次，他也指出此矛盾不是"形式矛盾的"（formally contradictory），即，"可根据逻辑规律从其成员中推论出明确矛盾"[②] 的集合，因为，找不到什么逻辑规律可以从 A 的成员中 A 的成员命题之一的否定。最后，普兰丁格称麦基所谓矛盾其实是"隐含矛盾的"（implicitly contradictory），即，"一个命题集 S 是隐含矛盾的，当存在一个必然命题 p，使得把 p 加到 S 中会导致一个形式矛盾的集合"[③]。麦基增加的两条原则（即，"善与恶相反，善的东西总是尽其所能地清除恶"以及"全能的存在者所能够做的事情没有限制"）正是麦基所要加入集合 A 的那些命题 p。根据"隐含矛盾的"定义，麦基的两条原则必须是"必然为真的"（necessarily true）而非仅仅是真的就行，普兰丁格认为，它们都达不到"必然为真的"要求。第一条原则不是必然为真的理由在于可以对之举出很多合理的反例，如，一个好人由于疏忽而没有清除某个他能够清除的恶；一个好人在面对同时发生的两个恶只能从中选择一个来清除时，他的选择不影响他是个好人；一位医生为了病人更长远的好处而选择让病人忍受当下的病痛等，这些反例说明"总是"的要求显然

[①] Alvin Plantinga, *God, Freedom, and Evil*, p. 13.
[②] Alvin Plantinga, *God, Freedom, and Evil*, p. 14.
[③] Alvin Plantinga, *God, Freedom, and Evil*, p. 16.

过强。第二条原则不是必然为真的理由在于对"全能"概念的理解存在很大争议，普兰丁格指出，"大部分承认上帝是全能的神学家和有神论哲学家都不认为他能创造圆的方或致使他既存在又不存在"，即，他们认为称上帝是全能的不是说上帝的能力没有限制，而"至多只是说他能够做的事情不存在非逻辑的限制"。① 鉴于以上考察，普兰丁格得出结论：麦基所谓"矛盾"既非"明确矛盾的"亦非"形式矛盾的"，而"或许，必定是隐含矛盾的"②，然而，麦基并没有为最后一种矛盾提供必然为真的补充命题 p，因此，麦基所揭示的恶的逻辑问题不成立。

作为有神论哲学家，普兰丁格没有满足于指出麦基论证的缺陷，而是进一步致力于构造一个逻辑融贯的论证以表明上帝的存在与恶的存在是兼容的。普兰丁格的建构是沿着麦基所批评过的"基于人的自由意志的尝试"的进路展开的。普兰丁格选择这条进路的原因在于把"自由"理解为选择行动与否的自主权："如果我在一个行为 A 上是自由的，那么，因果律或先决条件既不决定我施行 A 也不决定我不施行 A。更广泛地说，如果我在一个行为 A 上是自由的，那么，上帝不能导致或引起我施行 A 或不施行 A；他既不借助他所确立的规律如此行，也不借助直接干预或任何其他方式如此行。"③ 拥有自由的人当然也不能做违反因果律或先决条件的事，但在选择行动上却不受限制。显然，普兰丁格的"自由"概念要比麦基的更强，麦基以倘若人拥有上帝不能干预的自由，那么就会以上帝的全能为由否认人能够真正地拥有自由。

普兰丁格应对恶的逻辑问题的基本思路是：构造一个可能为真的命题，这个命题与"上帝是全知、全能的、全善的"合取在一起导出"恶存在"的命题，这样，"上帝存在"与"恶存在"之间的矛盾就被消解了。这个命题是："上帝无法在不创造一个包含着道德之恶的宇宙的条件下，创造一个包含着道德之善的宇宙（或者创造一个包含着和这个宇宙一样多的道德之善的宇宙）。"④ 大致地说，普兰丁格提出了这样的思考：对于上帝来说，创造能够

---

① Alvin Plantinga, *God, Freedom, and Evil*, pp. 17–18.
② Alvin Plantinga, *God, Freedom, and Evil*, p. 24.
③ Alvin Plantinga, *The Nature of Necessity*, Oxford: Oxford University Press, 1974, p. 171.
④ Alvin Plantinga, *The Nature of Necessity*, p. 167.

施行道德之善的受造物更有价值,拥有自由意志是受造物能够施行道德之善的必要条件,然而,尽管上帝能够创造有自由意志的受造物,但他不能限定这些受造物只为善不行恶,因为,这样的限定实际上是取消了受造物的自由,故而,上帝为了创造一个能够行道德之善的受造物,他就必须创造能够行道德之恶的受造物。这种情况下,上帝的全能与人的自由并不相悖的原因在于"上帝可能已经通过移除道德之善的可能性而预先阻止道德之恶的出现"[①]。结合麦基的论辩,我们看到,普兰丁格采用的策略是把"上帝无法在不创造一个包含着道德之恶的宇宙的条件下,创造一个包含着道德之善的宇宙"这个命题添加到麦基的集合A中,把麦基的前两个命题概括为一个命题:"上帝是全知、全能、全善的。"从而形成一个由四个命题构成的集合:(1)上帝是全知、全能、全善的;(2)上帝不能创造一个包含道德之善而不创造一个包含道德之恶的世界;(3)上帝创造了一个包含道德之善的世界;(4)世界上存在着恶。这个集合中,(1)、(2)、(3)的合取衍推出(4),因此,(1)和(4)不矛盾。

普兰丁格用"跨世界堕落"(transworld depravity)概念来为命题(2)提供哲学论证。普兰丁格把"跨世界堕落"刻画如下:"一个本质E遭受跨世界堕落,当且仅当,对于任意世界W,使得E包含那些在W中是显著自由的性质,并总是做在W中正确的事情,存在一个行为A和一个最大的世界片段S'使得:(1)S'包含E的被例示、相对于A来说E的例示是自由的以及A是道德上显著的以便E得到例示;(2)S'被包含在W中,但S'既不包含E的例示施行A也不包含E的例示不施行A;以及(3)如果S'得到实现,那么,相对于A,E的例示就会犯错。"[②] 有了"跨世界堕落"概念,普兰丁格就可以坚持:如果一个本质E遭受跨世界堕落,那么,上帝就没有能力实现一个可能世界W,使得E包含着那些在W中是显著自由的性质而又总是做对的事情。进一步说,普兰丁格指出,每个人都是某个本质的例示,上帝通过例示某些本质的方式创造具有显著自由的人,如果每个本质都遭受跨世界堕

---

① Alvin Plantinga, *God, Freedom, and Evil*, p. 30.
② Alvin Plantinga, *God, Freedom, and Evil*, pp. 52 – 53.

落，那么，被创造出来的人就无法只做对的事情。

值得注意的是，普兰丁格并没有在很强的立场上称任何本质都必定是跨世界堕落的，而是在很弱的立场上称："……上帝或许已经通过创造一个没有显著自由的人而创造过一个不包含任何道德之恶的世界。但这一点是有可能的：任何本质都遭受跨世界堕落，因此，有可能上帝无法造一个包含道德之善而不包含道德之恶的世界。"① 此处的立场之差所体现的正是前文提到过的"神义论"与"辩护"之间的不同，由于普兰丁格的论证又是以人拥有自由意志为前提的，故此，普兰丁格把自己的论证称为"自由意志辩护"（free will defence）。

普兰丁格的"自由意志辩护"得到哲学家们的广泛赞誉，如，詹姆士·毕比（James Beebe）称：普兰丁格的自由意志辩护"作为反驳恶的逻辑问题的一个努力是惊人的成功的"以及"各方都承认普兰丁格成功地反驳了无神论者在 20 世纪中叶构造的恶的逻辑问题"。② 罗伯特·亚当斯（Robert Adams）认为："称普兰丁格已经解决了这个问题是公平的。也就是说，他已经为 [G 和 E] 的一致性提供了令人信服的论证。"③ 舍伦贝格（J. L. Schellenberg）也指出，源于伊壁鸠鲁、休谟并由麦基形式化的恶的逻辑问题"在我们的时代已经被阿尔文·普兰丁格解决了……大多数人都承认他的著名的自由意志辩护，他带走了古老的恶的逻辑问题"④。恰如很多重要的哲学问题都无法得到完美无瑕的解决一样，尽管普兰丁格的论辩非常有力也得到很多人的支持，人们依然可以从逻辑或证据角度提出这样那样的问题。如，倘若把上帝创世理解为旨在使世界分享其"无法超越的伟大性"（unsurpassable

---

① Alvin Plantinga, *God, Freedom, and Evil*, p. 53.
② James Beebe, Logical Problem of Evil, in *The Internet Encyclopedia of Philosophy*, edited by J. Feister, cf., Daniel Howard-Snyder, The Logical Problem of Evil: Mackie and Plantinga, in Justin P. McBrayer and Baniel Howard-Snyder (eds.), *The Blackwell Company to the Problem of Evil*, p. 23.
③ Robert Adams, Plantinga on the Problem of Evil, in *Alvin Plantinga*, edited by P. Van Inwagen and J. Tomberlin, D. Reidel, 1985, p. 226, cf., Daniel Howard-Snyder, The Logical Problem of Evil: Mackie and Plantinga, in Justin P. McBrayer and Baniel Howard-Snyder (eds.), *The Blackwell Company to the Problem of Evil*, p. 23.
④ J. L. Schellenberg, A New Logical Problem of Evil, in Justin P. McBrayer and Baniel Howard-Snyder (eds.), *The Blackwell Company to the Problem of Evil*, p. 34.

greatness），那么，世界上就不会有恶，这依然与恶存在的事实矛盾；[1] 普兰丁格确实说明了由人滥用其自由意志所导致的道德之恶，但与人无关，甚至在人类出现之前存在的那些自然之恶又当如何解释呢？这些问题也从一个侧面体现了恶的问题对人们的恒久吸引力。

接下来，我们把目光转向恶的证据问题。恶的证据问题是指广泛存在的恶的具体实例构成了反驳上帝存在的经验证据。威廉·罗在恶的证据问题的当代构造方面贡献颇多，在1979年发表"恶的问题与无神论的几个变种"一文构造出第一个版本的论证以后，他又不断撰写文章和著作对之进行修正以回应批评意见，进而提出另外两个版本的论证。我们以罗的思想演变为线索，结合既有批评意见来展现恶的证据问题的当代进展。

恶的证据问题的当代讨论往往会提到罗的两个邪恶事件案例，即，由罗提出的两个"剧烈痛苦"的案例。第一个是"垂死的幼鹿"斑比（Bambi）所经历的无妄之灾：假设在某个遥远的森林中，因闪电击中枯树而导致一场森林火灾，一头幼鹿被绊在树丛中无法逃脱从而导致严重烧伤，经历了极大的痛苦，挣扎数日后才死去。[2] 第二个是一位五岁小女孩休（Sue）遭受惨祸，这是一篇来自底特律自由出版社（Detroit Free Press）于1986年1月3日的报道：一个五岁女孩的母亲和她的男友以及另一个失业男人生活在一起，新年夜他们三个都去了女孩家附近的酒吧，女孩母亲的男友吸了毒并喝得烂醉提前离开了，女孩的母亲和失业男人在酒吧一直待到凌晨两点，然后女孩的母亲回家了，失业男人去邻居家参加聚会。或许出于嫉妒，女孩母亲的男友和女孩的母亲发生了严重冲突，女孩的母亲去睡觉后女孩下楼去洗手间。当凌晨3：45那位失业男人回到家时发现女孩已经死了，她遭到了母亲男友的强奸、严重殴打最终被勒死。[3] 在后来的讨论中，罗常把这两个案例分别称为

---

[1] See, J. L. Schellenberg, A New Logical Problem of Evil, in Justin P. McBrayer and Baniel Howard-Snyder（eds.）, *The Blackwell Company to the Problem of Evil*, pp. 34 – 48.

[2] William L. Rowe, The Problem of Evil and Some Varieties of Atheism, in *American Philosophical Quarterly*, Oct., 1979, Vol, 16, No. 4 (Oct., 1979), pp. 335 – 341.

[3] William L. Rowe, Evil and Theodicy, in *Philosophical Topics*, Vol. 16, No. 2, Philosophy of Religion (Fall 1988), pp. 119 – 132, cf., Graham Oppy, Rowe's Evidential Arguments from Evil, in Justin P. McBrayer and Baniel Howard-Snyder（eds.）, *The Blackwell Company to the Problem of Evil*, p. 51.

E1 和 E2。

在"恶的问题与无神论的几个变种"一文中，罗提出第一个版本的论证：（1）存在着剧烈受苦的案例，全能、全知的存在者本能够在不损失任何更大善或者允许某种同等糟糕或更糟的恶的情况下避免这样的案例；（2）一个全知、全善的存在者会阻止他能够阻止的任何剧烈受苦的出现，除非他不损失某个更大的善或允许某个同等糟糕或更糟的恶就无法做到这一点；（3）不存在全能、全知、全善的存在者。[1] 罗的"垂死的幼鹿"（E1）案例正是为了说明此论证的两个前提而提出的：他强调这头鹿所遭受痛苦是"无谓的"（pointless）："因为，似乎没有任何更大的善（there does not appear to be any greater good）使得阻止这头鹿受苦将会要求或者那个善受损，或者导致一个同样糟或更糟的恶出现。"[2] 可见，此处罗的想法是：E1 是无谓的，因此全知、全能、全善的上帝应该作出干预以避免之，既然上帝没有干预，那么他就不存在。然而这些受苦真是无谓的吗？罗并没有为此提供论证，仅是出于强烈的怜悯之心而认定这是没有必要的，作为上述论证的关键环节，这种处理方式显然有欠严密。其对手完全可以用提供上帝允许这些恶的"神圣理由"的方式否定"无谓"的论断。正是从这个角度，威廉·阿尔斯通提出了三个这样的理由：第一，更大善理由，即，上帝只能通过允许几个同等恶的案例之一的方式实现一个更大的善；第二，拯救策略理由，即，上帝允许我们经受恶以促使我们远离罪恶的生活方式，在此种策略是最佳方式的情况下，这些受苦就不是无谓的；第三，普遍原则理由，即，如果上帝把让自然以自身的方式运行而不予干预作为他的普遍原则，那么，对这种普遍原则的坚持就是他运行那些受苦发生的理由。[3] 阿尔斯通提供的三个理由都是神义论的，或许恶的证据问题的支持者不接受这些理由，但这些理由的提出至少说明罗的

---

[1] William L. Rowe, The Problem of Evil and Some Varieties of Atheism, in *American Philosophical Quarterly*, Oct., 1979, Vol, 16, No. 4 (Oct., 1979), pp. 335–341.

[2] William L. Rowe, The Problem of Evil and Some Varieties of Atheism, in *American Philosophical Quarterly*, Oct., 1979, Vol, 16, No. 4 (Oct., 1979), pp. 335–341.

[3] William P. Alston, The Inductive Argument from Evil and the Human Cognitive Condition, in *The Evidential Argument from Evil*, Daniel Howard-Snyder (ed.), Bloomington: Indiana University Press, 1996, pp. 100–101.

论证不是毫无争议的。

在发表于1988年的"恶与神义论"一文中,罗对恶的证据问题进行修订提出第二个版本的论证:P:就我们所知,没有哪个善能够为一位全能、全知、全善的存在者允许特定恐怖的受苦案例(E1和E2)提供核证;Q:根本没有什么善能够为一位全能、全知、全善的存在者允许特定恐怖的受苦案例(E1和E2)提供核证;因此,不存在全能、全知、全善的存在者(not-G)。① 罗指出,这个"修订版"的论证中,从P到Q是个归纳推理,从Q到not-G则是个演绎推理。罗所构造的恶的证据问题的一个最基本假定是:上帝没有阻止恶的发生,没有任何"更大善"能够为此提供核证。鉴于此,应对此问题的出路显然就在于是否能够提供这种"更大善",从神义论的角度看,这依然不存在多大的障碍。

一种典型的神义论的应对方案出现在玛丽琳·麦科德·亚当斯(Marilyn McCord Adams)的"可怕的恶与上帝的善"一文中。在该文中亚当斯提出:"最严重的恶需要为最高的善击败。可怕的恶只能为上帝的善所克服。"② 亚当斯承认恶的案例是真实存在的,她用"典型的恐怖事件"(paradigmatic horrors)来称呼这样的案例:一个妇女遭到强奸并被砍掉双臂、以人格分裂为目的的心理物理折磨、背叛了自己最深层的忠诚、吃掉自己的后代、伊万·卡拉马佐夫描绘的虐待儿童、参与纳粹的死亡集中营、在人口稠密的区域引爆原子弹等。面对这些事件,亚当斯从三个层次说明上帝的善能够战而胜之。第一,她指出神义论应对方案的要求是:当面对恐怖事件,人们只需要表明上帝足够善,能够给每一个体以总体上的更大善就足以为之提供解释了。之所以认为做到这一点就足够了,是因为她坚持人对于上帝允许可怕的恶的神圣理由是"无知"(ignorance)的观点:"……存在一些理由,对于它们,我们在认知上、情感上以及/或者灵性上过于不成熟以至于无法领会(恰如一个

---

① William L. Rowe, Evil and Theodicy, in *Philosophical Topics*, Vol. 16, No. 2, Philosophy of Religion (Fall 1988), pp. 119 – 132, cf., William L. Rowe, The Evidential Argument from Evil: A Second Look, in *The Evidential Argument from Evil*, p. 263.

② Marilyn McCord Adams, Horrendous Evil and the Goodness of God, *Proceedings of the Aristotelian Society*, Supplementary Volumes, 1989, Vol. 63 (1989), pp. 297 – 323. 本文由Marilyn McCord Adams和Stewart Sutherland共同完成,Marilyn McCord Adams是第一部分的作者,此处,我们仅涉及这一部分。

两岁大的孩子无法理解妈妈允许为他做手术一样)。"① 亚当斯援引约伯的遭遇来说明这种观点。我们知道,约伯起初没有能力看到上帝让他受苦的理由,及至亲眼见到上帝,知道神圣能力的伟大时,约伯只能承认"我所说的是我不明白的,这些事太奇妙是我不知道的"(《约伯记》42:3)。第二,她认为,如果采纳有神论者的价值尺度,任何受造物或暂时的恶都无法企及上帝的伟大,同样,人所能够经历的尘世的善恶都无法企及至福、与上帝面对面亲近的善,这样,后者就会"淹没"(engulf)人们在尘世生活中经历到的可怕的恶。第三,亚当斯辩称,上帝还可进一步通过参与可怕的恶而将之融入人与上帝的关系而"正面击败"恶。她指出基督教救世神学(soteriology)描述了可能的参与方式,她列举了其中三种:上帝通过基督的经历和死亡参与可怕的恶、上帝对义人遭受苦难的赞许远超恶所带来的痛苦、把遭受暂时的痛苦视为达到上帝内在生命的伴侣等。

亚当斯的上述应对方案部分地接受了罗修订版推理的 P,承认确实在我们所知的范围内有些受苦的案例无法得到解释,然而完全不接受 Q。罗认为 Q 是由 P 用归纳推理得出的,亚当斯则认为此处的归纳不成立,原因在于罗忽视了我们所知范围的狭隘性,根据"无知"的观点,在人们认知范围之外还有大量神圣理由,这些神圣理由恰恰可以归纳出上帝存在的结论。进一步说,人们可以合理地推论:既然在步骤 Q 上观点相左,那么亚当斯会认为罗所谓从 Q 到 not-G 的演绎推理也无从谈起。综合这些考察,可以看到,亚当斯对罗修订版论证的两个关键步骤(从 P 到 Q 与从 Q 到 not-G)都持反对意见,因此认为罗的论证不成立,恶的证据问题并没有成为上帝存在的障碍。

由于圣经与基督教神学包含着丰富的神义论资源,哲学家们还可以为罗的修订版论证提供更多神义论的应对方案。如,阿尔斯通在讨论罗的这个论证时提到上帝允许恶的另外一些可能的神圣理由:人所遭受痛苦是出于上帝对罪的惩罚;上帝出于"磨炼灵魂"(soul making)的考虑而允许人受

---

① Marilyn McCord Adams, Horrendous Evil and the Goodness of God, in *Proceedings of the Aristotelian Society*, Supplementary Volumes, 1989, Vol. 63 (1989), pp. 297 – 323.

苦；上帝允许自然之恶是为了使人获得拯救，例如疾病使人看到自身的渺小而谦卑等。① 鉴于这些神义论的理由，阿尔斯通认为，罗的断言 P 没有得到核证；即使他的断言 P 能够得到核证，从 P 到 Q 的推理不成立，因为从无人知道上帝允许恶的理由推出上帝不存在，这个概括就如同从在 1850 年还没有人登陆过月球推出不会有人会登陆月球一样荒谬。

神义论的应对方式所采纳的材料和思想都是基于特定的圣经与神学资源，包含着特定的价值取向，在证据取舍上也有所偏爱，恶的证据问题的支持者或许会对此颇有微词。然而有神论哲学家基于这些材料所展开的论辩、提出的问题却是实质性的，如，相信 P 是否有核证；从 P 到 Q 的推理是否一个好的归纳推理；从 Q 能够演绎地推出 not-G 等。这些论辩和问题也促使罗进一步改进他的论证。

鉴于这些批评，罗在出版于 1996 年的"恶的证据论证：再审视"一文中又提出了第三个版本的论证，这个论证把背景知识引入考虑范围，援引贝叶斯定理说明恶的证据使得上帝存在的概率低于 0.5，因此，恶依然构成上帝存在的否定。在这个论证中，他用 G 来表示"上帝存在"，同时把公式 P、Q 分别进行了简化，P：就我们所知，没有什么善能为上帝允许 E1 和 E2 提供核证；Q：没有什么善能为上帝允许 E1 和 E2 提供核证。此外，他分别为给定背景知识 k 的情况下，上帝存在与上帝不存在的先验概率都赋值为 0.5，即，Pr（G/k）= 0.5；Pr（~G/k）= 0.5，还坚持，Pr（Q/P&k）< 1；Pr（P/k）< 1；以及 Pr（P/G&k）< 1。在这些准备下，他根据贝叶斯定理首先推出，Pr（G/P&k）< Pr（G/k），即，P 使得上帝存在的概率小于上帝存在的先验概率 0.5；然后又进一步推出 Pr（Q/P&k）> Pr（Q/k），这表明 P 使得 Q 成立的概率大于 Q 的先验概率 0.5。② 罗上述两步推理的前一步论证了由 P 可以演绎地推出 ~G，第二步论证了从 P 到 Q 的归纳是个好的归纳推理，可以说是针对性地正面回应了上述实质性问题。与此前的两个论证相比，罗的第三个版本

---

① See, William P. Alston, The Inductive Argument from Evil and the Human Cognitive Condition, in *The Evidential Argument from Evil*, p. 110.
② William L. Rowe, The Evidential Argument from Evil: A Second Look, in *The Evidential Argument from Evil*, pp. 263–270.

的论证的特点是援引概率推理，通过比较 P 使得上帝存在的概率与上帝存在的先验概率而直接由 P 推出上帝不存在的结论，对由 P 到 Q 的推理的论证只是起到回应质疑的作用。

罗的这个论证也存在着一些很明显的困难和问题。首先，罗把上帝存在与不存在之先验概率都设定为 0.5，这引起一些哲学家的质疑。如，普兰丁格指出，对于罗 P（G/k）等于 1/2 的提议，"我无法看到任何理由认为这是一个正确的值……"[1] 欧佩也指出，罗的这个论证存在着大量的问题，"特别是，几乎没有人对第二个命题满意，与罗的明确宣称相反，对于缺乏先验意见的问题来说，0.5 这个先验概率不是个好的陈述"[2]。其次，罗把上帝存在与不存在的先验概率都设定为 0.5 的理由在于客观性假定，即，假设参与讨论的人都是客观的，他们在没有特定立场偏好的情况下，严格运用概率理论进行推理，也愿意接受这些推理得出的结论，但这个假定包含着困难。杰夫·乔丹（Jeff Jordan）把罗的假定称为"公平竞争假设"（level-playing-field assumption），其功能与罗尔斯的"无知之幕"类似。他认为，一旦将之用来衡量罗的两个前提就会出现明显的困难：（1）只假设初始状态的概率指派；（2）我们有好的理由来相信 P。其困难在于，这两个前提"或者受公平竞争假设约束或者不受其约束。如果它们都受其约束，就没有人能够处在理性接受这两个前提之一的位置上；如果它们都不受其约束，那么，有神论者就会有很好的理由拒绝那个受公平竞争假设约束的那一个前提了。不管以哪种方式，罗最新版本的证据论证都失败了"[3]。最后，罗论证了 P 使得上帝存在的概率小于上帝存在的先验概率，但他没有说明 P 使得上帝存在的概率不高的理由，这一点无法令人满意。对此，迈克尔·伯格曼（Michael Bergmann）指出："罗需要为我们提供一个认为 Pr（P/G&k）不高的理由。如果他没有提供这个理由，那么，即使我们承认他的 Pr（G/P&k）< Pr（G/k）这一观点，

---

[1] Alvin Plantinga, Degenerate Evidence and Rowe's New Evidential Argument from Evil, in *Noûs*, Dec., 1998, Vol. 32, No. 4 (Dec., 1998), pp. 531–544.

[2] Graham Oppy, Rowe's Evidential Arguments from Evil, in Justin P. McBrayer and Baniel Howard-Snyder (eds.), *The Blackwell Company to the Problem of Evil*, p. 53.

[3] Jeff Jordan, Blocking Rowe's New Evidential Argument from Evil, in *Religious Studies*, Dec., 2001, Vol. 37, No. 4 (Dec., 2001), pp. 435–449.

也无法承认他的新的恶的证据论证展示了对有神论的一个重要的（significant）反驳。因为，那个承认依赖于 Pr（P/G&k）不高这个假设。"① 这些困难和问题提示我们，罗的第三个版本的论证依然很难说得上是成功的。

总而言之，罗的努力使得恶的证据问题不断以新的形式呈现出来，这推动其理论对手们从神义论或辩护的角度提出各种各样的回应方案，讨论双方的交锋与碰撞促使人们对这个问题的理解和研究逐步走向深入。

第二节　怀疑论的有神论

迈克尔·伯格曼以假设向大一新生阐释应对恶的论证思路的方式说明"怀疑论的有神论"（skeptical theism）的基本想法：恶的论证会从存在着一些恶，人们无法想象上帝会有任何理由为允许这些恶提供什么核证这个前提推出，或许根本没有这样的理由，但这个推理缺乏说服力，理由在于，人不能想象上帝允许恶的理由，不意味这样的理由不存在，因为如果上帝存在，他的心灵会远比我们的心灵伟大，这样，如果上帝有些我们无法想象的理由也不令人吃惊。② 简言之，怀疑论的有神论是应对恶的问题的一种尝试，它由上帝远比人伟大（人的认知能力远达不到上帝的认知水准）的假设出发，提出不能由人无法看到上帝允许那些恶发生的理由而否定这些理由的存在，也无法进而否定上帝的存在。这个观点是有神论的因为它接受上帝存在断言；是怀疑论的因为它对上帝允许恶的理由存在与否持怀疑态度。史蒂芬·J. 温克斯特拉（Stephen J. Wykstra）、范·英瓦根、威廉·阿尔斯通、迈克尔·伯格曼以及霍华德·斯奈德（Howard-Snyder）等都是怀疑论的有神论者。

有学者从研究进路角度把怀疑论的有神论分为四种类型，即，认知原则

---

① Michael Bergmann, Skeptical Theism and Rowe's New Evidential Argument from Evil, in *Noûs*, Jun., 2001, Vol. 35, No. 2 (Jun., 2001), pp. 278 – 296.

② Michael Bergmann, Skeptical Theism and the Problem of Evil, in *The Oxford Handbook of Philosophical Theology*, Thomas P. Flint and Michael C. Rea (eds.), Oxford: Oxford University Press, 2009, pp. 374 – 375.

进路（the epistemic principles approach）、普遍的认知局限进路（the general cognitive limitations approach）、宽泛的模态/道德怀疑论进路（the broad modal/moral skepticism approach）以及聚焦的模态/道德怀疑论进路（the focused modal/moral skepticism approach）。[1] 此处，我们沿着这种划分概观性地展现怀疑论的有神论的基本精神和主要论辩，然后结合批评者的意见从怀疑论的基本假设、论证的有效性以及理论后果等三个方面来说明怀疑论的有神论面临的困难。

温克斯特拉发表于1984年的"来自受苦的证据论证的休谟式困难：论避免'突然出现'的恶"一文是认知原则进路的怀疑论的有神论的早期文献。在这篇文章中，温克斯特拉针对罗在"恶的问题与无神论的几个变种"一文中所提到的如下论辩展开讨论：似乎没有任何更大的善（there does not appear to be any greater good）使得阻止这头鹿受苦将会要求或者哪个善受损，或者导致一个同样糟或更糟的恶出现，因此，这种善不存在。具体地说，温克斯特拉抓住罗的"看起来"（appear）一词做文章，指出"尽管'看起来'这个词在其案例中无处不在，罗并没有为其意思提供说明"[2]。不清楚说明"看起来"的后果是，由似乎不存在无法推出确实不存在，因此，罗的论证无法成立。温克斯特拉批评"看起来"的策略是，指责它无法通过"合理的认知可通达性条件"（the condition of reasonable epistemic access, CORNEA）的检验。"合理的认知可通达性条件"即，"在可认知的情况 s 的基础上，一个人 H 有资格称'似乎 p'，仅当对 H 来说，相信此命题是合理的：给定她的认知官能以及她对这些官能的使用，如果 p 不是如此的话，s 就会与她以某种方式分辨出来的不同"[3]。温克斯特拉解释道，"合理的认知可通达性条件"所表达的

---

[1] See, Trent Dougherty, Skeptical Theism, in *The Stanford Encyclopedia of Philosophy*, first published Sat Jan 25, 2014, available from, https://plato.stanford.edu/entries/skeptical-theism/.

[2] Stephen J. Wykstra, The Humean Obstacle to Evidential Arguments from Suffering: On Avoiding the Evils of "Appearance", in *International Journal for Philosophy of Religion*, 1984, Vol. 16, No. 2 (1984), pp. 73–93.

[3] Stephen J. Wykstra, The Humean Obstacle to Evidential Arguments from Suffering: On Avoiding the Evils of "Appearance", in *International Journal for Philosophy of Religion*, 1984, Vol. 16, No. 2 (1984), pp. 73–93.

是:"我们能够从'我们看不到X'推出'没有X',仅当X具有'合理的可见性'(reasonable seeability),即,是这样一类东西,如果它存在,我们可以合理地期待在那种情况下能够看到它。"① 温克斯特拉指出,当罗称在我们的视野内没有什么善能够比那头鹿的受苦更有价值时,"合理的认知可通达性条件"要求人们追问所要求的善在多大程度上对我们来说是明显的。在温克斯特拉看来,这种善是由一个视野与智慧都比我们伟大的创造者计划的,我们与这位创造者之间的差距犹如一个月大的婴儿与成年人之间的差距一样,因此,对于特定剧烈受苦实例,有很好的理由认为,如果存在一个更有价值的善,对这种善我们也没有"认知通达性"。基于这个观察,温克斯特拉认为,尽管罗在这一点上是对的:在我们的视野内没有看到用以平衡受苦的更有价值的善,然而,他不能由此推出这样的善不存在。温克斯特拉把罗的推理概括为"没看见什么东西论证"(Noseeum Argument,即,由"我没看见J有什么善"推出"J没有什么善"的论证)②,进一步辩称"仅当相信上帝计划的善不是更深刻的善"这一点是合理的情况下,这样的推理才有效,由于上帝所拥有的允许那些恶发生的更有价值的善"不太可能被看到",因此,上述推理不成立。温克斯特拉基于人与上帝的巨大认知差距假设,否定罗从P到Q这个归纳推理的有效性,开启了怀疑论的有神论这个应对恶的问题的新思路。

接下来,我们来审视这个新思路的其他进展方向。在"恶的归纳论证与人的认知条件"一文中,阿尔斯通向我们展示了普遍的认知局限进路的怀疑论的有神论。此处,他提出并阐释了上帝把恶视为对罪的惩罚、上帝允许恶因他对"成灵谷"感兴趣、上帝允许人根据其自由意志而行动、上帝出于为他人或普遍人性带来益处的考量而允许某个人受苦等神义论建议来回应罗。在此过程中,他不断"利用我们认知能力、机遇以及功绩等方面的种种局限,

---

① Stephen John Wykstra, Rowe's Noseeum Arguments from Evil, In *The Evidential Argument from Evil*, p. 126.

② 温克斯特拉的这个名称来自一个中东典故:在中东地区有种叫作"没看见什么东西"(noseeums)的小飞虫,它们叮人很疼,但又因其太小所以你"没看见什么东西"。温克斯特拉用这个名称来说明由看不见推出不存在的荒谬。See, Stephen John Wykstra, Rowe's Noseeum Arguments from Evil, In *The Evidential Argument from Evil*, p. 126.

辩称我们无法否认上帝能够拥有允许各种受苦案例的那种理由"[1]。为了更清楚地说明这一点,他把"认知局限"概括为六种:(1)缺乏资料,即,我们缺乏关于人心的秘密、宇宙的详细成分与结构、遥远的过去和未来等话题的资料;(2)超出我们把握程度的复杂性,即,不同可能世界或自然律的不同系统共同构成了巨大的事实复杂性,我们很难将之结合在一起并予以综合评估;(3)在确定什么是形而上学上可能的或形而上学上必然的方面的困难,在处理全部可能世界或全部自然秩序系统时,这个困难更为凸显;(4)对可能性的完整范围无知,如果不知道在我们想到的范围之外是否还有其他可能性,就无法表明不存在允许恶的神圣原因;(5)对价值的完整范围的无知,这种情况下,恶或许因其与那些未知之善中的一个的关系而获得核证;(6)在作出经过充分考虑的价值判断方面的能力限制,即,在一个复杂整体中作出比较评估方面,我们的能力是有限的。阿尔斯通强调,他的观点不是关于人的认知能力、人获得知识或有核证的信念的普遍怀疑论,而是意志"不可知论论题"(agnostic thesis),即这样一个宣称:"对于斑比或休或其他受苦案例,我们只是无法有核证地断言上帝——如果他存在的话——不会有允许它的充足理由。"[2] 在五年后发表的"论恶的证据论证的一些(暂时的)最终理解"一文中,阿尔斯通把上述思路用来反驳罗第二个版本的论证,得出这样的结论:"我们中的每个人都无法从'我们看不到他有任何理由'推出'上帝没有理由',恰是因为,我们中没有任何人能够有核证地假设我们对这些事情的洞察足以导向上帝处理这些事情的方式。"[3]

宽泛的模态/道德怀疑论进路所怀疑的对象是我们关于何种事态才是可能的知识,其倡导者是范·英瓦根。范·英瓦根认为,恶的证据论证的核心是论辩是在解释恶的现象上,"漠不关心假说"比有神论更可取。具体地说,恶的证据论证的支持者认为存在着"漠不关心假说"(the hypothesis of indiffer-

---

[1] William, P. Alston, The Inductive Argument from Evil and the Human Cognitive Condition, in *Philosophical Perspectives*, 1991, Vol. 5, Philosophy of Religion (1991), pp. 29–67.

[2] William, P. Alston, The Inductive Argument from Evil and the Human Cognitive Condition, in *Philosophical Perspectives*, 1991, Vol. 5, Philosophy of Religion (1991), pp. 29–67.

[3] William, P. Alston, Some (Temporarily) Final Thoughts on Evidential Arguments from Evil, in *The Evidential Argument from Evil*, p. 327.

ence, HI),即,"自然与地球上有感觉能力的生物得以存在的条件都不是由非人类的人格所施的善或恶行的结果。"① 这个假说与有神论不一致,而且与有神论相比,在此假说下,详细描述受苦之数量、种类与属性的命题 S 具有更高的认知可能性。范·英瓦根回应此论辩的基本思路是,把存在恶的现象与一个非常不规则的世界相比较,指出后者的负面价值或许要远大于前者的负面价值,如果接受模态与道德怀疑论的后承,就没有理由相信 S 在"漠不关心假说"中的可能性比其在有神论中的可能性更高。② 范·英瓦根这样来说明模态怀疑论:我们存在着相信日常事情(如,这张桌子曾在此房间的另一边)而不相信罕见或反事实的事情(如,是否能够有透明的铁制品或是否能够有个规则的宇宙,在其中高等的有知觉的生物不受苦)的模态直觉。进而,我们可以由模态直觉的普遍性推出存在着"事情的模态事实"(modal facts of the matter)。接受"事情的模态事实",我们就不应该假设自己能够把握那些除了形而上学家之外没有人关心的模态事实,不管这种把握能力是上帝、进化或社会教育赋予人的;相反人们应该假设上帝、进化或社会教育赋予我们作出关于切近之事的判断能力,如为我们生活所需的尺寸、距离判断力等。与模态怀疑论类似,道德怀疑论坚持,我们作出价值判断的能力对于日常关注的事情非常敏锐,而对于与日常生活无关的宇宙的事情则暗昧不明。把这个世界所存在的恶的现象与一个非常不规则的世界对照考察,很容易发现前者是更切近我们的日常生活的,而后者却是非常邈远之事,按照前述模态怀疑论和道德怀疑论的洞察,我们对后者的存在与否以及它的内在、外在价值所知甚少。这种无知使得我们无法排除其可能性,这种情况下,确定无疑地得出正面或反面结论都是草率的,在这种意义上,模态与道德怀疑论的后承是悬疑,因此,没有理由接受恶的论证的核心论辩。可以看到,范·英瓦根此处给予模态与道德怀疑论对于恶的证据问题的回应仅限于强调恶的现象无法排除其他可能性,至于如何正面地为那些可能性提供证明的问题依然暂付

---

① Peter van Inwagen, The Problem of Evil, The Problem of Air, and the Problem of Silence, in *Philosophical Perspectives*, 1991, Vol. 5, Philosophy of Religion (1991), pp. 135–165.

② See, Peter van Inwagen, The Problem of Evil, The Problem of Air, and the Problem of Silence, in *Philosophical Perspectives*, 1991, Vol. 5, Philosophy of Religion (1991), pp. 135–165.

阙如，在下一节我们会看到他弥补这个缺憾的努力。

聚焦的模态/道德怀疑论进路可以在迈克尔·伯格曼的相关文献中找到。伯格曼称，怀疑论的有神论者"断言我们对于价值和模态领域的知识的某种限制"，这些限制中较为突出的是四个"怀疑论论题"（skeptical theses）："（ST_1）我们没有好的理由认为，我们所知道的可能的善是所存在的可能的善的代表。（ST_2）我们没有理由认为，我们所知道的可能的恶是所存在的可能的恶的代表。（ST_3）我们没有好的理由认为，我们所知道的可能的善与允许可能的恶之间的衍推关系是所存在的可能的善与允许可能的恶之间的衍推关系的代表。"[1] 以及"（ST_4）我们没有好的理由认为，我们在某种复杂事态中感知到的全部道德价值或道德负面价值准确地反映了这些复杂事态真实具有的全部道德价值或道德负面价值"[2]。伯格曼强调，怀疑论的有神论者不是关于价值和模态的彻底的怀疑论，而是怀疑论的一种温和形式。伯格曼以罗的E_2为例说明怀疑论的有神论是如何利用上述论题动摇罗的论证的：假设我们无法想到上帝允许E_2的任何有核证的理由，根据（ST_1）、（ST_2）和（ST_3），不能从我们不知道有胜过E_2的可能的善以及不允许E_2就会导致更糟的恶推出允许恶是错的，理由在于，我们无法确定在我们所知范围之外是否有这样的可能的善或更糟的恶；此外，（ST_4）提示人们，在比较非常复杂的善和恶时，需要意识到我们无法充分把握它们的可能性，这种情况下罗的推理就有欠周详了。

作为回应恶的问题的一种努力方向，怀疑论的有神论者提出了有洞见的观察也作出了颇有力量的论证。他们都强调我们的认知是有局限的，这种限制使得罗从P到Q的推理面临着不完全归纳的问题，即，这个推理无法排除在我们的认知范围之外尚有反例存在的情况。倘若我们接受有神论关于上帝与人的基本观点，怀疑论的有神论的上述论辩显然是成立的，这提示人们，作为经验推理的恶的证据问题需要认真对待如何确定证据的范围的问题，因此，它显然不像罗所想象的那么简单，由我们找不到相关证据就可以推出上帝不存在了。

---

[1] Michael Bergmann, Skeptical Theism and the Problem of Evil, in *The Oxford Handbook of Philosophical Theology*, p. 376.

[2] Michael Bergmann, Skeptical Theism and the Problem of Evil, in *The Oxford Handbook of Philosophical Theology*, p. 379.

然而，作为一种围绕恶的问题进行的哲学论辩，批评意见一直如影随形地与怀疑论的有神论相伴。斯温伯恩对"看起来"（appear）的阐释就是其中一例。如前文所述，怀疑论的有神论者对恶的问题的回应是从温克斯特批评罗没有清楚说明"看起来"一词的意思、未经说明的"看起来"概念无法通过"合理的认知可通达性条件"之检验开始的。这种批评在多大程度上是合理的呢？同为有神论者的斯温伯恩则提出了与温克斯特拉相反的观点：除非出现更为可能的"看起来如此"（appearances）的情况，"看起来如此"就是可信的（reliable）。斯温伯恩观点的依据是"易信原则"（the principle of credulity）："在其他情况都相同的情况下，相信事物看起来的样子是可能的也是合理（而且其倾向越强该信念的合理性程度越高）。"① 斯温伯恩的观点意味着，只要罗能够证明没有更为可能的"看起来如此"的情况，就可以坚持由P到Q的推理是合理的，因此，怀疑论的有神论者的论辩并没有他们想象的那么强。斯温伯恩的不同意见提醒我们，与怀疑论的有神论在指出恶的证据论证之问题方面颇有启发相反，怀疑论的有神论在正面立论方面却面临着严重的内在困难：我们能够在多大程度上有效地谈论认知范围之外的事情呢？不可知的事情如何能够成为有核证的真信念呢？不可知的事情能够为我们正面解决恶的问题提供逻辑或证据支持吗？

怀疑论的有神论包含着怀疑论与有神论两个侧面，在恶的问题的讨论范围内，后一个侧面不存在多大争议，我们着重审视前一个侧面，从怀疑论的基本假设、论证的有效性以及理论后果等三个方面来说明这些困难。

就基本假设来看，怀疑论的有神论者的基本假设是，人的认知是非常有限的（如温克斯特拉坚持人与上帝存在着巨大的认知差距、阿尔斯通对人的"认知局限"的强调、范·英瓦根指出我们对邈远事情的暗昧无知等），这导致我们不得不给未见（未理解）之事留下空间，因此，不能由所见之事向全称判断进行归纳。然而，并不是所有哲学家都赞成人的"认知局限"假设，迈克尔·图利就是这一假设的反对者。图利指责怀疑论的有神论者没有明确

---

① Richard Swinburne, *Providence and the Problem of Evil*, Oxford: Oxford University Press, 1998, p. 26.

区分人的两类认识论局限：其一是我们对于非道德事实的知识有限，即，在特定事态之存在方面所知有限；其二是我们关于基本道德真理的知识严重受限，即，对于特定类型的事态是善的知识所知甚少。基于这两种局限都不成立的理由，图利论证在如下两种情况下都无法给上帝允许恶提供核证：首先，图利用一个例子来说明第一种认识论局限不能对恶的论证提出严肃的反驳：假设出现了一个特定的"内在不受欢迎"的事态，我们把自己所拥有的相关道德原则用到这个情况中，得出，仅当满足某个条件C（如人的免于死亡或他们拥有自由意志）时才能为上帝允许这个恶提供核证，运用我们所具有的非道德的信息，我们确定，即使C真是可能的，得到核证的可能性也很小，因此，无法得出所讨论的恶有个道德上的充足理由。① 图利这个论证的基本思路在于：人所既有的"非道德信息"否定了我们基于"相关道德原则"为上述核证提出的条件，因此，上述核证其实是无法得到的。其次，即使没有完整的道德知识，人们仍会达成一些原则，这些原则规定了恶得到核证必须满足的条件。图利从两个方面来说明这一点：一方面，人拥有关于正义的原则，这些原则使得上帝仅在所涉及的个人能够在受苦中获益才能为他允许那种恶提供核证；另一方面，道德真理不像数学、物理学等领域的真理那么难以把握，人类在长期历史过程中积累了大量道德财富，这使得我们拥有一定的进行道德判断的资源，因此，在上帝允许恶上获得核证必须满足这些既有的道德资源。② 此处，图利的想法是，即使人没有完整的道德知识，但他们所拥有的既有道德原则提出了一些条件，只有满足了这些条件上帝允许恶才能获得核证。综合上述两种情况下论证，图利的矛头所向就很明确了：怀疑论的有神论者在强调人的认知局限的时候没有充分重视人既有的认知资源，核证的标准恰在这些既有的认知资源中，因此，怀疑论的有神论者的论辩偏离了主题。

就论证的有效性来看，伯格曼的基本观点是，既然我们不能知道为我们

---

① Michael Tooley, The Argument From Evil, in *Philosophical Perspectives*, 1991, Vol. 5, Philosophy of Religion (1991), pp. 89 – 134.

② Michael Tooley, The Argument From Evil, in *Philosophical Perspectives*, 1991, Vol. 5, Philosophy of Religion (1991), pp. 89 – 134.

所知的善是否所存在的善的代表，我们就不能知道能够为上帝允许无目的的恶提供核证的善是否不存在。他的四个"怀疑论论题"分别聚焦我们所知道的善或恶是否所有可能善或恶的代表、由我们所知的善衍推出上帝允许恶，这个衍推关系是否具有普遍性以及我们所知的道德价值是否准确反映了全部道德价值等问题。概括地说，这四个"怀疑论论题"所质疑的是基于我们所知的证据进行全称判断推理的有效性，这个质疑的预设是，我们所知的证据只是所有可能证据的一小部分。布鲁斯·拉塞尔（Bruce Russell）指出，这个预设必须在严格限定之下才能被接受，即，只有当我们有足够的理由相信确实存在着其他可能证据时才能考虑采纳它："但考察样本是否有代表性的时候，仅当有理由相信存在着什么超出我们理解之外的善，我们才需要考虑超出它们。"[①] 既然上述预设的使用范围非常有限，拉塞尔坚持与"怀疑论论题"相反的观点：如果在经过尽力寻找后依然没有发现允许受苦的任何道德上充分的理由，我们就可以相信这样的理由是不存在的，排除了这样的理由，我们就可以确信自己理由所构成的样本是有代表性的。拉塞尔为这些样本是有代表性的提供了这样的论证：恶的证据论证共包括四种类型，在全部四种类型中样本都是有代表性的，因此，可以得出全称概括。鉴于拉塞尔认为罗的论证属于"论证类型-1"，这种类型与"论证类型-2"紧密相关，我们仅从三个方面考察他对前两个论证的说明：（1）"论证类型-1"中的样本有代表性；（2）"论证类型-2"中的样本是有代表性的；（3）充分考察既有证据是"论证类型-1"与"论证类型-2"的共同落脚点。

就第一方面，拉塞尔认为，罗的论证是个始于我们看不到的允许受苦的原因这个事实展开的"归纳论证"（inductive arguments），他把这个论证称为"论证类型-1"，即，我们所知的善没有为允许特定的受苦事例提供道德上充分的理由，我们就有好的理由相信没有什么善能够提供这样的理由，允许这个受苦就是在道德上未得核证的。[②] 拉塞尔用"蓝色乌鸦"（blue crows）例子说明这一点：假设我们找遍世界也没发现蓝色的乌鸦，有人出于在我们的样

[①] Bruce Russell, Defenseless, in *The Evidential Argument from Evil*, p. 194.
[②] Bruce Russell, Defenseless, in *The Evidential Argument from Evil*, p. 194.

本中没有"一旦我们寻找，它们就躲起来的乌鸦"为由批评我们的样本没有代表性，在这种情况下，除非有理由相信我们无法观察到的乌鸦确实是存在的，我们就有足够的理由相信我们的样本是有代表性的。与此类似，如果在经过尽力寻找后依然没有发现允许受苦的任何道德上充分的理由，我们就可以相信这样的理由是不存在的，排除了这样的理由，我们就可以确信自己理由所构成的样本是有代表性的。

就第二方面，拉塞尔的步骤（2）把始于我们看不到允许受苦的原因这个事实展开的"外展论证"（abductive arguments）称为"论证类型-2"，即，P1："S 在相信 p 上是有核证的，当且仅当 p 是关于 S 所观察到的东西的最佳解释的一部分。"[①]在这一步，拉塞尔以人们基于对自然事件的既有了解反驳"宇宙是上帝在 100 年前创造的"例子来说明论证类型-2 的合理性：假设有人坚持"宇宙是上帝在 100 年前创造的"这一命题，显然我们通常会用很强的证据反对这点，如看到 100 年前生产的东西、经历悠长岁月侵蚀的河谷等，我们也坚持上帝不会在这些证据上欺骗我们。上述命题的坚持者则会进一步辩称，上帝确实在 100 年前创造宇宙，我们所看到古老的东西也是出于上帝 100 年前的创造，而且存在一些我们认知之外的理由，上帝欺骗了我们，使我们误以为这些被造出来的假象视为真实的现象了。这种情况下，对比双方的论辩，根据我们的背景知识，我们会认为接受反对上述命题的通常观点更合理。拉塞尔指出，怀疑论的有神论者的论辩思路和"宇宙是上帝在 100 年前创造的"命题的坚持者一样，与假设存在一些我们认知范围之外的理由相比，选择相信自然主义的理论（the naturalistic theory）更为合理，因此，"论证类型-2"成立。

就第三方面，有了前两个方面工作的准备，拉塞尔强调"我们现在可以看到论证类型-1 和论证类型-2 是多么紧密地关联在一起了"[②]。拉塞尔把这两个论证的有效性与否的立足点归结到是否充分奠基在"相关研究"的基础上："对于归纳或外展论证，不存在关于除非证明有罪即为无辜或除非证明无

[①] Bruce Russell, Defenseless, in *The Evidential Argument from Evil*, p. 195.
[②] Bruce Russell, Defenseless, in *The Evidential Argument from Evil*, p. 198.

辜即为无罪的普遍真理。相反，如果是奠基在相关研究之上的，它们就是除非证明有罪即为无辜的；如果没有奠基在这样的研究之上，它们就是除非证明无辜即为有罪的。"①

对"相关研究"的强调表明，拉塞尔把论辩的立足点从是否存在我们认知之外的证据这样的形而上学问题转换到具体的论证过程是否充分考察了能够发现的证据这样的认识论问题上了。这个转换避开了有无我们认知之外的理由、要不要为之留下论辩空间等悬而未决的形而上学问题，要求论辩双方把聚焦点放在充分考察能够把握的证据上。如果接受拉塞尔的观点，怀疑论的有神论基于我们认知之外的证据所进行的思考都成为多余的了，在这个意义上，拉塞尔向怀疑论的有神论者提出了一个非常尖锐的挑战。

就理论后果看，反对者们基于不同的考虑分别指出，怀疑论的有神论存在着缺乏解释力、怀疑论与有神论不相容、会导致动摇道德决策能力与动摇有神论的两难困境等理论后果。第一，罗指责怀疑论的有神论因过于强调人的认知地位的局限性而导致无论经历什么样的恶，人们都不能推出上帝不存在的问题，这是罔顾恶的现象的普遍性和严重性、完全缺乏解释力的。罗称，如果按照怀疑论的有神论者的思路——我们不能知道是否还有其他能够为上帝允许恶提供核证的恶，因此，无法由所见到的恶推出上帝不存在——那么，人们就会作出这样的推理："……如果从生到死，人生只不过是一系列非常痛苦的时刻，他们的地位依然要求他们说，我们不能合理地推出上帝甚至好像是不存在的。"② 由于罗坚持，即使承认上帝的知识远超过我们，现实世界所存在的恐怖的恶依然会使人认为上帝的存在好像是不可能的，因此，上述推理是荒谬的。罗的批评聚焦于怀疑论的有神论在解释恶的现象上的无力，要求怀疑论的有神论者为解释恐怖的恶提供正面说明，尽管神义论对这些正面说明驾轻就熟，但对于怀疑论的有神论依然是个切实的困难。德尔克·皮雷布姆（Derk Pereboom）赞同罗对怀疑论的有神论理论这一后果的观察，指出怀疑论的有神论者的核心坚持过强了，实际上，人们无法否认上帝允许恶的

---

① Bruce Russell, Defenseless, in *The Evidential Argument from Evil*, p.198.
② William Rowe, Skeptical Theism: A Response to Bergmann, in *Noûs*, Jun., 2001, Vol.35, No.2 (Jun., 2001), pp.297–303.

理由的可能性与他们可以合理地认为该理由有较大概率不存在是相容的。① 皮雷布姆以我们对历史知识的把握说明这一点：我们发现历史真理的认知能力确实是受限制的，无法彻底排除其他假说，但在很多情况下我们能够根据证据合理地判断某些历史宣称具有更大可能性。

第二，伊恩·威尔克斯（Ian Wilks）认为，怀疑论的有神论者坚持的"人的认知能力是有局限的"这条怀疑论假设，这个假设潜藏着颠覆有神论计划的问题，在此意义上，存在着怀疑论与有神论是不相容的严重后果。更清楚地说，怀疑论的有神论者坚持人的认知局限使得他们无法看到上帝的理由，因此，仅由就我们没有看到为恶提供核证的更大善推出不存在这样的善是高估了自己的认知能力。威尔克斯指出，这样的推理使得我们无法区分有核证的恶（justified evils）与无核证的恶（unjustified evils），因为我们看似未得核证的恶不排除上帝为之提供了我们所知之外的核证；类似地，如果把有效平衡了恶的善称为得到核证的善，那些没能有效平衡恶的善称为未得核证的善，出于同样的理由，我们也无法区分这两种善。② 威尔克斯观察到，设计论证明正是由我们所感知的善（the perceived goods）推出作为真正的善源泉的上帝存在，如果无法区分上述两种善，设计论证明就难以为继。此外，设计论证明的思路是由我们所知为真的东西推出真的东西确实存在，这与罗的由 P 到 Q 的推理（即，从就我们所知不存在为上帝允许恶提供核证的理由推出确实不存在这样的理由）是一致的，这意味着，怀疑论的有神论反对罗的推理必定会反对设计论证明。威尔克斯进一步辩称，尽管不能说怀疑论的有神论者会侵蚀支持上帝存在的全部论证，然而，如果我们怀疑我们识别善与恶以及将二者区分开来的能力，"完整地看，这种怀疑主义是对捍卫 R 的有神论计划的颠覆，希望承担此计划的怀疑论的有神论者处于困难境地"③。威尔克斯所

---

① Derk Pereboom, The Problem of Evil, in *The Blackwell Guide to the Philosophy of Religion*, p. 161.
② Ian Wilks, The Structure of the Contemporary Debate on the Problem of Evil, in *Religious Studies*, Sep., 2004, Vol. 40, No. 3 (Sep., 2004), pp. 307 – 321.
③ Ian Wilks, The Structure of the Contemporary Debate on the Problem of Evil, in *Religious Studies*, Sep., 2004, Vol. 40, No. 3 (Sep., 2004), pp. 307 – 321. 威尔克斯把承认一个全能、全知、全善的存在者存在，但不承认罪、救赎、来生、最后的审判等其他独立的宗教宣称的"限定的有神论"（restricted theism）简称为 R。

揭示的怀疑论与有神论之间的不相容甚至冲突是怀疑论的有神论者所始料未及的,这涉及怀疑论的有神论能否一以贯之地坚持到底的问题。由于怀疑论的有神论者把精力主要放在批评上,不管是对怀疑论与有神论的细致阐释还是对使用这种理论为有神论宣称提供辩护上都所言甚少,在此意义上,威尔克斯的批评是需要怀疑论的有神论者认真面对的。

第三,本杰明·兰考特(Benjamin T. Rancourt)指责怀疑论的有神论面临着要么动摇(undermine)我们的道德决策(moral decision-making)要么动摇有神论的困境。他把怀疑论的有神论的核心宣称概括为:"ST:我们的价值理解受限到这样一个程度,以至于我们不能有把握地认为任何明显无核证的恶都确实是无核证的。"[①] 兰考特的论辩思路是:对于 ST 有强弱两种解释,这解释分别会导致上述困境的两个侧面。一方面,在强的解释下,ST 意味着我们作出的"恶是无核证的"这样的判断都是"彻底的错觉",彻底的错觉不能提供任何理由。恰如一个飞行员知道她关于飞机高度的感觉是彻底的错觉,那么她就不会根据感觉来驾驶飞机,而是选择信任仪表,根据仪表的指示作出最佳操作一样,一个对 ST 持有强的解释的人不会根据无核证的恶这种表面现象来进行道德判断、作出道德决定,当面对特定恶的时候,她会选择信任自己的偏爱,根据偏爱所指示的自私自利(self-interest)原则来作出最佳选择。完全依赖自己的偏爱、彻底抛弃对恶的考察与反省(因为我们所看到的恶都是无核证的"表面现象")这种道德判断方式意味着一种有限的利己主义(a limited form of egoism)。因此,接受对 ST 强的解释,就会导致我们的道德决策遭到彻底颠覆。另一方面,在弱的解释下,ST 意味着人们关于"恶是无核证的"的判断只是"有点不可信的"(somewhat unreliable),但它依然能够为道德决策提供一定的基础。这种解释的后果在于,只要给"恶是无核证的"判断留下一点空间,反对者就会以此为理由重申恶的论证。如,他们会提出这样的论证:能够断定,存在着一些看起来无核证的恶的案例;上述判断有点可信性;世界确实存在着无核证的恶,这一点非常有可能;如果上帝存在,

---

[①] Benjamin T. Rancourt, Egoism or the problem of evil: a dilemma for sceptical theism, in *Religious Studies*, SEPTEMBER 2013, Vol. 49, No. 3 (SEPTEMBER 2013), pp. 313–325.

他会排除一切无核证的恶；因此，上帝不存在。这种论证的提出说明怀疑论的有神论依然没有解决恶的问题，即，对 ST 进行弱的解释会导致有神论遭到动摇。鉴于上述两难，兰考特认定，怀疑论的有神论要在要求我们的价值判断足够好以允许进行道德推理，以及要求我们的价值判断足够差以维持怀疑论的基本假设之间保持微妙的平衡，而这种平衡根本无法实现，因此，怀疑论的有神论存在着严重的问题。

怀疑论的有神论的思想渊源是《约伯记》[①]的苦难观，正如约伯起初对自己所遭受无妄之灾充满不解一样，作为有限认知者的人对于恶的第一反应大多数都是不解和疑问。恶的问题的坚持者由这些疑问推出上帝不存在，怀疑论的有神论者的理论根据是上帝和约伯的对话所表达的思想：上帝允许恶发生自有其猜不透的理由。约伯的故事最终以约伯心悦诚服于上帝的大能、上帝加倍赏赐约伯结束。促使约伯心悦诚服的是他"从前风闻有你，现在亲眼看见你"（《约伯记》42：5），也就是说，上帝的当面启示让约伯明白了他受苦的真相，因而意识到他所受的苦不是无核证的。约伯的故事与怀疑论的有神论之间的差距在于前者对恶的解释是神义论的，而后者则是个弱得多的"解释"。神义论能够以诉诸启示、接受圣经权威等方式展开论辩，而怀疑论的有神论则只能在人的认知限度内展开相对合理的思考，在此意义上，怀疑论的有神论受其自身的基本假设"人的认知能力是非常有限的"的约束，这个约束正是各种质疑的源头。怀疑论的有神论面临的困难提示我们，尽管神义论确实为解决恶的问题提供了丰富的思想资源，但能否以及如何成功地把这些资源引入怀疑论的有神论则是个非常复杂的问题。

第三节　扩展的自由意志辩护[②]

如前文所述，"自由意志辩护"是普兰丁格为应对恶的逻辑问题而提出的著名论辩，其基本思路是：构造一个可能为真的命题，这个命题与"上帝是

[①] 《约伯记》是圣经中涉及恶的问题的经典篇章。
[②] 本节曾作为项目的阶段性研究成果以"扩展的自由意志辩护及其内在局限"为题发表于《宗教与哲学》第八辑。

全知、全能的、全善的"组合在一起导出"恶存在"命题,这样,"上帝存在"与"恶存在"之间的逻辑冲突就被消解了。普兰丁格的论辩被称为"自由意志辩护"的原因在于"自由意志"概念是他所构造出来的命题的核心要素。具体说来,普兰丁格提出了这样的思考:对于上帝来说,创造能够施行道德之善的受造物更有价值,拥有自由意志是受造物能够施行道德之善的必要条件,然而,尽管上帝能够创造有自由意志的受造物,但他不能限定这些受造物只为善不行恶,因为,这样的限定实际上是取消了受造物的自由,因此,为了创造能够行道德之善的受造物,他必须创造能够行道德之恶的受造物。普兰丁格把"自由意志辩护"的基本精神如此概括:"自由意志辩护的要点在于这样一个断言,即,如下情况是可能的:上帝无法在不创造一个包含着道德之恶的宇宙的条件下,创造一个包含着道德之善的宇宙(或者创造一个包含着和这个宇宙一样多的道德之善的宇宙)。"[①] 普兰丁格的自由意志辩护在宗教哲学界受到了广泛的推崇,很多哲学家认为这个论证彻底终结了恶的逻辑问题。

"扩展的自由意志辩护"(the Expanded Free-Will Defense)是范·英瓦根在普兰丁格的启发下为反驳恶的证据问题而构造的一个新论辩。范·英瓦根提出这个论辩的动因在于反对者对"简单的自由意志辩护"(the simple form of the free-will defense)的质疑:自由意志辩护仅能处理由人的行为引起的恶,无法解释大量存在的自然之恶。扩展的自由意志辩护依然坚持"恶源于人对自由意志的误用"这个基本思想,同时为"人对自由意志的误用"增加了"与上帝的联合分裂了"这样的后果,这个后果直接导致了各种恶的出现,以此为自然之恶提供了解释。在对扩展的自由意志辩护的理论渊源、问题意识进行如上简要概括的基础上,本节将从四个方面展开讨论:第一,详细说明扩展的自由意志辩护的基本思想;第二,从以回应"恐怖事件"的策略为线索说明范·英瓦根的论辩思路;第三,结合当代学者们的既有批评提出范·英瓦根的论辩面临着三个疑难,这些疑难削弱了扩展的自由意志辩护的强度;第四,指出,"故事的相对性"使得这个辩护面临着与怀疑论的有神论类似的

[①] Alvin Plantinga, *The Nature of Necessity*, p. 167.

艰巨任务，即，在援引较强的神义论的资源构造较弱的论证方面，尚有大量细节问题需要处理。

就第一方面说，范·英瓦根通过讲述一个"堕落的故事"（a fall story）来构造扩展的自由意志辩护：远古时代，上帝创造了某种智商非常高的先民，上帝出于自身的善而给他们各种礼物，包括语言、抽象思维、利他的爱，以及自由意志。上帝把自由意志给予人的理由是：爱蕴含着自由意志，因为，只有出于自由意志的爱才能最充分地表达爱。上帝还使这些先民与他保持神秘的联合，这种联合即基督徒所期盼的天堂中的联合或至福异象。在这一联合中，先民拥有超自然的能力，这些能力可确保他们避开各种伤害，因此这个世界中没有恶。剧情的翻转源自先民不满意这种伊甸园中的美好状态，他们滥用了自己的自由意志，从而使得他们与上帝的联合分裂了。与上帝的联合分裂的结果是恐怖的：他们无法再享受至福异象，也开始面临自然的偶然力量的毁灭，他们变得会衰老和自然死亡了。然而，在这种状态下，他们仍然过于骄傲而不愿停止反叛。他们受到新的心灵框架的束缚，在这个心灵框架下，人们把自己的欲望和利益放在首位，根本不关心他人。在与上帝分离而与理性结合的状态中，先人形成了原罪，他们深陷在罪中无法自拔，将自己完全交给恶。这种情况下，如果上帝仅仅是个公义的神，他完全可以放任人深陷罪中。但上帝不仅是公义的神，也不仅仅是位怜悯的神，他还是位"满有爱心的神"（he is a God of love），因此，出于爱，他不会把人丢在自身的邪恶中，也不会无情地毁灭他们，相反，他设计了一个拯救计划来拯救他们，使他们再次与神联合。这个拯救计划的进展方式是：因为与上帝联合意味着再次爱上帝，而爱只能由全能的力量给予，因此必须由上帝主动，同时人要自由地选择再次与上帝联合并爱上帝。上帝不采用神迹一下子抹除所有恶的原因在于，那样会损坏他的重新和好计划。在这种背景下，如下观点就是非常合理的：对于上帝来说，如果抑制受苦会剥夺人类的更大的幸福，且这幸福所带来的益处要远超受苦所引起的害处，那么，上帝允许人类受苦就是道德上允许的了。范·英瓦根提醒读者，其实上帝已经为人类摒除了很多恶了，如果不是如此，我们的世界将被更多的恶所充斥。① 概而言之，范·英瓦根的故事的脉络是这样的：上帝出于爱而给予人自由意志；在与上帝联合的状态中，不存在任何种类的恶；人对自由意志的滥用导致人与上帝的联合被分裂了，恶由此进入世界；上帝出于爱而开始了拯救计划，以图实现人与上帝的再次联合；实现与上帝的再次联合是最大的益处；上帝为了让人获得这个最大的益处而允许恶存在；实际上，上帝已经摒除了很多恶，所以人们因世上的恶太多而指责上帝是没有道理的。

范·英瓦根为扩展的自由意志辩护提供了进一步说明：首先，扩展的自由意志辩护是一个"辩护"而非一个"神义论"。在范·英瓦根看来，"神义论"要求论者把上帝的理由提供给读者："假设我既相信上帝又相信恶的真实存在。再假设我认为我知道上帝允许恶存在的理由（reason），且我把这些理由告诉你。那么我就是为你提供一个神义论。"② 而"辩护"仅需为读者提供"就人们所知为真"（true for all anyone knows, true for all one knows）的理由，如在讨论"动物受苦"的问题时，他写道：作为一个辩护，我们无须表明假设大规模的失调是个缺陷，"我所需要的仅仅是表明，就我们所知，这个判断是正确的"③。其次，范·英瓦根指出，其"扩展的自由意志辩护"是在"辩证的语境"（dialectical context）下提出的：有神论者与无神论者在中立的不可知论者面前进行的一番辩论，双方都以说服不可知论者支持己方观点为目的。在这个语境之下，双方仅需提供"就其所知"的理由就可以了，作为"陪审团"成员的不可知论者也仅仅根据"就其所知"的信息作出裁决。④ 最后，作为"简单的自由意志辩护"的扩展形式，扩展的自由意志辩护能够一并解释现实世界中的各种恶："扩展的自由意志辩护涵盖了我们在现实世界中所发现的各种数量和种类的恶，包括通常所谓的自然之恶，如里斯本地震所

---

① Peter van Invagen, The Problem of Evil, in *The Oxford Handbook of Philosophy of Religion*, pp. 205 – 208, see also, Peter van Invagen, *The Problem of Evil*, Oxford: Oxford University Press, 2006, p. 90.

② Peter van Invagen, *The Problem of Evil*, p. 65.

③ Peter van Invagen, *The Problem of Evil*, p. 120.

④ Peter van Invagen, Concluding Meditation, in *Being, Freedom and Method: Themes from the Philosophy of Peter van Inwagen*, John A. Keller (ed.), Oxford: Oxford University Press, 2017, pp. 352 – 355.

导致的苦难。"①

就第二方面说，范·英瓦根用"恐怖事件"（horrors）来泛称"某些特定的坏事"，他列举了几个恐怖事件的例子：一辆坐满孩子的校车被山体滑坡压碎；一位善良女性的生活逐渐被舞蹈症摧毁；一个孩子天生没有肢体等。② 一些无神论者认为"恐怖事件"就是上帝不存在的证据。显然，"恐怖事件"问题是"局部的恶的论证"（the local argument from evil，基于大量存在着特定的恶而质疑上帝的存在）的一种形式。范·英瓦根坚持，扩展的自由意志辩护能够有效地应对"恐怖事件"问题。他的具体论辩分两个层次进行：第一，扩展的自由意志辩护能够容纳"堕落后的"恐怖事件（"post-lapsarian" horrors），即，作为人与上帝分离之后果的恐怖事件。第二，扩展的自由意志辩护能够容纳"堕落前的"恐怖事件（"pre-lapsarian" horrors），即，在人类产生之前发生的恐怖事件。

"与上帝分离"而导致的"偶然"（chance）是范·英瓦根对堕落后恐怖事件的总体回答。他辩称："一旦人类误用了其自由意志而与上帝分离，恐怖事件就作为这一分离的自然的、不可避免的后果之一而存在。然而，每个个别的恐怖事件都是出于偶然。实际上，我们可以说，所有恐怖事件都是个别地出于偶然。"③ 范·英瓦根解释称，即使有些恐怖事件看起来是由于人的策划，但偶然的影响仍然如影随形，如，杀夫案的主犯或许谋划了几个月，但她和其丈夫28年前的相遇是出于偶然。范·英瓦根看到，这一回答所面临的问题在于：上帝为什么不采取措施把这些偶然消灭于萌芽状态？基于扩展的自由意志辩护，范·英瓦根提供了一种"更大善"说明：如果上帝这么做了会妨碍他的最终计划，即，恢复人与上帝原初的联合。他举例称，上帝的策略与"多萝西的医生"（Dorothy's doctor）的策略是一样的，多萝西的医生拒绝给多萝西开止疼药的原因在于，那么做会妨碍医生的最终治疗目的：使多萝西停止抽烟、停止掉秤。范·英瓦根强调，不管上述策略对医生来说是否有争议，但对上帝来说都是道德上允许的。他进一步补充解释称，就我们所

---

① Peter van Invagen, *The Problem of Evil*, p. 90.
② See, Peter van Invagen, *The Problem of Evil*, p. 95.
③ Peter van Invagen, *The Problem of Evil*, p. 103.

知，上帝已经削减了我们世界中恶的数量，但"尽管如此，他还是不得不把这个未得救赎的世界留在一个恐怖之所，否则，他拯救人类的计划就会遭到失败"①。接下来的"为什么是我？"的问题，即，"如果他仅仅避免了一些恐怖，他是如何决定避免哪些的呢？他会在哪里划这条线呢？"对此，范·英瓦根的回答是："不管他在哪里划这条线，它都是任意的。"②其理由在于，只要这个世界上存在着恐怖事情，其受害者就会向上帝提出"为什么是我？"的问题，解决这个问题的途径只有一条，即完全消除恐怖事件的情况，然而，既然拯救人类这个更大的善要求必须让这个世界中存在着大量的恐怖事件，因此，任何线都是任意的。

范·英瓦根把堕落前恐怖事件归结为"动物受苦"（animal suffering）问题。动物受苦问题的核心论辩是：由于一方面动物没有自由意志，另一方面又发生在人类活动之前，所以，这些苦难显然不能归因于人类行为，因此不是人类自由意志的后果，扩展的自由意志辩护无法对此予以说明。范·英瓦根进一步把动物受苦问题划分为基于动物受苦的普遍论证和局部论证两种类型，其中，普遍论证以动物受苦这个事实为前提，局部论证以在某个特定时段中某个动物受苦这样的事实为前提。范·英瓦根分别回应这两类论证，以体现扩展的自由意志辩护的解释力。

针对动物受苦的普遍论证，范·英瓦根坚持，他能够提供另外一个辩护，即，"反不规则性辩护"（the anti-irregularity defense），该辩护与自由意志辩护结合在一起能够组成一个复合辩护，这个复合辩护既能够解释人类受苦也能够解释动物受苦。范·英瓦根所提供的辩护是个包括四个命题的故事：（1）"上帝所能够创造的任何包含着高级、有情感的生灵的世界都要么包含着某种类型的受苦，这些受苦在与现实世界中的受苦道德上等同，要么是非常不规则的。"③（2）"某种重要的内在或外在善依赖于高级、有情感的生灵的存在；这种善在重要性上超过了在现实世界中所发现的受苦的类型。"④

---

① Peter van Invagen, *The Problem of Evil*, p. 104.
② Peter van Invagen, *The Problem of Evil*, p. 105.
③ Peter van Invagen, *The Problem of Evil*, p. 114.
④ Peter van Invagen, *The Problem of Evil*, p. 114.

（3）"非常不规则是世界的一个瑕疵，这个瑕疵至少与包含着受苦一样大，这些受苦的类型与在现实世界中所发现的受苦道德上等同。"① （4）"这个世界——这个宇宙、这个物理的宇宙——是由上帝创造的。"② 范·英瓦根指出，这个辩护的特征是，倘若上帝存在，该辩护的其他组成部分就为真。其中第一部分为真的理由在于，我们不可能完全知晓上帝设计宇宙的全部秘密，现实世界是唯一的参考模型，而在一个与现实世界相似的宇宙中，高级、有情感的生灵的进化过程实质性地包含着受苦，因此，"就我们所知"这部分是真的。第二部分为真的理由在于，在人类出现之前世界上存在大量内在之善，高级、有情感的生灵的存在是构成这些善的关键，因为没有高级、有情感的生灵，有理智的动物就不会进化出来。第三部分为真的理由在于，在与所要付出的代价的对比上，动物受苦显然要比世界严重不规则轻得多。

范·英瓦根指出，动物受苦的局部论证的聚焦点在于这样的问题：一系列道德上等价的受苦中，上帝为什么选择给现实世界这么多的受苦而不是更少？范·英瓦根援引他讨论堕落后恐怖事件所提出的"不管他在哪里划这条线，它都是任意的"这一思路，辩称"或许道德上要求全能、全善的创世者在有危险的恶的系列中划一条道德上任意的线"，现实世界中受苦的案例恰好就落到上帝所划的线的"现实的"那一侧。③ 范·英瓦根以"罗的幼鹿案例"④ 为例说明这个思路。范·英瓦根指出，罗在此案例中对上帝的质疑有两个前提，首先，全能、全知的存在者能够在不损失更大善的情况下避免这头幼鹿的受苦；其次，全知、全能、全善的存在者应该已经避免了这头鹿的受苦，除非他无法在不损失更大善的情况下避免此事。对此，范·英瓦根称，他承认上帝能够避免任何一个类似的受苦案例，"但他能够全都避免吗？不能，或者不必然能够"，理由在于：在允许动物受苦上，上帝有个好的理由，如果他避免了所有受苦，那么，这个好的理由就无法实现，既然上帝必须允许一部分动物受苦的案例，那么，受苦的具体数量只能由上帝任意划定，这

---

① Peter van Invagen, *The Problem of Evil*, p. 114.
② Peter van Invagen, *The Problem of Evil*, p. 114.
③ Peter van Invagen, *The Problem of Evil*, p. 125.
④ 即威廉·罗的 E1。

种情况下，罗的幼鹿恰好落到了上帝所划的线的"现实的"的一侧。针对这个辩护的强度，范·英瓦根指出，动物受苦的局部论证也仅要求达到"就我们所知"的强度就行了，有神论者无须为不知道上帝的更好的理由到底是什么而纠结，即使上帝根本没有任何更好的理由也没有什么影响，因为，他所提供的仅仅是"辩护"而非"神义论"。①

就第三方面说，我们在前文指出，范·英瓦根为他所构造的扩展的自由意志辩护提供了三个说明：第一，它仅仅是个辩护而非神义论，它仅仅为恶的问题提供"就人们所知为真"理由就可以了；第二，它是在辩证语境中起作用，仅仅以说服不可知论者为目标，而不是要彻底击败其对手无神论者；第三，它能够一并回应各种类型的恶。我们认为，这三个说明都包含着一定的困难，这些困难削弱了扩展的自由意志辩护的强度。

范·英瓦根的第一个说明所宣示的是一种较弱的立场，恰如梅根·沙利文（Meghan Sullivan）指出的，这种立场把辩护理解为任何可能的命题 r，这个命题与"上帝是全知、全能、全善的"命题组合在一起导出上帝有充足的理由创造一个包含着恶的世界；同时这个立场也是怀疑论的，它仅仅要求 r 不能被可知的证据排除，而对 r 的真实性悬疑。② 与神义论相较，辩护的优点在于无须诉诸宗教信念，易于在"单凭理性"的前提下与无神论者展开争论，其缺点在于论证强度相对较弱，在能否达到与无神论者针锋相对的效果上令人担心。斯温伯恩在为范·英瓦根的《恶的问题》一书所撰写的书评中就指出过这本书论证过弱的问题："当我们考察范·英瓦根的详细主张，即，一些'故事'非常可能为'真'时，很多哲学家会以否认那些主张并称这个故事显然是错的这种方式来简单地予以回应。"③ 例如，对于范·英瓦根所讲的"堕落的故事"，反对者会坚持，痛苦的疾病不会给受害者带来任何益处，由于堕落导致了痛苦的疾病在人类中广泛流传，因此，全善的上帝不会允许堕

---

① Peter van Invagen, *The Problem of Evil*, pp. 125 – 126.
② Meghan Sullivan, Peter van Inwagen's defense, in *The Blackwell Company to the Problem of Evil*, p. 398.
③ Richard Swinburne, Rewiew to *The Problem of Evil* by Peter van Inwagen, in *Mind*, New Series, Vol. 116, No. 463 (Jul. 2007), pp. 789 – 792.

落。尽管斯温伯恩本人不认可反对者"痛苦的疾病不会给受害者带来任何益处"的论断,但他认为这个反对意见表明范·英瓦根的辩护较弱的情况,鉴于此,他坚持范·英瓦根没有成功地处理无神论者的观点,范·英瓦根的故事不仅是"可能为错的",而且"根本无法当真"。在这篇书评的结尾,斯温伯恩语重心长地指出:"反驳恶的论证所需要的不仅是一两个'故事',而是长长的论证,以表明那些故事是哲学上(包括道德上)合理的。"① 或许有读者会辩称,斯温伯恩没有领会范·英瓦根在《恶的问题》中的真正意图,即,不是为了说服无神论者而是为了说明不可知论者,那么接下来我们来看范·英瓦根能否说服不可知论者。

范·英瓦根的第二个说明明确了扩展的自由意志辩护的最终目的是说服对有神论、无神论不持立场的不可知论者,这一目的在多大程度上能够成功呢?范·英瓦根以法庭上的论辩为例说明他的"辩证的语境":有神论与无神论是对立的双方,他们论辩的目的是说服作为陪审团成员的不可知论证者赞同己方的观点。范·英瓦根理想中的论辩是,论辩双方尽可能地构造有利于己方的、逻辑自洽的辩护词,中立的陪审团成员会根据自己的信息背景理性地评判双方辩护词的可信性、逻辑强度等最终作出一个"公允"的裁决,论辩双方也都会理性地接受上述裁决,而不再进一步纠缠。② 我们不妨将这个理想称为"理性审判假设"。

我们认为,范·英瓦根的"理性审判假设"没有看到现实的司法体系大多是建立在"权威""情感""价值观"等"非理性要素"的基础之上的,这使得现实中的法庭裁决往往就包含着很多前见、情感等"非理性"的因素,

---

① Richard Swinburne, Rewiew to *The Problem of Evil* by Peter van Inwagen, in *Mind*, New Series, Vol. 116, No. 463 (Jul. 2007), pp. 789–792.
② 范·英瓦根提供的一个庭审案例是:假设一个凶杀案的审判过程,受害者死于砒霜中毒,查尔斯被当作嫌疑人抓到法庭,控诉方这样指控他:他是唯一一个对受害者的死既有理由又有欲求的,还有手段和机会的人。辩护者向陪审团提出了这样的建议:另一个人比查尔斯更有动机、手段和机会,如果控诉方不能反驳这个建议,就很合理地假设,陪审团的成员会得出结论:"就他们所知。"查尔斯不是杀人犯而另外一个人犯了凶杀罪是个真实而严肃的可能性。(Peter van Invagen, Concluding Meditation, in *Being, Freedom and Method: Themes from the Philosophy of Peter van Inwagen*, p. 354.) 这个例子提示我们:"就他们所知"是个没有绝对确定性的条件,它是认知者根据自身的信息背景所能够把握到的最大可能性。

这种情况下，理性论辩仅仅是影响裁决的诸多尺度中的一个，而不是唯一的、最终的尺度。我们试以一部电影"我不是药神"的原型案件的审判过程为例说明这一点：根据已经公开的材料，"药神"的原型陆勇有两条违法行为，其一是违反国家药品管理法，其二是违反金融管理法规，尽管违法事实清楚无疑，检察机关仍最终决定对陆勇"不起诉"，并称这体现了"公正"的原则，体现了"公正是法治的生命线"的精神。① 检方还进一步解释称，如果认定陆勇构成犯罪，会背离刑事司法的"司法为民"和"人文关怀"两条应有价值观，同时"与转变刑事司法理念的要求相悖"。② 这个案例让我们看到"价值观"胜过法律条文与庭审证据的最终结果。同时我们也看到，在审判过程中"近千名白血病患者联名写信，请求对陆勇免予刑事处罚"这个民意力量给庭审带来的影响，这种力量更多的是出于情感而非理性论证。在多维尺度的考量下，以讲故事的方式提供辩护就会面临着不同的主体出于不同的考量，对故事本身可信性的悬疑而导致的辩护效力打折扣的问题。我们需要追问的是：范·英瓦根的辩护在多大程度上能说服不可知论者？设想范·英瓦根的不可知论者陪审团成员中，有一位正身处丧夫之痛中而无法自拔，深深的悲伤情绪是影响其判断的重要因素，当她听到扩展的自由意志辩护所宣讲的：她丈夫遭遇灾难的理由在于，上帝出于拯救堕落的人类的目的而必须武断地划条善恶分界线，而她的丈夫恰好落到这条界限的"现实的"一侧了，这时她能够心悦诚服地接受这个理由，并拥护范·英瓦根的辩护而转变为有神论者吗？这显然值得怀疑。③ 既然说服不可知论者是"辩证的语境"的最终指向，如果这一点打了折扣，我们就无法认为扩展的自由意志辩护是多么成功的。

范·英瓦根的第三个说明意在指出扩展的自由意志辩护具有强大的解释

---

① 参见 https://new.qq.com/omn/20180709/20180709A1FUJJ.html。
② 参见 http://news.jstv.com/a/20180704/1530691081985.shtml。
③ 有研究者也提出了与上述质疑类似的论辩：范·英瓦根的讨论背景是个"哲学家理想化的思想实验"（a philosopher's idealized thought-experiment），这与人们在现实中对"背景"的理解相差甚远。由于思想实验不是奠基在经验证据之上的，如果一个论辩的根基是思想实验，人们就找不到赞成或反对该论辩的证据。See, Colleen McCluskey, A Review to *The Problem of Evil* by Peter van Inwagen, in *The Review of Metaphysics*, Vol. 60, No. 4 (Jun., 2007), pp. 889–890.

力，能够把各类恶的问题一网打尽，我们从两个方面需要考察这个雄心可能会遇到的障碍。首先，范·英瓦根借助扩展的自由意志辩护为普遍的恶的论证提供的回应是：人滥用自由意志而导致与上帝联合的分裂，上帝容许恶是为了拯救人类，使之重新与上帝联合。审视这个世界所存在的恶，我们会发现大部分的恶确实如范·英瓦根所述，上帝允许恶是为了最终的拯救，如圣经的《创世记》所记载的约瑟在父亲雅各去世后安慰他哥哥们时所说的："不要害怕，我岂能代替上帝呢？从前你们的意思是要害我，但上帝的意思原是好的，要保全许多人的性命，成就今日的光景。"（50∶19—20）然而，也有些恶是受到诅咒、永远没有拯救的希望的，如《马太福音》记载耶稣针对法利赛人称他是靠着鬼王赶鬼的指控，说"人一切的罪和亵渎的话，都可得赦免；唯独亵渎圣灵，总不得赦免。……唯独说话干犯圣灵的，今世、来世总不得赦免。"（12∶31—32）尽管这里所讨论的是另一个概念"罪"，但显然干犯圣灵也是诸恶中的一种，扩展的自由意志辩护如何容纳这类完全与拯救无关的恶呢？其次，扩展的自由意志辩护为局部的恶的论证提供的回应是：堕落所导致的偶然性及上帝出于拯救的目的必须武断地划条善恶间的界线，必定有些事件落在"现实的"那一侧。对此，梅根·沙利文认为，这个回应的思路实际上是承认上帝在决定创造哪个世界的过程中会陷入"实践上的类悖论问题"（practical sorites problems）而允许一些无目的的恶。具体地说，这条思路会面临三条反对意见：第一，没有多少说服力，"在相信大屠杀、幼鹿案例、奸杀案例是无目的的恶上，他依然没有为我们提供任何有核证的观点"[①]。第二，上帝是全能、全善的，因此，上帝不会陷入实践上的类悖论问题，因此，范·英瓦根引证的实践的类悖论问题的例子不是上帝必定允许无目的的恶的证据。第三，与知名的不确定性理论相冲突。这些反对意见表明，在应对局部的恶的论证上，自由意志辩护的解释力并没有范·英瓦根所认为的那么强。

就第四方面说，范·英瓦根一再强调扩展的自由意志辩护作为一种"辩

[①] Meghan Sullivan, Peter van Inwagen's defense, in *The Blackwell Company to the Problem of Evil*, pp. 396 – 406.

护"是无须预设、借助宗教信念的，仅需要"就人们所知"的真就行了。按照前文所提及的普兰丁格对神义论与辩护的经典区分，即，神义论以"尝试告诉我们上帝为什么允许恶"为目的，而辩护"不在于说明上帝的理由是什么，而至多只是说明上帝的理由或许会是什么"①，范·英瓦根对上帝自身的理由持不置可否的态度。范·英瓦根在构造其扩展的自由意志辩护的过程中所坚持的"辩证的语境"也说明，在争取作为陪审团成员的不可知论者的支持上，他的目的不是提供"最真实"的辩护词，而是提供"更真实"的辩护词，只要他的辩护词比其对手无神论者的更强、更有吸引力就够了。我们在前文也指出，范·英瓦根的扩展的自由意志辩护在解决"恶的证据问题"上并没有他所设想的那么有效，尚面临着三方面的疑难。此处，结合对神义论与辩护之区别的理解，我们进一步认为，"故事的相对性"是扩展的自由意志辩护所面临的凭其自身难以突破的局限，理由在于，"故事的相对性"问题是内含在辩护的"就人们所知为真"条件中的，因此，这个局限比上述的三个疑难更具破坏力。

恰如斯温伯恩所指出的，无神论者可以用否认范·英瓦根所讲的"堕落的故事"这种简单的方式来拒绝扩展的自由意志辩护。可以设想，为了说明不承认"堕落的故事"的理由，有神论者的对手可以汲取犹太－基督教传统之外的思想资源的灵感来构造一个"更有说服力的"故事。如，他们或许会借鉴希腊神话的思想资源讲个"诸神争斗的故事"来说明恶；也或许会借鉴琐罗亚斯德教的思想资源讲个"黑暗魔王曼纽"的故事来说明恶；又或许会借鉴中国神话故事中的"阎罗王"的故事来说明恶等。在"讲故事"的层次上，这些思想资源并无优劣高低之别，只要故事讲得精彩就能吸引陪审团的注意。在此意义上，范·英瓦根所讲的"堕落的故事"只是诸多故事中的一个，诚然，他的故事与犹太－基督教传统中的上帝概念颇为相符，但按照其他故事构造类似的扩展的自由意志辩护岂不也会证明诸神、曼纽、阎罗王等与现实世界中的恶没有冲突？既然"就人们所知为真"是个相对的真，不同的人就完全可以按照自己所理解的"真"来"讲故事"了，这种情形下，古

---

① Alvin Plantinga, *God, Freedom and Evil*, p. 28.

代希腊、波斯、中国的神话小说家在"讲故事"的技巧上应该不会比范·英瓦根逊色多少吧。

我们看到，范·英瓦根确实是在犹太－基督教传统下处理"恶的证据问题"，他在《恶的问题》一书中也专门讨论了"上帝的概念"，包括上帝的属性、性质、特征等内容，从而把上帝限定为犹太－基督教传统下的一神论的上帝，余下篇章中他也在努力说明这位上帝的存在与现实世界中的恶没有冲突。但"故事的相对性"问题是否提示我们：范·英瓦根的辩护已经预设了他的上帝信念了呢？尽管范·英瓦根口头上坚持他讲的故事仅仅是"据他所知为真的"，并不需要"在上帝看来为真"，但是，如果没有"上帝眼中的真"作为"定船之锚"，他的"故事的小船"会不会在不经意间就随风飘远、不知所终了？进而，如果确实离不开"上帝眼中的真"，范·英瓦根是不是就有必要毫不犹豫地把他的"扩展的自由意志辩护"改名为"扩展的自由意志神义论"了呢？这番思考提示我们，援引、借鉴神义论的思想以丰富较弱的"辩护"理论是个非常吸引人的选项，但是缜密地处理好这些思想以使得它能够与辩护相容，而非不经意间又回到神义论的基本假设中去了是个棘手的任务，在这一点上，扩展的自由意志神义论辩护与怀疑论的有神论殊途同归。

第五章 神迹

"神迹"（miracle）概念是当代自然神学的另一个重要话题，同样也是神学与哲学两个领域的交集。从神学领域看，一方面神迹事件的真实性是犹太－基督教的固有信念，另一方面它又遭到近代以来兴起的圣经批判思潮的强烈质疑；在哲学领域中，尊崇"信仰寻求理解"的基督教哲学家与推崇启蒙理性的无神论哲学家对之也态度迥异。

一本百科全书把神迹定义为："……天主为了特定的宗教目的而施行的神圣干预，这是一个超越（transcends）自然律的行动。"① 从词源上看，"神迹"一词源自拉丁语的 *miraculare*，即"惊异"（to wonder）的意思。历史地看，神迹概念是作为证明上帝存在的一种进路的面貌进入哲学家与神学家的讨论话题的。如，迈克尔·马丁（Michael Martin）指出："多年来，哲学家和神学家要么用某种来自神迹的论证形式来证明上帝的存在，要么更一般性地用它来支持某种特定宗教的真理。例如，基督教传统中的奥古斯丁和阿奎那、犹太教传统中的菲洛（Philo Judaeus）以及伊斯兰教传统中的阿维森纳都曾诉诸过神迹……"② 尽管在整个中世纪神迹概念的这种面貌都一以贯之地得以保持，然而，关于神迹话题的现代景观却完全不同，一些早期现代哲学家站在理性主义立场上对中世纪"信仰寻求理解"原则的颠覆，使得他们把神迹作为荒谬、迷信的代名词而大加贬抑，休谟在此方面尤为重要，20世纪上半叶逻辑实证主义者"拒斥形而上学"的口号把这个转变推向高峰。伴随着20世纪中叶以来分析哲学领域中所发生的形而上学复兴和基督教哲学复兴，神迹话

---

① Frank K. Flinn, *Encyclopedia of Catholicism*, New York: Facts on File, Inc., 2007, p. 455.
② Michael Martin, "The Argument From Miracles", See, *Philosophy of Religion: An Anthology of Contemporary Views*, Melville Y. Stewart (ed.), p. 580.

第五章 神迹

题逐渐摆脱了完全肯定或彻底否定的窠臼，与自然神学的其他话题一样呈现出不同立场并存、肯定与否定同场竞争的景象，开放的争论推动着相关思考不断深入。全面了解这些转变能够使人们避免认知的偏颇，恰如蒂莫西·麦格鲁（Timothy Mcgrew）和莉迪亚·麦格鲁（Lydia Mcgrew）所指出的："从思想史上看，如下情况是颇为奇怪的：来自神迹的论战在当今更多地以一个著名攻击的对象而非一个独立的推理而为人们所知。"[1] 我们围绕上述转折简要勾勒犹太－基督教传统中神迹话题的历史线索，以为本章的讨论提供一张背景地图。

犹太－基督教传统中的"来自神迹的论证"（arguments from miracle）可以追溯到教父时期，奥利金（Origen）曾称没有神迹早期教会就无法建立起来。他认为，耶稣的大能作为因两方面的理由被判断为神迹，其一在于这些作为确实是自然的常规进程的惊人例外；其二在于这些作为确实是旧约中先知关于弥赛亚之预言的实现。[2] 奥古斯丁将神迹理解超出人们的"希望和力量的困难的或非同寻常的事情"[3]，认为神迹与其他自然事件同为"上帝创造的一部分"，二者的区别仅在于前者"更为稀少"，但它们最终都是"上帝的工作"，因此，神迹与自然事件并无"断裂"。经院哲学时代的托马斯·阿奎那称神迹是"上帝在我们所知的原因之外所行的事"，这个概念来自"钦佩"（admiration），当结果显明而其原因隐藏着时人们就对之产生钦佩之情，因此，对人来说神迹是"完全奇妙的事情"。[4] 此外，阿奎那把上帝视为所有原因中的最高的原因，即，"第一原因"，万物的秩序所依赖的第二原因同样出于上帝的创造，在此意义上，神迹就不是不可能的："因此，如果我们认为万物的秩序是依赖于第一原因的，上帝就不能做违反这个秩序的事情，因为，如果那样做，他将会违反自己的预知，或意志，或至善。但是，如果我们认为万物的秩序依赖于第二原因，那么，上帝就能够在这个秩序之外做事情，

---

[1] Timothy Mcgrew and Lydia Mcgrew, The Argument from Miracles: A Cumulative Case for the Resurrection of Jesus of Nazareth, in *The Blackwell Companion to Natural Theology*, p. 593.

[2] See, Robert A. Larmer (ed.), *Questions of Miracle*, Montreal & Kingston · London · Buffalo: McGill-Queen's University Press, 1996, Preface, p. x.

[3] Augustine, *On the Profit of Believing* 34, cf., Colin Brown, *Miracles And The Critical Mind*, Exeter: Wm. B. Eerdmans Publishing Company, 1984, p. 7.

[4] St. Thomas Aquinas, *Summa Theologiae*, Vol. 1, Q. 105, Art. 7.

因为，他不从属于第二原因的秩序，相反，这个秩序是从属于他的。因为这个秩序是出于他自己意志的选择而非出自自然的必然性，他本来是可以创造其他秩序的。因此，如果他愿意，上帝可以作他所创造的这个秩序之外的事情……"①"神迹出于上帝"这个断言是奥古斯丁和阿奎那的共同坚持。

由于奥古斯丁和阿奎那的神迹概念预设了上帝，在不承认上帝存在进而反对启示、独崇理性的一些近代哲学家手中，"神迹"沦为贬义词。17与18世纪的英国自然神论者，如爱德华·赫伯特（Herbert Lord Edward of Cherbury）、安东尼·柯林斯（Anthony Collins）、约翰·托兰德（John Toland）、马修·廷德尔（Matthew Tindal）、托马斯·库伯（Thomas Chubb）等基于对神迹概念的自洽性的审视以及对支持与反对神迹的证据权衡两方面的考虑而坚决否认神迹事件的可信性。②继承自然神论者的思路，休谟从先天论证与后天论证两个侧面对神迹概念进行了彻底否定，前者致力于说明这个概念自身就包含着自相矛盾，即，神迹是自然律的违反，而自然律又是建立在坚固、不可改变的经验之上因而不可能遭到违反的；后者则用权衡证据的方法强调否定神迹的证据远强于支持神迹的证据，因此，任何关于神迹的报告都是不可信的。休谟的观点和论证成为关于神迹问题的分水岭，后世的哲学家大都从休谟的范式开始思考，而不去追溯奥古斯丁和阿奎那的工作。在此意义上，安东尼·弗卢（Antony Flew）称，关于神迹的讨论"始于休谟。是休谟这位哲学家及未来的历史学家首先提出了方法论问题：原初的神奇事件的发生能否在历史证据的基础上被知道"③。乔治·麦弗洛蒂斯（George I. Mavrodes）也把休谟集中讨论神迹问题的文献——《人类理智研究》的第十章推崇为"可能是西方哲学文献中关于神迹的最为著名和最有影响力的讨论"④。休谟

---

① St. Thomas Aquinas, *Summa Theologiae*, Vol. 1, Q. 105, Art. 6.
② 英国自然神论者对神迹的否定和批评，可参见拙著《"神迹"概念的哲学探究——以休谟的"论神迹"为中心》，人民出版社2015年版，第14—20页。
③ Antony Flew, *God and Philosophy*, New York: Harcourt, Brace and World, 1966, p. 145, cf, R. M. Burns, *The Great Debate on Miracles, From Joseph Glanvill to David Hume*, East Brunswick · London · Toronto: Associated University Presses, Inc., 1981, p. 10.
④ George I. Mavrodes, David Hume and the Probability of Miracles, in *International Journal for Philosophy of Religion*, Vol. 43, No. 3 (Jun., 1998), pp. 167–182.

哲学的巨大影响力以及休谟的优美文笔是他在此问题上拥有如此重要的历史地位的原因。

把神迹理解为"一个著名攻击的对象"是休谟时代以来学者们的主流意见，直到20世纪80年代，麦基仍然坚决捍卫这种意见。尽管如此，20世纪中期之后，把"来自神迹的论证"理解为一个独立的推理，并对之进行正面阐释的努力日渐积累，斯温伯恩、罗伯特·拉莫（Robert A. Larmer）、大卫·康纳（David Corner）以及大卫·贝辛杰（David Basinger）等哲学家的著作为我们提供了这方面的丰富资源。这些努力塑造了关于神迹问题的正反论辩齐头并进、相互争鸣的当代景象。贝辛杰指出，直到近年，"分析哲学家对神奇事件的兴趣依然持续不减，五十年前所讨论的同样的基本问题很多都保存下来了，如果不是大部分的话"[1]。他把这样的基本问题概括为四个：第一，"违反自然律"这个概念是否融贯；第二，在什么条件下，人们接受作为当前自然律之反例的报告是能够有核证的；第三，是否存在什么条件，在此条件下所有人都会合理地假定，所发生的事件是当前无法自然地解释的，也是永远无法得到自然地解释的；第四，有没有一些可设想的场景，在其中，当前无法解释的事件要求理性的人承认其发生至少部分的是出于超自然的原因。上述四个基本问题中，第一个所关注的是把神迹定义为自然律的违反是否存在着逻辑不一致的问题；第二个所关注的是神迹见证的核证问题；最后两个所关注的是超自然存在者与神迹事件的关系以及"超自然解释"是否合理的问题，它们都是在当代哲学家中得到大量讨论的实质性话题。借鉴贝辛杰的洞察，本章从"先天论证与'乞题指责'"、"后天论证与'见证'的认知地位"以及"神迹事件是否上帝存在的证据"等三个侧面探讨神迹话题的当代论争。

第一节 先天论证与"乞题指责"

人们普遍认为，休谟否定神迹的努力包括先天论证和后天论证。如，弗朗西斯·贝克威思（Francis J. Beckwith）指出，休谟的论证分为两步：第一

---

[1] David Basinger, *Miracles*, Cambridge: Cambridge University Press, 2018, p.69.

步是先天论证,即,由定义推出神迹不可能的"原则论证"(in-principle argument);第二步是休谟以权衡证据的标准来检验神迹的历史证据之有效性的"历史的—标准论证"(historical-criteria argument)。[1] 先天论证即这样的论辩:仅依靠分析神迹概念的上述定义,无须诉诸经验证据就可推出神迹事件的发生是不可能的。休谟先天论证的出发点是他为神迹下的著名定义:"神迹是自然律的违反,由于坚固、不可改变的经验建立起这些规律,从事实的本性说,反驳神迹的验证是和从经验中可以想象的任何论证一样完全。"[2] 后天论证则是完全诉诸考察证据,通过综合比较支持和反对神迹的证据,秉承证据更强的一方排斥了证据更弱的一方的原则,证明神迹未曾发生过的证据压倒神迹发生过的证据,由此推出,神迹事件是不可能的。"权衡证据原则"是后天论证的基础。

对于休谟所提出的两个论证之间的关系,学界存在着把先天论证视为核心论辩的"经典阐释",即,认为休谟是打算从由来自他人见证的合理信念之本性上构造论证,仅靠对此本性的分析就可以拒斥各种关于神迹曾经发生过的报告。[3] "经典阐释"面临着过于强调先天论证,以至于后天论证沦为多余的窘境。针对这个窘境,有当代学者提出不同意见。如,罗伯特·福格林(Robert J. Fogelin)坚持认为,休谟的先天论证自身就足以确立"关于神迹见证之地位的根本论题"的观点是对休谟文本的误读,第二部分也不仅仅是个附加的补充,它对于第一部分开始的论证的完成来说是本质性的:"广泛地说,第一部分的任务是为衡量支持任何种类的神迹见证确立恰当的标准;第二部分的任务是表明宗教的神迹报告在过去并没有满足这个标准。"[4] 又如,彼得·米利肯(Peter Millican)称,休谟在"论神迹"第一部分的目标是提出

---

[1] Francis J. Beckwith, *Hume's Argument against miracle*, University of America, 1989, p. 24.

[2] David Hume, *An Enquiry concerning Human Understanding*, Peter Millican (ed.), Oxford: Oxford University Press, 2007, p. 83. 在提出上述定义的段落的结尾,休谟提供了一个注释以进一步解释神迹,这个注释中又如此定义神迹:"可以把神迹确切地定义为,它是指由神的特定意志或由某种不可见行动者的干预所引起的对自然律的违反。"

[3] See, R. M. Burns, *The Great Debate on Miracles, From Joseph Glanvill to David Hume*, p. 142.

[4] Robert J. Fogelin, *A Defense of Hume on Miracles*, Princeton and Oxford: Princeton University Press, 2003, pp. 9 – 10.

第五章 神迹

"其为错将比其所致力于建立的事实更为神奇"这条"休谟原理"(Hume's Maxim),第二部分运用这条原理建构后天论证:"第一部分所总结的原理是为第二部分的论辩所处理的可信性提供真正的门槛。"[①] 我们看到,休谟文本的现实情况是,先天论证篇幅要比后天论证短得多,篇幅上的差异似乎也在提示"经典阐释"过于草率。概而言之,研究者们对休谟两个论证的性质与关系存在着不同理解,这些不同理解赋予两个论证不同的理论地位。出于写作目的的考虑,我们在此不拟详细讨论这个分歧,而把关注点放在针对这两个论证所提出的当代讨论上。本节将围绕"乞题指责"(the begging-the-question charge)聚焦针对先天论证的讨论;下一节将围绕"'见证'的认知地位"聚焦针对后天论证的讨论。

当代哲学家本杰明·阿姆斯特朗(Benjamin F. Armstrong)把针对休谟先天论证的乞题指责概括为:"要论证由于复活事件与自然律相冲突因而关于复活的报告就被反驳掉了,如果自然律依赖于复活不曾发生过这个假设,这就假设了所要证明的东西来证明它。"[②] 可见,乞题发生在自然律与复活事件之不可能性之间,前者足够强意味着后者不会发生,后者不会发生又是前者足够强的条件。实际上,乞题指责并不仅是个当代问题,早在休谟同时代的1762年这个指责就已经由乔治·坎贝尔(George Campbell)提出来了。[③] 在是年出版的《神迹论》(*A Dissertation on Miracles*)一书中的第一部分第二节,他针对休谟的论证构造了一个这样的批评:(1)坚固的、不可改变的和一贯的经验必定起源于见证;(2)没有反例的经验才可以被恰当地称为"坚固的、

---

① Peter Millican, "Twenty Questions about Hume's 'Of Miracles'", *Royal Institute of Philosophy Supplement* 68: 151 – 192.

② Benjamin F. Armstrong, Jr., Hume on Miracles: Begging-the-Question against Believers, in *History of Philosophy Quarterly*, Jul., 1992, Vol. 9, No. 3 (Jul., 1992), pp. 319 – 328.

③ 有哲学家指出:"关于神迹的争论是18世纪上半叶英国理智生活的主要特征之一……对于哲学家和神学家,这个争论具有可观的内在价值,因为,它包含着簇拥在神迹概念周围所发生过的最密集的讨论。"(See, R. M. Burns, *The Great Debate on Miracles, From Joseph Glanvill to David Hume*, p. 9.) 休谟的论证正是在这样的学术氛围下提出来的,它浓缩了那个时代相关争论的精华,为后世提供了一个不朽的文献。休谟的论证出版不久就引起了大量讨论,在休谟同时代的哲学家们从术语的使用到论证的构造都向休谟提出批评意见,从问题提出的年代久远以及所讨论问题的恒久有效性两个方面的考虑,可以把这些批评概括为针对休谟论证的"经典批评"。关于神迹的当代讨论所提出的问题大多都能够从"经典批评"中找到源头,"乞题指责"正是其中一例。

不可改变的和一贯的经验"，所以这类经验必定是不会有相反见证的；（3）然而根据休谟的假设，他所反对的神迹又是被见证所支持的；因此，休谟犯了"乞题"谬误。① 在坎贝尔的版本中，乞题发生在自然律与神迹见证之间。我们知道，在休谟的行文中，复活是神迹的典型例子，因此，阿姆斯特朗和坎贝尔的基本思路是一致的，都坚持自然律的成立与神迹见证的不可能性之间存在着逻辑循环。

乞题指责针对的是休谟的先天论证，这个论证的推理是怎样的呢？我们看到，在"论神迹"的第一部分中，休谟援引特洛森博士（Dr. Tillotson）反对"真实临在说"（real presence）的论辩思路，为"一劳永逸"地推翻神迹提供了一个"决定性的论证"："我很高兴找到了一个类似性质的论证，如果这个论证是正确的，那么它将是个对各类迷信、错觉的智慧、博学而一劳永逸的审查，因而，这种审查将亘古有用。"② 休谟所提到的特洛森的论证是这样的：第一，圣经或传统的权威仅仅建立在使徒们的见证之上；第二，我们对于基督宗教真理的证据比我们对于感觉真理的证据弱；第三，一个较弱的证据从来不能消灭一个较强的证据；第四，真实临在说"与我们所接受的正确的推理规则直接相反……因此，这种学说是与感官相矛盾的"。③ 简言之，特洛森的论证可以概括为：（1）真实临在说与感官真理相反；（2）感官真理所拥有的经验证据比真实临在说强得多；（3）强的证据消灭弱的证据；（4）感官真理为真，真实临在说为假。其中，前三步是前提，最后一步是结论。如果用神迹代换"真实临在说"，用自然律代换"感官真理"，就可以得出休谟反驳神迹的论证。这个论证看似简明扼要，但如果我们进一步追问感官真理的证据能够"消灭"（destroy）真实临在说的证据是不是意味着前者足够强以至于不会出现反例？倘若如此，是否说明由前者即可推出后者不会出现并且只有后者不可能为真前者才能够成立？这后一个问题隐含着某种循环：一方面，感官真理为真推出真实临在说为假；另一方面，只有真实临在说为

---

① James Fieser (ed.), *Early Responses to Hume*, Volumes 6, Bristol: Thoemmes Press, 2005, pp. 33 - 34.
② David Hume, *An Enquiry concerning Human Understanding*, p. 79.
③ David Hume, *An Enquiry concerning Human Understanding*, p. 79.

假感官真理才能够为真。休谟的论证与特洛森的论证结构一致,而且休谟又进一步强化了自然律,认为自然律的根据是"坚固、不可改变的经验",强调两个方面,则上述循环更为明显:其一,自然律必定能够消灭神迹的证据;其二,只有彻底消灭神迹之证据的规律才能称得上自然律。"乞题指责"就是坚持休谟的先天论证存在着上述的逻辑循环。

20世纪中叶以来,围绕这个指责所展开的论辩让人们得以更深刻地理解休谟的先天论证。乞题指责的当代代表人物是阿拉斯泰尔·麦金农(Alastair McKinnon)。他把超自然主义者的神迹概念概括为两种主要意思:第一,"一个包含着自然律之暂停的事件";第二,"一个与我们对自然律的理解相冲突的事件",指出这两种意思下都会犯乞题错误。① 具体地说,麦金农认为,在第一种意思中,"自然律的暂停"在"意义"(meaning)和"用法"(use)两个方面都是包含矛盾的。就"意义"方面说,自然律不像处于不断修订中的民法,而是"对事物实际发生方式的高度概括的简略描述",这种描述下"没有什么自然律的暂停能够得到恰当理解",因此,"恰如此处所定义的,神迹术语就包含着矛盾"。② 就"用法"方面说,当一个人面对着一个被设想为神迹的事件时,他就陷入困境:要么承认这个事件的实在性同时否认它所违反的"规律",要么承认这些"规律"而否认这个事件,二者不可兼得。在第二种意思中,冲突发生在"神迹事件"和"我们的自然律概念"之间。如果人们在"表达"(express)自我情感的意义上来理解神迹事件和自然律,那么确实说不上二者存在什么矛盾,比如,如果用"神迹"来指"x使我困扰"或者"我知道没有什么自然律能够解释x";但如果在"描述"(describe)外在对象的意义上来理解它们就产生矛盾了,比如同时声称"这只猫确实是白的"以及"所有猫都是黑的"一样,二者无法同时成立。神迹概念的两个主要意思都包含矛盾,这意味着坚持自然律就意味着神迹见证是不可能的,二者之间存在着逻辑循环,因此是乞题的。

---

① Alastair McKinnon, "Miracle" and "Paradox", in *American Philosophical Quarterly*, Oct., 1967, Vol. 4, No. 4 (Oct., 1967), pp. 308–314.

② Alastair McKinnon, "Miracle" and "Paradox", in *American Philosophical Quarterly*, Oct., 1967, Vol. 4, No. 4 (Oct., 1967), pp. 308–314.

可以看出，如果成立的话，针对的是休谟先天论证的乞题指责会给休谟的论证带来严重冲击：一方面，按照福格林和米利肯的阐释，休谟论证的第一部分就没能实现为第二部分提供门槛的目标，从而削弱了后天论证；另一方面，如果接受"经典阐释"，先天论证的失败更会导致休谟论证的彻底失败。乞题指责提出的是一个很强的逻辑论证，如何来应对这个论证是人们必须认真面对的问题。我们将在细致讨论麦基、桑顿（J. C. Thornton）、乔治·施莱辛格（George N. Schlesinger）以及斯温伯恩应对此问题的努力的基础上，提出重审休谟哲学、避免"时代性错误"的必要性。

麦基认为休谟反驳神迹的论证实质上是正确的，当代哲学家的使命是改造和强化这些论证，麦基同样坚持，经过改造与强化的休谟式论证能够成功避免乞题。麦基接受休谟的"神迹违反自然律"信条，他对休谟先天论证的改造体现在把自然律限定为"封闭系统的自然秩序"以及为神迹概念增加超自然存在者之介入（intrusion）的条件。

麦基把神迹定义为：一个神（a god）或其他超自然的存在者为了实现其意图而有目的地介入通常都是封闭系统的自然秩序之整体的情况下所发生的事件。[①] 在强调神迹出于超自然的存在者的有目的干预上，麦基的这个定义与休谟在注释中提出的神迹定义如出一辙。然而，麦基修改了休谟定义的后一个部分，即，没有直接强调神迹是"对自然律的违反"，而是说神迹只有在超自然存在者介入封闭系统的自然秩序的情况下才会发生。从这一点看，麦基的定义似乎要比休谟的定义弱，但这种假象源于麦基对自然律的不同理解。"封闭系统的自然秩序"所表达的实际上就是麦基的"自然律"概念："我们必须说，自然律描述了世界——人类当然也包括在内——在自在的、没受到干预的状态下的运行方式。"[②] "封闭系统"限定了自然律发挥作用的范围，在此范围内，自然律是不容违背的，因为"在其中所发生的事情都是那个系

[①] 麦基没有为神迹提供一个完整的定义，此处的定义是笔者综合麦基的相关论述概括出来的。See, J. L. Mackie, *The Miracle of Theism: Arguments For and Against the Existence of God*, Oxford, Clarendon Press, 1982, p. 22.

[②] J. L. Mackie, *The Miracle of Theism: Arguments For and Against the Existence of God*, p. 20.

统内的要素按照其运行规律活动的结果"①。基于上述讨论,麦基坚持,人们不能先天地排除神迹发生的可能性,理由在于:当一个异常事件出现时,我们无法仅凭相关的规律以及一些先在的情况确定地说它在自然秩序中不能发生,即,无法确定地说存在着超自然存在者介入的情况,仍然可以说它在自然秩序中无法发生以及超自然存在者的介入是"非常可能"(very probable)的,"因此,不管自然律是决定论的还是统计学的,我们都能为神迹提供一个融贯的定义……"②。神迹定义的融贯性使得乞题指责不攻自破。

桑顿也坚持通过改造休谟的论证来避免乞题。桑顿称,休谟先天论证不否定死人复活是逻辑上可能的,也不否定死人复活是个神奇事件,他所要否定的是"对于任何人来说,同时有好的理由来相信这个事件确实发生过与那个事件实际上是个神迹"③。桑顿指出,休谟否认这一点的原因在于他假定自然界中的全部事件在某种意义上构成了一张毫无例外的规则性的大网,既然神迹被定义为是一种例外,那么它根本不会发生。按照乞题指责的推理,这张大网与神迹根本不会发生之间是相互循环的。

与麦基类似,桑顿通过重新定义神迹,为之增加超自然存在者的因素来证明上述循环并不存在。具体地说,桑顿构造了一个反例来说明反常事件发生的语境和条件:假设当"我"在写作此处所讨论的这篇文章时,作为一个读者的"你"还有一些其他见证人出现在"我"的书房中,你知道在我写作过程中所使用的铅笔不会变成一只蜥蜴。进一步假设,两分钟后铅笔确实变成蜥蜴了。由于这个出人意料的事件确实发生了,我们就无法继续坚持,不管有多少证据都不会承认这个事件是真的。如果是在这种情景下:书房中有一个人自称为光明之神玛兹达(Mazda)的先知,是他呼求其神灵把铅笔变成蜥蜴以彰显该神灵的能力,不仅如此,这个人还能做其他神奇的事情,这样的情况下,合理的推论不是坚决否认反常事件的真实性,而是承认这些事件应该是由某种不可见的行动者引起的,这个不可见的行动者有能力施行有意

---

① J. L. Mackie, *The Miracle of Theism: Arguments For and Against the Existence of God*, p. 21.
② J. L. Mackie, *The Miracle of Theism: Arguments For and Against the Existence of God*, p. 22.
③ J. C. Thornton, Miracles and God's Existence, in *Philosophy*, Apr., 1984, Vol. 59, No. 228(Apr., 1984), pp. 219–229.

图的行动。桑顿指出，这个反例表明，存在着一些环境，在其中人们可以合理地推出反常事件不仅能够发生，而且，这些事件是由某个不可见或物理上无法探测的行动者引起的，这位行动者的有意行为是这些事件发生的必要条件。如果把不可见的行动者因素添加到神迹概念中，考察神迹发生之可能性的问题就不会仅限于考察证据了，而还有赖于是否一个人已经接受了全能的人格神："有了这个信念，神迹故事为真的可能性就不仅依赖于相关证据的数量和质量了，也（同样重要地）依赖于所断言的神迹是否能够恰当地归因于所相信的那个神。"[①] 对于那些相信一个全能的人格神的人以及拒绝这个信念的人来说，对神迹故事发生之可能性的评估是不同的。基于新的神迹定义，桑顿得出怀疑论的结论：人们不能先天地知道没有什么神迹发生过，因为，我们只能粗线条地说明在何种条件下发生了什么事情能够使人合理地得出神迹确实发生过，但是，这些条件本身非常奇妙，我们基于归纳基础根本无法充分把握它们。在这个意义上，对神迹是否能够发生的问题持开放态度是更为明智的，此外，桑顿还认为，鉴于各种版本的设计论证明都不可靠，神迹可以充当人格神存在的"唯一根据"。

另一个尝试通过改造休谟的论证来避免乞题的哲学家是施莱辛格。他把乞题指责概括为"没有死人能够复活"这个真命题与"死人复生这样的事件从没有发生过"之间的循环。针对这个循环，施莱辛格指出，只有在休谟要求一个强的前提的情况下，他的论证才会存在循环，如果用一个弱的前提取而代之，就可以避免这个循环。这个强的前提是"人们知道，死人复活的案例至今未曾被观察到过"；弱的前提是"在全部已知的观察案例中，死人似乎都保持死亡的状态"。[②] 在弱的前提下，休谟可以采用归纳推理由部分已知案例"死人都保持死亡"推出全称概括"没有死人能够复活"。

施莱辛格提到，上述改造是他自己的想法，休谟本人并没有做出这个努力。休谟没有尝试改造自己的论证本身就是耐人寻味的：休谟为什么会构造

[①] J. C. Thornton, Miracles and God's Existence, in *Philosophy*, Apr., 1984, Vol. 59, No. 228 (Apr., 1984), pp. 219 – 229.

[②] George N. Schlesinger, Miracles and Probabilities, in *Noûs*, Jun., 1987, Vol. 21, No. 2 (Jun., 1987), pp. 219 – 232.

一个存在乞题问题的先天论证呢？换言之，休谟本人为什么没有改造其论证使之避免乞题指责呢？是因为他没意识到乞题指责吗？这似乎与其作为卓越哲学家的历史地位不符；是因为他有其他理由而可以坚持其论证不存在乞题问题吗？这意味着"乞题"是个虚假的指控。这些疑难提示我们，乞题指责确实涉及一些实质性的哲学问题，并非仅是一个简单的逻辑辩难。如前文所示，乞题指责的聚焦点在于自然律的不容违反与作为违反自然律事件的神迹之间存在着逻辑循环，应对乞题指责的努力包括两种思路：第一，把"超自然存在者的干预"作为反常事件发生的直接原因补充到所讨论的话题中，对这个直接原因持谨慎的开放态度为"违反自然律"的可能性提供了空间（麦基、桑顿）；第二，把反常事件改造为更弱的表述以消除其"违反自然律"的性质，从而避开乞题（施莱辛格）。可以看到，这些应对都集中在自然律是否可被违反上，自然律能否被违反的问题又取决于对自然律之性质的理解，我们援引斯温伯恩的相关思考进一步讨论这一点。

我们知道，休谟用"坚固、不可改变的经验"来描述自然律得以确立起来的基础，这个描述的模糊性是导致乞题指责的根源。根据字面意思，坚固、不可改变的经验确实意味着自然律是不容违反的；而根据弗卢所洞察到的"休谟之叉"的基本精神——所有事实问题都无法逻辑地排除其相反情况——作为事实问题之一的自然律当然无法逻辑地排除其反例。如何理解休谟的"自然律"概念才是恰当的呢？

斯温伯恩坚持，乞题指责的根源在于把自然律阐释为不容反例的"普遍的规律"（universal law），而当代科学中广泛解释的自然律是"统计的规律"（statistical law）。"普遍的规律"的逻辑形式是"所有的此事都是彼事"，其反例的形式是"一个此事非彼事"，这种理解下，既然强调规律是"普遍的"，它就逻辑地包含着不存在反例的情况；"统计的规律"的逻辑形式是"n%的此事是彼事"，这种规律下"还有很多被观察到的此事不是彼事，这个理论没有完全排除其发生"。[①] 斯温伯恩指出，当代科学中的自然律概念澄清

---

① Richard Swinburne, *The Concept of Miracle*, London and Basingstoke: Macmillan and CO LTD., 1970, pp. 30–31.

了休谟在描述自然律方面的模糊性,在作为"统计的规律"的自然律概念下,乞题问题自然得到消解。

具体地看,斯温伯恩指出,当代理论科学家的自然律概念的诞生是通过如下过程产生的:针对观察到的现象,寻求最具概括性、最简单的公式,这个公式要能够达到这样的要求:过去的现象都能够从这个公式中推论出来,未来的现象可由此公式预测到。在寻找这样的公式的过程中,一开始会有很多公式能够起到这种作用,根据简单性和可预测性两个标准进一步地检测以排除一部分,如果最后只剩下一个能够与所观察到的现象兼容的公式,人们就暂时将之接受为自然律。这样获得的自然律是"可修订的"(corrigible):"任何拟议的自然律都是可修订的,即,未来的观察能够表明这个被提议的规律不是个真正的规律。但只要一个公式经受住了未来的检测,这就增加了其作为真正规律的证据。"① "可修订的"意味着"拟议的",自然律都能够容纳反例,意味着违反自然律也是允许的,但斯温伯恩对把违反自然律严格地限定为"出现一个针对自然律的非重复反例"。之所以要作此限定,在于如果出现可重复的反例就意味着该规律已经不再是自然律了:"对于真正的自然律来说,不可能存在可重复的反例,即,在类似环境下会重复的反例。针对所谓规律的可重复的反例只能表明那些所谓的规律不是真正的规律。"② 斯温伯恩着重区分"可重复的反例"与"不可重复的反例"的原因在于,在当代科学视野下,"可重复性"是科学证据的标准之一,如果某反例是可重复的,就意味着用以解释它的规律需要修正,而如果某反例是不可重复的,则意味着该反例得以出现的源头在于实验条件,而用以解释它的规律自身仍然成立。

斯温伯恩早年对当代科学哲学所下功夫甚多,努力把自然科学的当代进展引入关于宗教哲学经典问题的讨论中是其一贯主张,他解决乞题指责的上述思路正是这种主张的鲜明体现。他基于当代科学哲学背景提出的作为"统计的规律"的自然律概念,为休谟的古典描述提供了清晰的、符合科学规范的当代阐释,这种阐释避免了休谟自然律概念所呈现出的武断性、模糊性,

---

① Richard Swinburne, *The Concept of Miracle*, p. 25.
② Richard Swinburne, *The Concept of Miracle*, pp. 26 – 27.

也让乞题指责消于无形，在此意义上，我们认为斯温伯恩为乞题指责提供了一个比较满意的解决。尽管如此，前文所提出的系列追问依然悬而未决：作为一个出色的哲学家，休谟为什么没有亲自把自己的自然律概念以及先天论证说清楚，以从根本上铲除乞题指责得以产生的土壤呢？我们尝试回到休谟哲学本身来回答这样的追问。

安东尼·弗卢（Antony Flew）的工作为回到休谟哲学提供了卓越的范例。弗卢认为，乞题指责表面上看是源于对休谟"自然律"和"神迹"概念的误解，实质上是源于对休谟关于解证推理与事实推理之分（"休谟之叉"）的误解。如果严格遵照休谟对"事实推理"的限定，无论如何都不会推出"先天论证"会犯下"自然律"与"神迹"两个概念之间相互循环的错误。弗卢通过澄清"自然律"概念和"神迹"概念分别说明这一点。

一方面，弗卢认为，乞题指责得以成立的前提之一是强调自然律的不可违反，这是对休谟的自然律概念的误解。在弗卢看来，休谟的"自然律"概念和他的"因果性"概念类似，都没有"逻辑上的必然性"，至多只能限于两个事件之间的"习惯性的心理关联"（habitual psychological association），在此意义上，就根本无法称该规律的例外事件的发生是"物理上不可能的"。这导致"休谟不能提供一个足够强的自然律概念以真正区分神奇（the miraculous）事件的与极端反常（the extremely unusual）事件的"①。弗卢举例称，休谟关于完全健康的人突然死去不是个神迹，而死去的人重新复生则是个神迹（因为，在任何时代或任何国家都没有被观察到过）的那个"臭名昭著"的段落就是如此，在这个例子中，如果人们把关于"这种只是个数值上普遍的命题"（such a merely numerical universal proposition）的所谓知识用作一个"经验准则"，并"以之为彻底拒斥任何关于虚假例外之发生的见证提供核证的话，都会是个荒谬的循环"②。此处，在弗卢把休谟的自然律阐释为"数值上普遍的命题"，他还指出，这样的自然律概念包含着"法则论的要素"（nomological element），而"一旦认识到自然律意思中的这个本质性的法则论的要

---

① Antony Flew, *Hume's Philosophy of Belief*: *A Study of His First Inquiry*, London and New York: Routledge & Kegan Paul Ltd, 1961, p. 204.

② Antony Flew, *Hume's Philosophy of Belief*: *A Study of His First Inquiry*, p. 204.

素,这点就清晰起来:关于自然律的知识(或假定的知识)能够成为将任何与该规律不一致的事情作为事实上不可能的东西而予以摒弃的基础。"① 另一方面,弗卢接受"休谟之叉"的区分,指出,休谟反驳神迹的先天论证从根本上说是个事实推理,因此,其目的不是要在解证推理的层次上证明神迹事件是不可设想的,而是要在事实推理的层次上表明,"出于事实问题的本性",神迹发生所需的证据中"必定存在一个冲突"。根据"任何可理解、能够被清楚设想的东西都不包含矛盾,也永远不能被解证论证或抽象的先天推理证明为错"②,这条事实推理的基本观点,先天论证并没有在逻辑上排除神迹发生的可能性,也没有认定自然律是容不下任何反例的。基于这种理解,弗卢把休谟先天论证的实质进行概括:"在第一部分中,他要尝试先天证明的并非作为一个事实,神迹不能发生;而是出于这个概念的本性——'出于事实的本性'——在表明这些神迹确实是神迹所需要的证据方面,必定存在一个冲突。"③ 弗卢在这里给出的"他要尝试先天证明的并非作为一个事实,神迹不能发生"这一判断明确否认了乞题指责的理论出发点,既然乞题得以产生的另一个前提:"神迹的发生是不可能的"并非休谟的意图,乞题也就无法形成。

基于上述两个方面的论证,弗卢的结论是:由于休谟的先天论证是"事实推理"的一种,它能够实现的只是在事实层面排除与自然律相违背的神迹,事实推理的本性使得这种排除不是逻辑上的,因此,以逻辑分析为基础的乞题指责是误解休谟的结果。在弗卢的解读下,休谟的论证要弱得多,弗卢认为这源于休谟的"防御性"的写作目的,"他并非试图先天地证明任何可描述的事件是不可设想的",而是要"表明确定真正神奇的事件确实发生过的任何尝试都隐含着独特而重要的困难"。④ 弗卢的观点与福格林、米利肯在阐释休谟两个论证之关系时所表达的观点类似,可以视之为走出"经典阐释"的一种努力。

---

① Antony Flew, *Hume's Philosophy of Belief: A Study of His First Inquiry*, p. 205.
② David Hume, *An Enquiry concerning Human Understanding*, p. 25.
③ Antony Flew, *Hume's Philosophy of Belief: A Study of His First Inquiry*, p. 176.
④ Antony Flew, *Hume's Philosophy of Belief: A Study of His First Inquiry*, p. 176.

第五章 神迹

弗卢致力于通过澄清休谟的真实思路来表明乞题指责是误解休谟的结果。他的努力颇有启发，接下来，我们沿着这条努力方向，进一步讨论休谟的先天论证是否当代意义上的分析推理。如果答案是否定的，那么，基于当代的"分析性"概念所提出的乞题指责就是个犯了"时代性错误"的问题，其根源在于误读了休谟的原始论证。

如前文所述，"乞题"的根源在于自然律与神迹概念之间的逻辑循环，乞题指责的结论是：此循环的存在，使得休谟仅根据神迹概念进行语义分析即可排除神迹发生之可能性的先天论证是不成立的。我们看到，对逻辑循环和语义分析的强调是乞题指责得以提出的思想前提，也是"先天论证"的当代意思的思想前提。因为当代哲学家一般在康德所提出的"先天/分析"以及"后天/综合"的框架下讨论"先天论证"，认为"先天论证"就是以仅凭概念间的关系就可以确定命题的真值的分析推理构造的论证，而命题的真值最实质形式是逻辑的真。需要考察的是，这些作为思想前提的强调是否休谟本人的关注点呢？作为"前康德"的近代哲学家，休谟是否在上述当代意义上使用"先天论证"呢？我们来看休谟本人对先天论证的理解。

在《人类理智研究》第四章，休谟多处使用了"先天的"（a priori）及"先天推理"（reasoning a priori）这两个术语。如，在解释因果推理时，休谟说："我大胆断言，作为一个毫无例外的普遍命题，这种关系（因果关系）的知识在任何情况下都不是由先天推理获得的，而是完全来源于我们所发现的任何特定对象相互恒常关联的经验。"[①] 在接下来的一段，当休谟说明"原因和结果的发现，不是通过理性而是通过经验"这个命题时，他举了火药爆炸和磁石吸引的例子来说明这一点："没有人可以想象，火药的爆炸或磁石的吸引能够通过先天论证（argument a priori）来发现。"[②] 随后，在说明必须依靠经验获知石头或金属在空中会落下来这个实际的事情时，休谟说："但，如果先天地考察这件事（to consider the matter a priori），在这种情况下，在石头或金属中，我们是不是能够发现任何能够使我们产生上升而不是下降或其他运

---

① David Hume, *An Enquiry concerning Human Understanding*, p. 19.
② David Hume, *An Enquiry concerning Human Understanding*, p. 20.

动的东西呢?"在说明解证推理不能证伪实际的事情时,休谟说:"任何可理解的(intelligible)和能够被清晰设想的东西都意味着没有矛盾,永远不能被解证推理或抽象推理(abstract reasoning)先天地证伪。"① 这些例子提示我们,休谟是在作为适用于事实问题的"精神的推理"(moral reasoning)② 之对立面这个意义上使用"先天的"和"先天推理"的。由于休谟认为推理只有"解证的"和"精神的"两种形式,我们可以确信,在休谟看来,"先天的"只能用来修饰解证推理,"先天推理"其实就是"解证推理"的另一种表达。因为休谟的"解证推理"的意思是仅仅依靠观念之间的关系就能够进行的、与事实问题无关的推理,"先天的"所强调的也是仅仅依靠观念、与事实问题无关。

休谟"仅仅依靠观念、与事实问题无关"意义上的"先天论证"与"仅凭概念间的关系就可以确定命题的真值的分析推理构造的论证"这种当代用法还是存在着微妙差异的:休谟在《人性论》中指出,解证推理适用于四种哲学关系,即,相似(resemblance)、相反(contrariety)、质的程度(degrees in quality)、量或数的比例(proportions in quantity or number)。其中,前三种哲学关系是由直觉(intuition)发现的,其特征是"一眼即可发现"无须中介观念的帮助,第四种哲学关系是由解证所发现的(休谟的"解证"有广义和狭义两种,狭义的解证是指需要其他观念作为中介的解证推理,广义的解证包括直觉和解证)。休谟举例称,"当任何对象是相似的时候,这种相似性会立刻冲击眼睛或者更确切地说是冲击心灵,很少需要第二次检查",并称相反和数的程度也类似。③《人性论》关于解证推理的上述思想在《人类理智研究》第四章被休谟重复提出:"属于第一类的(观念之关系的推理)是几何、

---

① David Hume, *An Enquiry concerning Human Understanding*, p. 25.
② 此处采纳关文运先生的译法,在《人类理解研究》第一章"各派哲学"的开篇,关文运先生把休谟的 Moral Philosophy 译为"精神哲学"。(参见[英]休谟《人类理解研究》,关文运译,商务印书馆 1957 年版,第 11 页)对于休谟的"moral"一词,当代休谟研究专家彼得·米利肯指出,休谟是在 18 世纪的意义上而非现代的"伦理"意义上使用的。See, David Hume, *An Enquiry Concerning Human Understanding*, Introduction, p. xxxi.
③ David Hume, *A Treatise of Human Nature*, Edited with an Analytical Index by L. A. Selby-Bigge, M. A., Oxford: The Clarendon Press, 1888, p. 70.

代数和算术等科学；简言之，是这类断言：它或者是直觉确定的或者是解证确定的。"① 休谟所谓四种哲学关系显然不仅仅指"逻辑的真"这种关系，相似、相反、质的程度、量或数的比例这些都与"逻辑的真"没有多少直接关系。

乔治·迪克（Georges Dicker）把休谟的"先天论证"与当代的"先天论证"之间的微妙差异概括如下："休谟之叉"的仅仅通过经验知道的命题比"所有可知的命题要么是先天分析的要么是后天综合的"（MV）命题更窄；而"休谟之叉"的能够被先天知道的命题又比 MV 的宽。原因是，一方面，休谟的"事实问题"仅仅包括断言或包含存在的命题，这样，我们就可以合理地坚持，所有断言或包含存在的命题都是综合的，但是反过来并不成立：并非所有综合命题都断言或包含存在，如"没有三个翅膀的鸟"（后天综合命题）。另一方面，尽管所有分析命题都是观念之关系的命题，但反过来并不成立，"休谟的观念之关系并不必定是分析的：人们只需要先天地知道它们并不断言或包含存在"②。这些"微妙差异"提示我们，休谟的"先天论证"所指的其实是他以"解证推理"所构造的论证，"先天论证"所强调的是推理的过程仅仅需要观念参与，不包含任何断言或包含存在的命题，在此理解下，休谟的先天论证根本没有涉及神迹发生的事实问题。由此，我们可以得出与弗卢论证的第二个方面完全一致的结论：休谟没有对神迹事件的发生进行事实性断言，这就意味着休谟的先天论证根本没有用排除神迹之发生来确证自然律，因此，不存在所谓乞题的问题。

总的来说，"乞题指责"试图指出，休谟的先天论证因存在着自然律的成立与神迹发生之不可能之间存在着逻辑循环，因此，该论证是乞题的。回应乞题指责的当代尝试包括为神迹概念补充"超自然存在者的干预"条件、把神迹事件的发生改造为更弱的归纳推理以取代较强的全称判断、把不容违反的自然律改造为作为"统计的规律"的自然律等。弗卢对休谟本人的自然律与神迹概念的澄清，以及我们对休谟先天论证的理解都提示了乞题指责所犯

---

① David Hume, *An Enquiry concerning Human Understanding*, p. 18.
② Georges Dicker, *Hume's Epistemology and Metaphysics: an introduction*, London and New York: Routledge, 1998, pp. 53 – 54.

的"时代性错误"问题,这个问题提示我们,乞题指责所牵涉的不仅是具体论证,准确理解休谟哲学、从根源上消解乞题也是一个颇有前景的侧面。这些论辩表明,乞题指责为人们开启的是一个深刻而又开放的探讨空间。

第二节 后天论证与"见证"的认知地位

如前文所述,休谟反驳神迹的论证由先天论证与后天论证组成。休谟后天论证根据这基本原理来权衡支持神迹的见证:"没有什么见证(testimony)足以确立一个神迹,除非此处的见证是这种类型的,即,它是虚假的将比它要努力确立的事实更为神奇;即使在那种情况下,也存在着论证之间的相互抵消,只有比较占优势的一方,才能以其抵消较弱一方的力量之后所剩下的力量,使我们产生与那种力量相适合的确信。"① 比较的结论是,支持神迹的见证比反驳神迹的见证弱得多,因此,神迹的发生是不可能的。

具体地说,休谟首先从"死人复活"这个神迹的例子推出"必定有个反对任何神奇事件的经验整体",并且,"由于经验整体形成一个验证,从事实的本性必定有个反对任何神迹存在的直接而完全的验证",而由经验整体所形成的验证是"不能被消灭的,除非有个更强的相反验证的支持,神迹也不能被认作可信的"。② 随后,休谟基于四个方面的理由辩称"从没有一个神迹事件建立在如此完满的证据之上"③。第一,不满足人们达到完全确信的见证的条件,这些条件包括具有足够多这样的见证者:他们具有良好的感觉、教育和学识以避免虚幻;具有毫无疑问的诚实以避免欺骗;在人们的眼中具有如此的信用和名声,以使他们免于被任何错误欺骗;在公开的场合证明事实,以使欺骗不可能。第二,神迹的证据违反"未来的事情相似于过去的事情"这一经验推理原则,神迹故事是人们的猎奇心、虚荣心以及对传播奇异事件之消息的强烈癖好的产物。第三,神迹都是从无知和野蛮的国度传来的,聪明人拒绝荒谬,愚蠢人夸大虚假。第四,任何神迹证据都遭到无数见证人的

---

① David Hume, *An Enquiry concerning Human Understanding*, p. 83.
② David Hume, *An Enquiry concerning Human Understanding*, p. 83.
③ David Hume, *An Enquiry concerning Human Understanding*, p. 84.

反对，这些反对毁灭了神迹证据的可信性。休谟后天论证的结论是："对于任何种类的神迹来说，都没有什么见证曾累积成或然性（probability），更不要说累积成验证（proof）了；即使假设它能够累积成一个证明，也会遭到另一个证明的反对；后者正是源于它所要努力建立的事实的本性。人的见证的唯一权威是经验，同样的经验使我们确信自然律。"①

这些论述表明，在各种经验证据中，休谟对"见证"情有独钟。实际上，休谟在《人类理智研究》第一部分就强调见证了。此处，当说明了"衡量证据"方法的原则和结果之后，休谟紧接着就把这一方法运用到"一个特殊的情况"：目击者的报告。休谟指出，见证并不是如一些人所认为的因果推理之外的推理方式，因果推理所遵循的普遍原则——从一个对象得出另一个对象的推论都是仅仅建立在我们所具有的两个对象的恒常、规则的联合——也同样适用于见证。这里，休谟所要强调的是，见证并不是经验推理之外的其他推理方式，而是经验推理的一种，他说："由于产生于目击和人类见证的证据是建立在过去的经验之上的，因此，它随着经验而变化，根据过去已经发现的特定种类的报告和对象之间的关联的恒常或不定而被看作一个验证或一个或然性。"② 休谟补充说到，作为经验推理的一种，我们需要用衡量证据的方法去检验其可信性。休谟指出，见证的相反证据包括四个方面："来自相反见证的反对；来自见证者的个性或数量；来自他们陈述其见证的方式；或者所有这些情况的综合。"③ 而检验见证之可信性的结果同样也是力量更强的消灭力量更弱的，不可能有二者共存的情况。

正是基于对休谟钟情于"见证"的观察，弗卢指出，休谟所关注的"证据"仅限于目击人和历史学家所作的见证："……休谟不仅只关注证据，他也排他性地只关注一种证据，即，'目击者和历史学家'所作的见证。"④ 斯温伯恩也注意到这一点，对此，他指出："休谟的假设似乎是，关于一个事件 E 是否发生过的唯一证据是那些曾能够目击到它的人所提供的书面或口头见证，

---

① David Hume, *An Enquiry concerning Human Understanding*, p. 92.
② David Hume, *An Enquiry concerning Human Understanding*, p. 81.
③ David Hume, *An Enquiry concerning Human Understanding*, p. 81.
④ Antony Flew, *Hume's Philosophy of Belief: A Study of His First Inquiry*, p. 178.

如果该事件发生过的话。"① 休谟对"见证"的重视也得到其当代学者的响应，布劳德（C. D. Broad）和麦基等休谟的当代拥护者们秉承休谟的观点和论辩方向，通过重申神迹"见证"的不可靠来坚持、强化休谟的论证。

布劳德坚定地认为，休谟通过解释神迹"见证"的荒谬性来反驳那些维护神迹的论辩的可靠性："在我看来，休谟表明如下观点的论证是可靠的也是重要的：人们实际提供出来以支持任何特定的所谓神迹的见证都是不可信的。自休谟时代以来所作的研究都仅仅是强化了他的论证。"② 布劳德认同休谟的观点，坚持无论亲眼所见的直接见证还是基于他人转述的间接见证都无法为"复活的故事"等神迹提供令人信服的证据。布劳德称"针对事件X的直接见证"为"观察到X的某人或某些人所作的陈述"；称"针对事件X的间接见证"为"某人或某些人观察到X之外的某物（让我们称之为Y），可以断定，除非X确实发生了，该物才能被观察到"③。布劳德指出，直接见证不够强的理由在于难以排除欺骗，如18世纪的"祭司和国王为了奴役人们"而作的"有意识的欺骗"、当代人中容易看到的"诚实的自欺"等；间接见证非常弱的理由在于两个方面，其一，关于X的证据的强弱完全取决于支持Y的证据的强弱，即，间接见证的强度依赖于间接见证；其二，X的发生或许不是所观察到的Y的最佳解释。就复活的故事来说，布劳德称，其直接证据也因所见证之事的荒谬性而"非常弱"；间接见证则因两方面的理由而不强：从本质上说神奇解释的可能性非常低、无知妨碍了人们寻找其他更合理解释的尝试。

麦基辩称，休谟的后天论证能够彻底排除神迹实际发生的可能性："对于任何倾向于表明它会违反自然律的东西来说，出于同样的理由，它都倾向于使得其实际发生是最不可思议的。"④ 更详细地说，麦基坚持违反自然律的东

---

① R. G. Swinburne, Miracles, in *The Philosophical Quarterly* (1950 –), Oct., 1968, Vol. 18, No. 73 (Oct., 1968), pp. 320 – 328.

② C. D. Broad, Hume's Theory of the Credibility of Miracles, in *Proceedings of the Aristotelian Society*, New Series, Vol. 17 (1916 – 1917), pp. 77 – 94.

③ C. D. Broad, Hume's Theory of the Credibility of Miracles, in *Proceedings of the Aristotelian Society*, New Series, Vol. 17 (1916 – 1917), pp. 77 – 94.

④ J. L. Mackie, *The Miracle of Theism: Arguments For and Against the Existence of God*, p. 26.

第五章 神迹

西根本不能实际发生,倘若有人称违反自然律的事件发生了,那或许出于三种可能性:未知的环境使之成为可能;我们视为自然律的规律并非严格的规律;存在一些使之发生的未知的自然因果性,如果自然律足够完善、人们对自然律的认识足够充分,违反自然律的事情无论如何都不会发生。

麦基对休谟见证理论的推进体现在,他用"独立见证人所提供的见证相互一致"条件来强化休谟后天论证的"评估见证"(the evaluation of testimony)原则。麦基赞同休谟,强调必须权衡所报告事件自身的不可信性与该见证是错误的或不诚实的不可信性。但他认为休谟的原则还存在着三点不足:第一,可信与不可信常与信息的整体有关,如果附加的信息进来,情况或许就会改变,因此,与休谟的原则相一致的任何特定决定都是条件性的;第二,在可把握的证据之外还有其他的认知或然性;第三,休谟从部分推出整体的论证也不令人满意。休谟称如果到目前为止,所观察到的 As 都是 Bs,这就形成了关于未观察到的 A 将会是 B 的一个"证明"(proof),但,这里的证明不确切,只能是个或然性。麦基称,这些不足导致人们在确定自然律上产生误会,"曾被广泛而合理地视为自然律的东西,或许不是个自然律"①。这些不足导致休谟的自然律概念不够完善,然而,无论休谟的支持者还是反对者都需要一个完善的自然律概念,因为没有这样的概念双方都无法有意义地谈论神迹(就反对者来说,没有自然律就没法说超自然存在者介入自然律)。为了提供完善的自然律概念,麦基根据"巧合的错误是荒唐的"这一原则为休谟"评估见证"增加了"独立见证人所提供的见证相互一致"的条件。他称这个条件是对休谟观点重要补充,具有两方面的重要价值:其一,某种类型的见证就能够为它所支持的对象提供更强的证据,其强度要远超休谟所建议的强度;其二,仔细检视见证者的独立性以及他们的见证是否能够相互验证是必需的,这个要求是对休谟观点的"重要补充"。

休谟、布劳德以及麦基的上述论述表明,以"见证"的不可信为由构造后天论证是休谟的努力方向,这个方向得到了其当代支持者的继承和强化。然而,休谟及其追随者关于"见证"的论述并非毫无争议,休谟同时代的威

---

① J. L. Mackie, *The Miracle of Theism: Arguments For and Against the Existence of God*, p. 24.

廉·亚当斯在1752年出版的《关于休谟"论神迹"的论文》中，就已基于对圣经神迹的理解，逐一反驳了休谟所提出的支持"从没有一个神迹事件建立在如此完满的证据之上"的四个理由。

休谟的第一个理由提出达到完全确信的见证的五个条件：（1）足够多的见证者；（2）见证者要具有良好的感觉、教育和学识；（3）见证者必须诚实；（4）见证者要拥有好的信用和名声；（5）见证需要在公开的场合作出。针对第一个条件，亚当斯指出，除了十二使徒和七十门徒之外，很多人都因为基督的神迹和复活而变成基督徒，而见证使徒们所行的神迹而归信的人就不计其数了，由此，亚当斯进一步称："实际上是，每个转变成基督徒的个人都是这些事实的一个清楚、精确的见证。"① 针对第二个条件，亚当斯承认多数使徒和初期门徒没有良好的教育和学识，但是，亚当斯反问："什么学识对人们用眼睛看见和用耳朵听见是必需的？"因为"他们所证明的神迹是平实的事实和感觉的对象"。② 所以感觉就足以证明他们眼睛所见到的，耳朵所听到的和手所做的了。针对第三个条件，亚当斯指出，传布福音对使徒和早期信徒所带来的并不是什么世俗的实惠，相反却是饥寒交迫、劳苦艰辛、监视捆绑、羞辱责骂、鞭笞与死亡等"负面性质"，对于底层人们来说，因为一个谎言而去经受这些痛苦是不合常理的，所以现实情况也使得他们没有撒谎的必要。针对第四个条件，亚当斯论辩道，尽管使徒和早期信徒不担心丢失什么伟大的名声，但是"穷人的好名声和那些伟大的名声对他们来说也是一样弥足珍贵的""公开的败坏名声也是他们所畏惧的"③，正是穷人对好名声的珍视使他们不会故意去撒谎欺骗别人。针对第五个条件，亚当斯称，事实是"他们以最公开的方式来行事"，即，他们中的很多人都是在耶路撒冷这个当时宗教和政治的中心，在最具警惕性和最有权势的敌人面前开展他们的活动。

休谟的第二个理由坚持，神迹其实是人们猎奇心的产物。对此，亚当斯承认，诚如休谟所言，猎奇心的确是人类的自然情感，但他认为，与相信不可信的事情相比，人们更自然的倾向是相信真理："我们喜爱获知新信息，但

---

① James Fieser, *Early Responses to Hume*, Volumes 5, Bristol: Thoemmes Press, 2005, p. 61.
② James Fieser, *Early Responses to Hume*, Volumes 5, p. 62.
③ James Fieser, *Early Responses to Hume*, Volumes 5, p. 62.

第五章　神迹

是我们并不喜欢被欺骗。"① 这种假定下，神迹是有其神奇的一面，但是真正吸引人们去相信的还是它的真实性的一面。休谟的第三个理由称神迹来自野蛮的国度，亚当斯针锋相对地指出休谟误解了历史事实，就圣经神迹来说，相信圣经的犹太人"无论如何都不是野蛮的民族，他们比世界上任何国家的人们都远离迷信"，随着圣经被作为当时文化中心的罗马和雅典居民所接受，圣经神迹不能被称作来自"无知和野蛮的国家"的愚蠢人。休谟的第四个理由称各种宗教之间相互竞争和冲突摧毁了这些宗教所赖以建立的神迹，对此，亚当斯指出，休谟颠倒了神迹与宗教之间的关系，实际情况是，没有任何宗教是建立在神迹的基础上的，相反，各种神迹都是在不同宗教理论的建立之后而产生的内容。

亚当斯思路的当代阐发者是加里·哈贝马斯（Gary Habermas）。在与安东尼·弗卢展开的关于"耶稣复活"事件之可信性的论辩中，哈贝马斯列举了支持复活的十条核心证据，其中前三条是关于见证的：（1）门徒们的亲眼见证经验；（2）这些亲眼见证者的早期宣告；（3）这些宣讲促使见证者勇敢起来，愿意誓死捍卫其确信。这些见证使得复活的故事排除了不足为信的传说的因素。② 哈贝马斯从能够经受住"批判过程"的检验方面论证上述见证的可信性。所谓"批判过程"，即，圣经批判学派的学者们秉持"去神话化"的精神，纯粹以理性的方法评判圣经文本的融贯性、圣经事件的真实性的过程，这个过程消除了作为偏见之源的宗教的、神话的色彩，赋予圣经文本以客观文献、圣经事件以客观历史事件的认知的地位，能够经得起批判过程的检验意味着相关事件的真实性与其他历史事件的真实性一样应该被人们接受。哈贝马斯指出，对于早期的原始见证者来说，他们经验到复活后的耶稣的字面意义上的显现，记载这些经验的相关文献能够经得起圣经批判的检验：如《路加福音》所记载的对复活后的耶稣对彼得的显现"也是个早期的信条"，即使圣经批判理论的干将布尔特曼"也宣称这一点是真实的"。这样的考察使

---

① James Fieser, *Early Responses to Hume*, Volumes 5, p. 63.
② Gary R. Habermas, Affirmative Statement, in Gray R. Habermas, Antony G. N. Flew and Terry L. Miethe, *Did Jesus Rise From The Dead? The Resurrection Debate*, San Francisco: Wipf and Stock Publishers, 1987, p. 22.

得哈贝马斯能够得出结论：把圣经批评的技术用于检验"关于复活显现的福音书描述（特别是包含在其中的最早期报告）"，这些描述"应被用作亲眼见证者实际所见之事的记录"，由此，"很多（如果不是大部分的话）批判神学家都坚持，或者能够通过信心来接受关于复活的字面事件，或者可以假定某种（抽象或具体）类型的字面现象是历史的现实"[①]。如果这些见证是可信的，再辅以空的墓穴、教会的兴起、其他人的转变等其他证据，那么，人们就可以相信复活事件确实真实发生过。

综上所述，"见证"的可靠性是后天论证的焦点，休谟及其支持者因对来自见证的证据持怀疑态度而否定神迹的发生，休谟的反对者则确信这些证据的真实性而肯定神迹是历史中真实发生过的事实。双方围绕见证的争论涉及这些重要问题：见证能否积累成有效的经验证据？在何种场合下作出的见证才是可靠的？见证者在心理、信用、教育背景、荣誉感等方面的基本资质都有什么要求，见证者的独立性是这些资质中的一条吗？直接见证与间接见证的关系是怎么样的？"相互印证"在多大程度上能够提高见证的可靠性？评估见证之可靠性的标准如何确定，当代的圣经批评/科学检验等标准是评判证据的恰当标准吗？显然，这些问题都不是仅靠列举实例或考察文献准确性能够解决的，参考见证话题在当代认识论中的研究进展，为见证提供框架性理论是彻底解决这些问题的有前景的途径。

当代认识论在还原论（reductionism）与非还原论（non-reductionism）之分的框架下来讨论见证的可靠性。还原论与非还原论之分所聚焦的问题是，见证是否核证的基本源泉，对此，前者持否定观点，后者持肯定观点。持否定观点的还原论者把见证还原为其他认知源泉以获得核证；持肯定观点的非还原论者则在见证自身中寻找核证。具体地说，还原论者坚持，人们必须有"正面的理由"（positive reasons）来认为见证者是可信的："听话者在相信说话者所说的东西上得到核证，当且仅当，（a）他们有正面的理由认为说话者的见证是可信的，此处，这些理由自身不是最终建立在见证的基础上的，以

[①] Gary R. Habermas, Affirmative Statement, in Gray R. Habermas, Antony G. N. Flew and Terry L. Miethe, *Did Jesus Rise From The Dead? The Resurrection Debate*, p. 24.

及（b）他们没有任何不可挫败的否决因子，这些否决因子暗示说话者的见证是错误的或者不太可能为真的。"① 休谟就是还原论的早期倡导者，当代还原论者则包括福格林、伊丽莎白·弗里克（Elizabeth Fricker）、蒂姆·凯尼恩（Tim Kenyon）等。非还原论证者则主张，人们由具有可错的但推定的权利（presumptive right）来相信他人所告知的东西，因此，无须上述正面理由："听话者在相信说话者所说的东西上得到核证（或担保），如果他们没有一个不可挫败的否决因子，该否决因子暗示说话者的见证是错误的或者不太可能为真的。"② 非还原论的倡导者可追溯到托马斯·里德，当代支持者则包括奥斯丁（J. L. Austin）、阿尔文·戈德曼（Alvin Goldman）、罗伯特·奥迪（Robert Audi）等。

接下来，我们将沿着一位非还原论哲学家科迪（C. A. J. Coady）对休谟的批评以及一位还原论哲学家迈克尔·鲁特（Michael Root）对之提出的反批评的线索，说明"见证的认知地位问题"在还原论与非还原论框架下的新进展。然后，概观性地展现还原论与非还原论的阵营已作出的深入思考，最后指出，这些仍在进行之中的新思考会为关于神迹问题的后天论证提供充沛的动力。

非还原论者科迪称，非还原论其实是个源于托马斯·里德的基础主义，即把见证作为知识的可靠基础的理论："对于信念的核证来说，我们应把信任见证视为基础的，这一点与感知、记忆、推理等一样。鉴于把知识视为是建立在一些基础之上是有用的，见证正是这些基础的一部分。就我所知，托马斯·里德是明确接受这一立场的唯一哲学家。"③ 既然见证是一种基本信念，就无须诉诸其他认知源泉以寻求核证，相反，它能够为其他活动提供根据。

科迪把休谟所坚持的，需要根据对原因与结果之恒常关联的观察（observation）来检验见证之可信性的观点概括为"还原论论题"（the reductionist thesis, RT）。基于非还原论立场，科迪批评休谟式的还原论犯了乞题以及违

---

① Nick Leonard, Epistemological Problems of Testimony, in *Stanford Encyclopedia of Philosophy*, first published Thu Apr 1, 2021, available from, https://plato.stanford.edu/entries/testimony-episprob/.

② Nick Leonard, Epistemological Problems of Testimony, in *Stanford Encyclopedia of Philosophy*, see, https://plato.stanford.edu/entries/testimony-episprob/.

③ C. A. J. Coady, *Testimony: A Philosophical Study*, Oxford: Clarendon Press, 1992, p. 23.

反真实见证过程两个方面的"明显错误"。

科迪的乞题错误批评的基本思路是：检视见证可信性的根据要反过来在见证的基础上确立起来，换句话说，检视见证之可信性的根据预设了见证的可信性。具体说来，科迪首先把休谟的还原路径概括为见证——归纳推理的证据——观察，即，把见证的可信性追溯到归纳推理的证据上，然后再把归纳推理的证据的可信性追溯到观察上："本质地说，他的理论把见证还原为一种形式的证据，或者，还原为一种归纳推理（几乎可以说是归纳推理的一种变异）之地位的支持。再一次，鉴于归纳推理被休谟还原为一种观察以及随附于这些观察的后果，那么，类似地，见证面临着同样的命运。"[1] 科迪基于"作为我们信任见证之基础的证据是被设想为要依据见证才能被信任的经验……"[2] 的理由而认为 RT 包含着恶循环。此处，科迪所指出的循环出现在"个人见证"与"个人经验"之间，即，从个人的认知过程来看，如果要求用认知者所具有的经验来检验具体见证，然而，他所具有的"经验"莫不是来自他的见证，由此，二者就是循环的。人们或许会坚持，休谟的经验是宏观的、群体的，而见证是个人的，用普遍的经验检验具体的见证是没有问题的，因此，科迪的指责不恰当。对此，科迪提供的应对是，休谟对"经验"和"观察"两个术语的使用存在着"致命的模糊"：休谟用"共同经验"的语言来描述原因与结果之间的恒常、规则关联，但是，他又是根据他本人的个人观察概括出上述"共同经验"的，因此，他的共同经验其实是个人经验的放大。这种模糊用法下，个人经验和共同观察就直接等同起来了，看到这一点，RT 存在着乞题问题就显而易见了。

科迪"违反真实见证过程"批评的思路是列举一些具体的认知例证，在这些例证中，人们的真实认知过程是选择直接信任见证，而不是要求把见证还原为其他认知形式以检验其可信性，这个过程与 RT 的要求是不一致的。他所列举的例子包括孩子的出生、血液循环、世界地理、天空中的光点是非常遥远的天体等。科迪指出，在最通常的情况下，得到这些来自见证的信念后，

---

[1] C. A. J. Coady, *Testimony: A Philosophical Study*, p.79.
[2] C. A. J. Coady, *Testimony: A Philosophical Study*, p.81.

人们都是信以为真地直接接受了，要求进一步检验的或许只存在于科学家们最初发现这些现象的特殊场景中。恰如科迪的洞察，休谟的还原论确实存在着把特殊情况泛化为普遍原则的问题，这显然不符合其"权衡证据"的基本精神，在此意义上，科迪的后一个批评也颇为有力。

迈克尔·鲁特则站在还原论的立场上为休谟辩护。他根据《人类理智研究》及《人性论》中的相关论述，把休谟的观点概括为：对于见证者A，听话者B，以及建立在A的见证之上的命题p，仅当B有理由相信A是个可信的见证者时，B相信p才是合理的。[1] 据此，他明确地把休谟定位为一个关于见证的还原论者。鲁特把非还原论者针对休谟见证观的批评归纳为四条，以逐一反驳这些批评的方式来捍卫休谟：第一，"A对p的检视"与"B基于A的见证而相信p"之间的关系是没有证据的；第二，当B对A的见证为真有观察证据时，A的见证才是B相信p的好证据，但在大多数情况下这种观察证据都是缺乏的；第三，休谟要求人们首先具有见证者是可信的证据，然后才能相信她，但是，见证的基础是首先信任他人；第四，见证具有社会维度，休谟的论述仅限于个人的层次，因此忽略了这个维度。鲁特指出，第一条批评的问题在于没有看到，易信性（credulity）是个人工德性（artificial virtue）而非自然德性（natural virtue），在一个认知群体中，A检验p，这个检验为B相信A是个可信的见证者提供了证据，这是个事实，因此二者之间的关系是有证据的；第二条批评没有看到，休谟所谓B的观察证据并非仅限于B本人的观察，其他见证者的观察亦可起到同样的作用，这样就大大拓展了观察证据的范围；第三条批评则没有意识到休谟对信念的认知维度的理解，信念是个证据问题（a matter of evidence）而非信任的问题（a matter of trust），因此，二者是性质之别，而非认知优先性之异；第四条批评完全来自对休谟的误解，休谟并没有强调B的证据仅限于其自身，其他见证者提供的证据、B对p限于概率的信念等都是有效的证据。

可以看到，鲁特所概括的上述批评的第三条与科迪"违反真实见证过程"

---

[1] Michael Root, Hume on the Virtues of Testimony, in *American Philosophical Quarterly*, Jan., 2001, Vol. 38, No. 1 (Jan., 2001), pp. 19–35.

的批评一致；第四条则与科迪的"乞题错误"批评内在相关。尽管没有直接言明他的论辩所针对的对象是科迪的批评，然而，鲁特的讨论其实已经把科迪批评的基本思路纳入思考之中了，实际上，鲁特的文章专门花了大量篇幅来反驳托马斯·里德的观点。从这个方面看，休谟及其支持者、亚当斯及其思想后裔围绕见证所产生的论争，已经在当代认识论关于见证的还原论与非还原论框架下以还原论者与非还原论者的身份重新展开。两个阵营都有大量学者参与，也已经取得了丰硕进展，在此意义上，新的论争仍在进行之中。

如，还原论者伊丽莎白·弗里克（Elizabeth Fricker）认为，见证是人们面对面或以书信、电话以及报纸、广播等方式分享知识的方式，见证知识是听话者通过相信说话者而获得的对事物的知识。他根据对"告知的言语行为"（the speech act of telling）的分析把来自见证的知识定位为一种与知道某物的直接方式相对的"二手知识"（second hand knowledge）。在弗里克看来，告知的言语行为的目的是传播告知者的知识，听话者相信所告知之事的基础是他对说话者的信任，即，相信说话者是根据知识来说话的。这个过程的前提是说话者"知道"他所断言的东西，即，说话者所传达的内容对他来说是知识。正是在这个意义上，说话者所拥有的知识是一手知识，听话者通过见证由他所获得的知识是二手知识。在弗里克的术语中，与见证相对的感知（perception），感知经验能够为人们关于感知之外的知识提供直接的基础。基于这种区分，弗里克强调见证可信性的基础是感知经验以及关于说话者可信性的经验知识："……而相信的听话者对她被告知之物的知识是奠基在其言语行为所给出的基于感知的知识，以及关于说话者可信性的基于经验的知识之上的。"[1]这意味着，见证需要还原为感知及说话者的经验才能获得其可信性，弗里克将之概括为"原则 T"："如果 H 通过被告知 P 以及相信告知者而知道 P，就存在某个以某种其他方式（不是由于被告知 P 并相信告知者）知道 P 的人。"[2] 基于"二手知识"的定位，弗里克推出对于任何事态 W 来说，见证都

---

[1] Elizabeth Fricker, Second-Hand Knowledge, in *Philosophy and Phenomenological Research*, Nov., 2006, Vol. 73, No. 3 (Nov., 2006), pp. 592–618.

[2] Elizabeth Fricker, Second-Hand Knowledge, in *Philosophy and Phenomenological Research*, Nov., 2006, Vol. 73, No. 3 (Nov., 2006), pp. 592–618.

不能是它的"权威证据"(canonical evidence)。概而言之,弗里克的论辩确立了两个非常强的观点,即"见证永远不是知道某物的直接途径"以及"见证永远不是所要证实事态的权威证据"。弗里克没有直接讨论休谟,但这两个观点无疑为休谟关于见证的观点提供了很强的当代支持,有了这样的支持,休谟的当代继承者们就可以更有底气地基于见证的不可靠性而反对神迹。

而非还原论者阿尔文·戈德曼则指出,科迪对休谟的批评所聚焦的是"认知核证"(epistemic justification),即,聚焦于"人们如何能够有核证地接受说话者的见证"而展开的批评,不是针对"他们到底有多么经常地由相信见证获得真相"的问题。① "认知核证"是当代认识论的核心关注,根据对当代认识论的宏观把握,戈德曼把有前景的见证非还原论进路概括为四种:第一,基础主义,即,把见证视为与感知、记忆相当的认知能力,赋予它独立的"第一原则"使之具有核证;第二,否定的融贯论,坚持只要没有被怀疑的见证信念就是有核证的,即,在被证明有罪责之前见证信念在认知上是"清白的";第三,普兰丁格的恰当功能主义认为,一个信念是有保证的,当它是由恰当运行的官能在适切的环境下产生的,并且该官能是以指向真为设计计划的。在恰当功能主义看来,即使没有为见证的可信性提供归纳证据,一个相信见证的官能也能够满足这些条件;第四,可靠论,即,当且仅当一个信念是由可靠的认知形成过程产生,它才是有核证的,见证信念同样适用这个标准,产生于可靠认知过程的见证信念无须继续追寻其可信性的归纳基础。② 我们知道,基础主义、融贯论、恰当功能说以及可靠论都是当代认识论中的重要理论,与这些理论的联姻赋予非还原论强大的生命力,可以预期,获得这些理论支持的非还原论需要其对手——还原论者认真面对。

总而言之,还原论与反还原论为讨论见证提供了锐利的思想武器,装备着这些武器的当代哲学家能够在汲取认识论新进展的基础上,把休谟与亚当斯之间的古典分歧转化为当代问题。随着对这些当代问题探讨的不断深入,关于神迹的后天论证的思考也必能得到新的拓展。

---

① Alvin I. Goldman, *Knowledge in a Social World*, Oxford: Clarendon Press, 1999, p. 127.
② Alvin I. Goldman, *Knowledge in a Social World*, pp. 128–130.

第三节　神迹事件是不是上帝存在的证据

如上节所示，休谟对"见证"证据情有独钟，他的后天论证仅就见证证据的不可信推出神迹不能实际地发生。但恰如斯温伯恩指出的，见证不限于目击，见证也不是证据的唯一类型："但相关的见证并非只有一种——我们需要关于原始目击之特征与权限的见证。见证也不是证据的唯一类型。所断言的 E 出现之时，所发生的一切结果也都是相关的。"① 鉴于这种理解，斯温伯恩认为，休谟注释中的"神迹"概念提到，但其正文论证中完全忽略的"由神（the Deity）的特定旨意引起"这个要素就是相关证据之一。斯温伯恩把休谟的"神"描述为"一位神"（a god）、"一位非常强大的非物理对象的理性存在者"、"一位理性能动者"（a rational agent）等，有意图、有目的地采取行动是理性能动者的特征，正是这个特征为事件的发生提供了一个与根据科学规律进行的解释（科学解释）完全不同的"人格解释"。在人格解释下，证据的关键要求之一是理性行动者"有意图地"（intentionally）造成一个后果，即，理性能动者对自己意图的承认、为其行为提供的理由以及他的期待、愿望、对他人请求的回应等都可以成为有效的证据，这大大拓展了有效证据的外延，将之用于关于神迹的讨论能够为后天论证提供新的空间。斯温伯恩对神迹定义中"由神的特定旨意引起"要素的强调得到很多哲学家的支持。如，莫森就赞同斯温伯恩的观点，辩称"不应把神迹定义为自然律的违反"，而应聚焦一种"宗教的阐释"（religious interpretation）而将之定义为"一位神或其他超自然行动者特定意志的标记"，并坚持，人们能够在没有任何关于这位超自然行动者的先天信念的情况下，"合理地相信他目击了神迹"。②

实际上，在关于神迹的讨论中，"由神引起"是比"违反自然律"更为历史悠久的要素，这种考虑下，把神迹视为其施行者存在的证据就是个顺理

---

① R. G. Swinburne, Miracles, in *The Philosophical Quarterly* (1950 -), Oct., 1968, Vol. 18, No. 73 (Oct., 1968), pp. 320 - 328.

② T. J. Mawson, Miracles and Laws of Nature, in *Religious Studies*, Mar., 2001, Vol. 37, No. 1 (Mar., 2001), pp. 33 - 58.

成章的思路了。奥古斯丁、阿奎那等都认为神迹是上帝作为的彰显，斯温伯恩也指出，"基督徒确实经常希望把神迹作为上帝存在的证据"[1]。休谟关于神迹的讨论其实也涉及这个问题，尽管他也提到希腊人、中国人、阿拉伯人所讲述的各自宗教的神迹，但他所反对的德·雷茨红衣主教所讲的神迹以及巴黎修道院陵墓上的那些神迹都是以证明基督教的上帝存在为指向的，休谟本人称这些神迹之发生不可能，其实也是要以釜底抽薪的办法否定上帝的存在。这提示我们，奥古斯丁、阿奎那以及斯温伯恩所谓"基督徒"力证神迹事件之真实性的潜在意图是以此作为上帝存在的证据，而休谟极力反驳神迹事件之真实性也与他对上帝存在存疑的立场息息相关。

那么，神迹事件到底能否成为上帝存在的证据呢？当代学者围绕这个问题形成两种针锋相对的观点。对此问题作出否定回答的哲学家（反对者）秉持"违反自然律"要素，认为，诉诸上帝的"超自然"行动不能为神迹事件提供任何帮助，因此，神迹事件根本不能为上帝存在提供证据，甚至，由于违反自然律的神迹与上帝的性质相冲突而成为上帝不存在的证据。对此问题作出肯定回答的哲学家（支持者）则因为对"由神引起"要素的坚持而指责反对者对上帝的性质及行为模式理解不够全面，认为神迹是上帝出于特定目的所施行的高于自然、超越自然之行为的结果，因此，神迹确实是其施行者——上帝存在的证据。

本节我们将围绕乔治·克里塞德（George D. Chryssides）、帕特里克·诺埃尔-史密斯（Patrick Nowell-Smith）、麦金农、乔治·道斯（Gregory Dawes）以及克丽丝汀·奥弗罗尔（Christine Overall）等人的相关论辩展现反对者的观点和论辩；以阿诺德·伦恩（Arnold Lunn）、伊恩·沃克（Ian Walker）、保罗·迪特（Paul Dietl）以及道格拉斯·厄兰森（Douglas K. Erlandson）等人的论证勾勒支持者的想法。最后，在概括争论双方的基本观点与核心论证的基础上，简要指出，双方的争论最终会聚焦在上帝是否需要遵循自然律以及是否存在与自然律并行的"超自然规律"的话题上，这意味着相关讨论终将指向自然主义者与有神论者的立场之争这个形而上学问题。

---

[1] Richard Swinburne, *The Concept of Miracle*, p. 7.

乔治·克里塞德也在接受"违反自然律"的神迹概念的基础上，坚持"即使这样的违反能够得到确认，把这一事件归结为一个理性行动者的活动也是逻辑上不可能的"①。其理由是，由理性行动者引起的神迹无法满足"可重复性要求"（repeatability requirement），即，"A 引起 B 这一宣称意味着在 A 出现之处 B 是普遍可重复的"。他用"可预测性"（predictability）面临的悖谬来证明这一点：如果可重复的要求得到满足了，我们就能够对某事件的发生进行预测，然而，可预测的条件是该事件必须符合自然律（自然律是预测的根据），而作为自然律之违反的神迹没有可预测性，因此，无法认为一个行动者引起了一个违反自然律的事件。克里塞德辩称："如果在这一点上我是正确的话，即，称指派给行动者就意味着可预测性，那么，除非一个事件在原则上能够包括根据科学规律由其行动而导致的公认结果，没有什么事件能够被指派给一个行动者，因为，为了能够预测环境，在其中结果能够发生意味着能够形成一个科学规律，这个规律把所谓因与所谓果关联在一起。倘若如此，那么就不能称一个行动者引起了一个违反科学规律的事件……"② 克里塞德以"移山"的神迹来说明这个道理：假设琼斯远远地看到一座山，对这座山说："山，投到海中！"这座山随即倾倒落入水中。确认这座山真的是因琼斯的命令而落入水中的方式是，看琼斯能够命令其他物理对象移动，如果答案是肯定的，我们就能够构造某种"心灵遥控定律"（law of telekinesis），根据此定律，物理对象的移动和琼斯的命令之间就具有可预测的关联，而"心灵遥控定律"的存在就说明琼斯的行为不是违反自然律的，因而不是神迹。

实际上，根据"可预测性"来质疑神迹事件真实性的早在 1955 年就由帕特里克·诺埃尔－史密斯提出了。在发表于是年的"神迹"一文中，针对阿诺德·伦恩的"神迹必须归因于超自然行动者"以及神迹是"由上帝所提供的证明神圣秩序存在的证据"等观点，诺埃尔－史密斯质疑道："如果在上帝的干预中能够发现任何秩序，我们能发现什么秩序的话，这种秩序就应该能

---

① George D. Chryssides, Miracles and Agents, in *Religious Studies*, Sep., 1975, Vol. 11, No. 3（Sep., 1975）, pp. 319 - 327.

② George D. Chryssides, Miracles and Agents, in *Religious Studies*, Sep., 1975, Vol. 11, No. 3（Sep., 1975）, pp. 319 - 327.

够以通常的方式推知,并能够预测神迹会在何时、以何种方式发生。期待精确而详细的预测会期待过多。但我们必须能够作出一些预测,不管这预测多么模糊。否则,这个假设就既无法得到证实也无法被驳倒。"① 诺埃尔-史密斯进一步指出,伦恩的推理起始于反常事件终止于上帝的存在,其步骤为:反常事件—神奇的东西—超自然之物—上帝。这个推理线索与科学推理完全一致,由于我们可以用可预测性来检验科学推理是否为真,可预测性的缺乏意味着最终推到上帝的"超自然解释"是非科学的(unscientific)也是非解释性的(non-explanatory)。

克里塞德所坚持的,即使能够确认违反自然律的事件,也无法将之归于一个理性行动者的活动的观点更早也是由麦金农提出和论证的。如前文所指出的,麦金农在发表于1967年的"'神迹'与'悖谬'"一文中,辩称神迹的两种意思,即,"包含终止自然律的事件"和"与我们对自然的理解相冲突的事件"都包含矛盾,因此,"神迹的任何恰当描述意义都是逻辑上不恰当的"。② 在这篇文章中,麦金农还进一步辩称,把神迹视为由上帝的特别行动所引起的事件也存在着悖谬:"看似打破了神圣习惯的东西,必定确实是那些习惯的一部分。看似特定的神圣行动之例证的东西必定仅仅是神圣行动的一个案例。"③ 麦金农对此的论证包括两点:第一,称一个事件"由上帝特别引起"(specially caused by God)是无意义的,理由在于,按照超自然主义者的观点,上帝是一切事件的原因,那么,再强调说他是某个特别事件的原因就是没有意义的,因为这意味着超自然主义者根本没有真正把上帝视为规则事件的原因;第二,即使"特别的原因"(special cause)这个短语有意义,情况也没有改观,因为,人们无法判断一个事件到底是不是被特别引起的,即,对于所发生的某事件人们无法说清楚它到底是被特别引起的还是纯属罕见的现象。麦金农坚持,这个悖谬表明超自然主义者把神迹归功于上帝的努力是

---

① Patrick Nowell-Smith, Miracles, reprinted in *New Essays in Philosophical Theology*, A. Flew and A. MacIntyre (eds.), London: SCM Press LTD., 1955, p. 251.
② Alastair McKinnon, "Miracle" and "Paradox", *American Philosophical Quarterly*, Oct., 1967, Vol. 4, No. 4 (Oct., 1967), pp. 308-314.
③ Alastair McKinnon, "Miracle" and "Paradox", *American Philosophical Quarterly*, Oct., 1967, Vol. 4, No. 4 (Oct., 1967), pp. 308-314.

行不通的。

诺埃尔-史密斯、麦金农以及乔治·克里塞德的思路得到乔治·道斯的继承和发展。在《有神论与解释》一书中，道斯探讨了针对有神论解释的四条反驳，其中第二条是"一个能够行神迹的行动者的行为是不可预测的"①。这条反驳所针对的观点是以假设一个能行神迹的行动者之存在的方式（"诉诸行神迹的行动者"）来提供的有神论解释。这种解释是有神论者在无法为一个事件提供自然解释的情况下提出的。道斯的论证从他所接受的"神迹是自然律的违反"这个休谟式定义开始，根据这个定义，他认为自然律表达着事件的规则性连续，神迹则是对这种规则性连续的打断，由于人们只能根据自然律进行预测，这就意味着神迹是无法预测的，因此，施行神迹的行动者的行为也是无法预测的。此外，道斯还指出，假设施行神迹的行动者还会引起古怪的后果：一方面，自然律是这位行动者确立起来的；另一方面，他又以行神迹的方式不断打破自然律，这就意味着这位行动者总是处于自相矛盾的状态中。道斯援引莫顿·史密斯（Morton Smith）的论断来说明必须把"诉诸行神迹的行动者"排除在有效的解释之外的观点："既然诸神的心灵是神妙莫测的，他们的行为也是神妙莫测的。因此，除非能够排除他们具体干预的可能性，否则就无法找到关于最为可能之原因的估算——'一个神会干预'这样一个未知的可能性总是存在着。"② 概言之，道斯否定诉诸一个能行神迹的行动者能够成为有效的神学解释，其论证的过程中所提到的作为自然律之违反的神迹与作为自然律之确立者的行动者之间存在冲突具有普遍意义，如果把此处的行动者进一步限定为犹太-基督教的上帝，就可以推出神迹与上帝的性质之间存在不一致，当然道斯本人并没有走这么远。

把反对意见推到极端的是克丽丝汀·奥弗罗尔。她把神迹定义为自然律的违反，认为这样理解下的神迹事件与上帝概念是相互排斥的："因此，远非

---

① 其他三条反驳是：所提议的有神论解释无法排除可能事态；上帝概念是不融贯的；上帝的意志不能作为原因等。See, Gregory W. Dawes, *Theism and Explanation*, New York and London: Routledge, 2009, p. 143.

② Morton Smith, Historical Method in the Study of Religion, 1968, cf., Gregory W. Dawes, *Theism and Explanation*, p. 72.

把事件 x 确定为一个神迹就会要求人们首先知道它是由上帝或一个神引起的，相反，如果一个人知道上帝存在，那么，或许就没有任何东西能够被确定为神迹，反过来说也一样，如果事件 x 能够被确定为一个神迹，人们就有了好的理由相信上帝不存在。"[①] 鉴于二者之间的相互排斥，奥弗罗尔提出，"神迹的发生构成了反驳上帝存在的证据"这一与斯温伯恩及其支持者完全相反的观点。奥弗罗尔构造了三个论证来支持自己的观点。第一个论证致力于说明神迹事件与上帝概念不一致。其论证结构为：一些哲学家和神学家坚持宇宙的秩序性、规则性以及和谐是上帝存在的证据；作为违反自然律的事件，神迹是"和谐中的杂音""宇宙图案结构中的破绽""一个混乱的时刻""空间—时间结构中的缺口"；因此，神迹的发生意味着作为和谐缔造者的上帝不存在。第二个论证要表明神迹事件与全善的上帝的目的不一致。理由在于：作为知识的追寻者，人类通过发现世界中的规则性而努力理解世界；神迹的罕见性、难以辨别性是对科学性与哲学理解的妨碍，因此神迹是对人类的误导；全善的上帝不会误导他的百姓；因此，神迹与全善的上帝的目的相违背。第三个论证说明神迹不是传布神圣教导或复兴宗教意识的恰当方式。因为，圣经中的神迹范例所反映的是某种帮助一群人而损害另一群人的反复无常的行为，而且，神迹是在有限时空中发生的事件，不足以表达无限的上帝的意图。根据这三个论证，奥弗罗尔得出结论：如果神迹确实发生过，它就为人们否认基督教的上帝存在提供了好的理由。

与反对者强调神迹"违反自然律"的维度并由此推出由神圣者引起也会导致各种悖谬相反，支持者普遍强调神迹由神圣者引起的侧面，而淡化违反自然律的侧面，由此推出神迹确实能够作为上帝存在的证据。支持神迹是上帝存在之证据这一观点的当代讨论同样早在 20 世纪中期就出现了，激发诺埃尔－史密斯写作"神迹"一文的文献是阿诺德·伦恩发表于 1950 年的文章"神迹——科学的进路"。在这篇文章中，伦恩提出这些论辩：（1）神迹的定义是一个高于自然或与自然相反或超越自然的事件，只有作为上帝的直接行

[①] Christine Overall, Miracles As Evidence Against The Existence of God, *The Southern Journal of Philosophy* (1985) Vol. XXIII, No. 3, pp. 347–353.

为，这个事件才是可解释的；（2）只要人们不先入为主地拒斥神迹，而是探究它，就会有足够丰富的证据表明神迹确实发生过；（3）神迹是上帝为证明神圣秩序的存在而提供的证据；（4）因此，必须认为"……特定现象作为自然行动者的后果是无法解释的，故而必须归之于超自然的行动者"。① 伦恩论辩的思路是：把神迹定义为上帝的作为，淡化违反自然律的维度，在新的定义下，超自然行动者所施行的高于自然、超越自然的行为避开了"违反自然律"所导致的悖谬，既然有足够丰富的证据表明神迹事件是可能的，那么这些事件无疑指向其施行者——上帝，因此，神迹事件是上帝存在的证据。

伦恩的思路得到很多学者的支持。伊恩·沃克认为，不可预测性并非否定神迹的有力标准，神迹事件其实预设了超自然行动者的存在。对于克里塞德的"神迹事件不满足可预测性条件"的观点，沃克针锋相对地坚持不可重复性正是神迹的特征，一个事件倘若是可重复的，那它就不是个神迹。沃克的根据是把神迹理解为自然律的一个不可重复的反例，这个反例之所以不荒谬的原因在于他把自然律理解为统计的规律。沃克援引斯马特（N. Smart）的观点来说明这一点："神迹不是实验上可重复的。它们是在怪异的人类情景中发生的特殊事件。它们不是小范围的规律。因此，它们不破坏大范围的规律。形式地看，它们似乎破坏了科学规律的'恒常'状态，但它们不具有否定性事例的致命力量。"② 沃克同样坚决反对克里塞德把神迹事件归结为一个理性行动者是"逻辑上不可能"的观点。他认为，"如果违反概念是一致的，必定有个'超自然的先决条件'内置于其中"③，即，只能把神迹概念刻画为超自然力量的结果，它的违反自然律才能得到恰当理解。他以引力规律说明这一点：在没有其他力出现的情况下，两个物体按照引力定律产生相互作用，当产生反例时，显然是有"其他相关的力"产生作用了，这种"其他相关的

---

① See, Arnold Lunn, Miracles-The Scientific Approach, in *Hibbert Journal*, April, 1950, cf. Patrick Nowell-Smith, Miracles, reprinted in *New Essays in Philosophical Theology*, A. Flew and A. MacIntyre (eds.), pp. 244–245.

② N. Smart, *Philosophers and Religious*, SCM, 1964, Sect. 2. 32, cf., Ian Walker, Miracles and Violations, in *International Journal for Philosophy of Religion*, 1982, Vol. 13, No. 2 (1982), pp. 103–108.

③ Ian Walker, Miracles and Violations, in *International Journal for Philosophy of Religion*, 1982, Vol. 13, No. 2 (1982), pp. 103–108.

第五章　神迹

力"即此反例发生的先决条件。由于在休谟的自然律概念下这样的反例不会出现,因此,一旦承认反例确实发生了,那么这个"其他相关的力"一定是一种自然律范围之外的超自然的力,因此,只要承认神迹事件的真实性就必须接受超自然行动者的存在。

　　沃克对自己立场的自信源于支持者对反对者的先在批评之上。保罗·迪特和道格拉斯·厄兰森的工作是这些先在批评的代表。迪特把诺埃尔-史密斯的论辩概括为这样一个论证:(1)称一个事件是个神迹显然是要解释它;(2)解释必须依据规律;(3)如果有规律,人们就能预测他们所要解释的事件;(4)我们不能预测神迹,因此,称一个事件是个神迹对有待解释的现象没有什么单纯(描述)的陈述之外并高于此陈述的(解释的)意义。① 迪特指出,诺埃尔-史密斯论证的基本预设有两条:第一,把神迹仅仅理解为"违反自然律";第二,坚持自然律是解释事件、预测未来的唯一规律。针对第一个预设,迪特强调,除了"违反自然律"因素之外,神迹定义中作为超自然力量干预之结果的要素也同样清楚:"还有一种关于'神迹'的用法,据此,称一个事件是个神迹,即将之归结于一个超自然行动者的意志,而且,我认为,如果这个超自然行动者没有干预此事件就不会发生,这一宣称也是同样清楚的。"② 针对第二个预设,他解释称,"超自然行动者的干预"意味着:一方面,这个行动者能够在物理规律之外引起事件;另一方面,这个超自然的行动者能够"掌控"(control)自然律。因此,超自然行动者的干预能够成为解释事件、预测未来的独立标准,迪特把这种标准称为"超自然解释"(supernatural explanation)。迪特用旧约所记载的先知以利亚所行的一个神迹故事来说明超自然解释的合理性:《列王记·上》第十八章记载以利亚在迦密山上以行神迹的方式与巴力的先知较力以证明上帝抑或巴力才是真神,以利亚让以色列民众准备两只献祭的牛犊放在柴上而不点火,若哪方能够通过祈祷自己的神使得祭牲烧起来就证明哪方的神灵是真神。根据圣经记载:巴力的

---

① Paul Dietl, On Miracles, *American Philosophical Quarterly*, Apr., 1968, Vol. 5, No. 2 (Apr., 1968), pp. 130 – 134.

② Paul Dietl, On Miracles, *American Philosophical Quarterly*, Apr., 1968, Vol. 5, No. 2 (Apr., 1968), pp. 130 – 134.

先知先开始,经过很长时间、用了各种方式依然无法实现目标;而以利亚则在为自己增加难度——往祭牲和柴上连续倒了三次共12桶水,以致"水流在坛的四围,沟里也满了水"(第35节),在以利亚祈祷亚伯拉罕、以撒、以色列的神之后,"于是,耶和华降下火来,烧尽燔祭、木柴、石头、尘土,又烧干沟里的水"(第38节)。这个神迹的结局是"众民看见了,就俯伏在地,说:'耶和华是神!耶和华是神!'"(第39节)。就这个神迹故事,迪特分析称:此神迹发生的环境是任何实验室都会提供的人工环境;该故事包括对材料(牛犊和柴)随机取样;也包含着预测,即,一堆火会烧起来,另一堆则不会;此外,还包括预防尘世间的独立变量的12桶水;总之,在为这个神迹提供复杂的实验设计上并不存在什么明显的错误。据此,迪特表达了这样的观点:神迹问题的实质在于,被称为神迹的事件能否被归因于超自然行动者的能力,仅当排除了超自然行动者引起的因素,诺埃尔-史密斯的论辩才能够成立。迪特的例证和论辩显然是在犹太-基督教背景中给出的,对超自然行动者要素的上述强调提示我们,迪特是神迹事件能够为上帝存在提供证据立场的坚定支持者。

道格拉斯·厄兰森把诺埃尔-史密斯、麦金农等认为神迹不能发生,或者相信神迹包含着误解科学事业的哲学家称为怀疑主义者,他尝试从"信仰者"(the believer)的神迹概念的特征入手来应对怀疑主义者的挑战。厄兰森强调"信仰者"的理由在于,这样的主体能够理解上帝的特征,拥有独特特征的上帝以一定的模式(pattern)行事才是神迹的充分、必要条件。一个成熟的信仰者能够把握这种模式,因此对上帝即将采取的行为会有某些了解:"既然上帝是眷顾人而又全善的,他倾听有信心的祈祷、保护他的子民远离恶等。此外,他是不可感知的、以对我们来说神奇的方式行事。当一些事件发生,而这位信仰者又意识到这些事件是与这样的上帝相适合的,他就会称它们是神迹。"[1] 厄兰森列举旧约和新约的神迹来说明这一点。旧约中,摩西带领以色列人离开埃及时过红海的事件、约书亚祈祷使得日月停止而令以色列

---

[1] Douglas K. Erlandson, A New Look at Miracles, in *Religious Studies*, Dec., 1977, Vol. 13, No. 4 (Dec., 1977), pp. 417–428.

人能够取得战争的决定性胜利等事件都被视为神迹的原因:"不仅因为它们对人类来说是费解的,而且因为它们符合归于耶和华的行为模式——直接帮助以色列人,特别是在他们与仇敌搏斗的过程中。"[1] 新约中的童贞女生育神迹对于基督教来说至关重要,毋庸置疑"童贞女生育是非常神奇的",然而"对于一个基督徒来说,使得它成为神迹而非一个需要科学解释的反常事件的东西是,它与这个基督徒在耶稣的生命以及环绕其生命的诸事件中所看到的完整模式的关联"[2]。

厄兰森对神迹事件的上述解释所面临的批评之一是侵犯了"科学的自主性"(scientific autonomy),即,如果承认存在着神迹,那么科学家就可以在宗教权威与科学解释之间随意切换,那么,科学的自主性就遭到威胁了。对此,厄兰森延续上述思路,用"划界"的方式把神迹事件与非神迹事件区分开,神迹事件需要根据犹太-基督教所限定的上帝行为模式来判定,非神迹事件则完全诉诸科学解释,后者完全不会影响科学的自主性,同样,不能以科学自主性来否定前者,因为前者"超出科学探究的范围"。回应了这个批评,厄兰森为信仰者所理解的神迹提供了这样的界定和描述:神迹是"神圣行动者干预所引起的某些特殊事件,因此不能科学地予以解释,但仍可以赋予科学家调查一切类型事件的自主性。"[3] 神迹无须科学解释的理由在于,根据"信仰者"的上帝概念,神圣行动者能够引起超自然源泉而终止自然律,这种终止不能诉诸自然律来解释。不难看出,厄兰森的探讨力图在犹太-基督教传统中把神迹限定为上帝的作为,"信仰者"根据其对上帝行为模式的把握能够确认哪些事件是神迹。这种理解下的神迹本身就预设了犹太-基督教传统中的上帝的存在与特征,因此,可以说,在厄兰森看来,神迹事件一旦得到确认,那么,它无疑就是上帝存在的证据。

总之,针对神迹是否上帝存在的证据问题,诺埃尔-史密斯等反对者基

---

[1] Douglas K. Erlandson, A New Look at Miracles, in *Religious Studies*, Dec., 1977, Vol. 13, No. 4 (Dec., 1977), pp. 417–428.
[2] Douglas K. Erlandson, A New Look at Miracles, in *Religious Studies*, Dec., 1977, Vol. 13, No. 4 (Dec., 1977), pp. 417–428.
[3] Douglas K. Erlandson, A New Look at Miracles, in *Religious Studies*, Dec., 1977, Vol. 13, No. 4 (Dec., 1977), pp. 417–428.

于作为违反自然律事件的神迹不满足可预测性条件的理由而坚决反对神迹事件的可信性,并认为即使诉诸理性行动者的活动也是"逻辑上不可能的",从而得出神迹不能成为上帝存在的证据,甚至更为极端地,神迹会成为否定上帝存在的证据。他们的核心论证可以概括为:在接受"违反自然律"的神迹定义的前提下,理性行动者的活动也必须符合自然律,任何事件的发生都没有什么超自然的原因,因此,即使诉诸理性行动者,神迹事件依然不可能发生。与之相对,伦恩等支持者根据犹太-基督教背景下的神迹事件与上帝属性是相容的、具有可预测性的,也不会影响科学的自主性等理解,而坚持神迹事件不仅是可信的而且的确可以作为上帝存在的有力证据。他们的核心论证是:在强调"由神引起"要素以及在犹太-基督教传统中理解神迹的前提下,根据超自然解释,神迹事件不存在"违反自然律"所衍生的悖谬,因为上帝往往是以高于自然、超越自然的方式施行神迹。

上述争论提示我们,随着讨论的逐步深入,反对者和支持者的目光最终会聚焦到上帝是否需要遵循自然律以及是否存在与自然律并行的"超自然规律"的话题上。这意味着本节所讨论的"神迹是否上帝存在之证据"的问题不仅仅是个从不同侧重点理解神迹概念的问题,也不仅仅是个神迹事件是否经得起科学方法检验的问题,它最终指向的是自然主义者与有神论者的立场之争这样的形而上学问题。

具体地说,诺埃尔-史密斯指责伦恩的神迹定义在上帝是否遵循自然律上模糊不清,即,有些情况下,伦恩认为神迹是"高于自然、与自然相反或超越于自然的";在其他情况下又称上帝在行神迹的过程中不违反自然律。诺埃尔-史密斯称:"我发现很难把这两种观点协调起来,至少'与自然相反'这样的语词无法协调,而且,这两种观点与上帝的行为和人类行为之间的类比也无法协调。"[①] 诺埃尔-史密斯还指出,如果认为上帝的行为也是遵循规律的,他所遵循的规律是"超自然的规律",那么,就必须解释超自然的规律与科学规律(scientific law)之间的关系。诺埃尔-史密斯认为检验规律的标准在于:规律必须基于证据并能够经得起经验的检验,当条件具备了,预期

---

① Patrick Nowell-Smith, Miracles, reprinted in *New Essays in Philosophical Theology*, p. 249.

的事件就会发生。他认为超自然规律经不起这个标准的检验，因此，超自然规律是不可想象的，因此支配世界运行的只有一个规律系统——自然律。根据这种理解，诺埃尔-史密斯坚决反对作为"违反自然律"事件的神迹能够确实发生就不难理解了。与诺埃尔-史密斯相反，伦恩强调不能先入为主地拒斥神迹，而是要探究它的重要性。正视神迹事件的宏观背景——犹太-基督教传统是"探究"的出发点之一。在此传统中，迪特指出，作为自然律之创造者的上帝能够在物理规律之外引起事件也能够"掌控"自然律，因此，自然律不是上帝行为的绝对标准，上帝的行为有其自身的准则，在此意义上，"超自然解释"就是合理的。厄兰森也坚持，浸淫于犹太-基督教传统的成熟的"信仰者"，因为拥有"耶稣的生命"以及"环绕其生命的诸事件中所看到的完整模式的关联"的背景知识而对上帝的行为模式有所了解，从而判断出哪些事件是神迹，哪些是"需要科学解释的反常事件"，因此，上帝的行为准则不是神秘的、无预测性的、因违反自然律而包含荒谬的。基于这些了解，"信仰者"就完全可以用"划界"的方式把需要诉诸上帝的神迹事件和只能诉诸自然律的非神迹事件清楚分开。如果我们把诺埃尔-史密斯的观点概括为一切事件都必须遵循自然律的自然主义世界观，那么就可以把厄兰森的观点总结为神迹事件遵循超自然规律、非神迹事件遵循自然律的有神论世界观，当然，厄兰森的世界观中两类事件、两种规律之间不存在任何矛盾。哪种形而上学立场更合理呢？这个追问显然已经超出了此处的讨论范围。

结语：当代自然神学研究的特点与倾向

本书用五章的篇幅分别讨论了当代自然神学研究中的五个话题：本体论证明、宇宙论证明、设计论证明、恶的问题以及神迹。在"绪论"中我们曾提到，当代自然神学研究的范围涉及上帝的属性、信仰与理性之关系、上帝存在的三大证明、恶的论证、宗教经验、宗教与道德之关系、宗教认识论、宗教语言、神迹问题、死亡与死后生命、生命的意义、宗教多元论等相当广泛的话题。在结语部分，我们将再简要勾勒部分正文未涉及的话题的基本关注对象与宏观研究进展的基础上，把当代自然神学研究的整体状况概括为要求客观研究、注重学科交叉、强调当代重构三个特点，以及奉行尊重传统的态度、认同作为分析哲学分支学科的学术定位两个倾向。最后，我们简要概括国内研究的现状并提出汉语学界相关研究能够不断得到推进的希冀。

在20世纪下半叶以来分析的宗教哲学复兴的大背景下，自然神学的相关话题都得到大量关注和探讨，我们以上帝的属性、信仰与理性之关系以及宗教经验话题为例说明这一点。"上帝的属性"（the attributes of God）话题所讨论的是上帝的属性是什么以及与此相关的哲学问题。当代学者一般从"完美存在者神学"（perfect being theology，即，把上帝定义为"拥有全部完美性"之存在者的神学）的视角认为，上帝的属性包括"全知的"（omniscient）、"全能的"（omnipotent）、"全善的"（perfectly good）、"全在的"（omnipresent）、"超越的"（transcendent）、"无痛苦的"（impassible）、"临在的"（immanent）、"永恒的"（eternal）、"单一的"（unitary）、"简单的"（simple）、

"必然的"(necessary)等。① 这些属性所涉及的哲学问题包括：上帝能否创造一块他无法举起的石头？上帝能否制造出一个他不能控制的事物？"全在"意味着上帝会出现在"任何地方"吗？上帝的永恒性是指"上帝在时间之外"还是指"上帝是超越时间的"呢？学者们或者通过专门处理某个属性的方式讨论这些问题，②或者在构造其他论证的过程中顺带说明自己对于这些问题的观点，③由于对"上帝"概念的理解是自然神学很多具体论辩得以展开的前提条件，因此，可以说，对上帝属性的这些讨论为其他话题提供了坚实的基础。

"信仰与理性"(faith and reason)所关注的是人们基于信仰还是基于理性而接受宗教信念这一主题。对于这个主题，中世纪哲学家固守"信仰寻求理解"信条而坚持信仰优先于理性，启蒙时代以来，很多哲学家因推崇理性而逐渐贬低信仰的地位。在当代讨论中，这个主题包括这些具体问题：何谓信仰、何谓理性？信仰与理性之间是相互冲突的还是相互补充的？基于信仰和基于理性分别意味着什么，它们分别包含着什么样的理论困难？基于信仰接受宗教信念是合理的吗？有些宗教信念是无须理性论证的基本信念吗？对于这些问题，当代哲学家或者尝试通过全面处理相关哲学追问为之提供系统考察；④或者通过思想史的考察力图确立某种理解模式的恰当性；⑤或者从不同

---

① See, T. J. Mawson, *The Divine Attributes*, Cambridge: Cambridge University Press, 2019, and Mark Owen Webb, Perfect Being Theology, in *A Companion to Philosophy of Religion*, Charles Taliaferro, Paul Draper and Philip L. Quinn (eds.), p. 227.

② 如 Charles Taliaferro, Paul Draper and Philip L. Quinn 所编辑的 *A Companion to Philosophy of Religion* 的第 27—35 章，分别聚焦"全能"、"全知"、"全在"、"善"、"简单性"、"永恒性"、"必然性"、"非形体性"和"美丽"等属性。

③ 如上帝存在的三大证明都离不开对上帝本质即属性的理解，学者们在构造具体论证的过程中往往需要首先说明自己的理解，如哈慈霍恩把上帝定义为"一个完美的存在者"、普兰丁格把上帝定义为具有"最大程度的伟大性"的存在者、克雷格认为上帝是个"作为自身原因的存在者"等。

④ 如斯温伯恩用一本书的篇幅分别讨论了"信念之本性"、"合理的信念"、"合理的宗教信念的价值"和"信仰的本性"等话题。See, Richard Swinburne, *Faith and Reason*, second edition, Oxford: Clarendon Press, 2005.

⑤ 如杜威·郝廷伽(Dewey Hoitenga)基于对柏拉图、亚伯拉罕、奥古斯丁、加尔文直到普兰丁格相关思想的历史考察论证"上帝信念是严格基本的"这一改革派观点的合理性。See, Dewey J. Hoitenga, *Faith and Reason From Plato to Plantinga: An Introduction to Reformed Epistemology*, New York: State University of New York Press, 1991.

侧面探讨相关具体问题;① 等等。"信仰与理性之关系"所关涉的是在崇尚理性的时代信仰的认知地位这样一个实质性的问题,恰当处理好这个问题能够为当代自然神学研究的一些进路提供核证。

"宗教经验"(religious experience)是指"在其中,人们感受到神圣者当下临现的经验"②,这种经验包括神秘的(mystical)和非神秘的(nonmystical)两类,前者指人们所感受的神圣者是与他们自身不同的存在者,后者指人们感受到的是他们与这种神圣临在合一。宗教经验所涉及的具体问题包括:什么是宗教经验?宗教经验的类型包括哪些?如何刻画宗教经验?宗教经验能否为宗教信念提供基础和核证?宗教经验是否具有证据价值?宗教经验与知觉经验(perceptual experiences)是否相似?宗教经验能否通过人的感官获得?这些问题中大部分都可以归结为讨论宗教经验之认识论价值的"认识论议题"(epistemological issues)。面对这个议题,当代哲学家有个壁垒分明的阵营之分:一方面是弗洛伊德等持自然主义立场的哲学家坚持宗教经验完全可以用心理分析解释,因此没有什么独立的认识论价值。另一方面,很多持有神论立场的哲学家都坚持宗教经验与感觉经验在诸多方面都是类似的,由于感觉经验是人们认识物理世界的基础,宗教经验也是获得宗教信念的基础,因此,宗教经验具有很高的认识论价值。如,斯温伯恩以"易信原则"(Principle of Credulity)辩称除非有足够强的否决因子,接受宗教经验就是有核证的;③ 阿尔斯通辩称,在宗教经验基础上形成的信念符合"普遍信念实践理论"的要求;④ 普兰丁格则认为由宗教经验形成的信念与来自感觉经验的信念一样都是严格基本信念;⑤ 等等。围绕斯温伯恩、阿尔斯通以及普兰丁格的这些论辩又有大量文献出现,这些讨论把关于宗教经验的话题不断推向深入。

---

① See, Alvin Plantinga and Nicholas Wolterstorff, eds., *Faith and Rationality: Reason and Belief in God*, Notre Dame: University of Notre Dame, 1983. See also, Marcus Hester (ed.), *Faith, Reason, And Skepticism*, Philadelphia: Temple University Press, 1992. 前者由八篇讨论相关具体问题的论文组成,后者包含四篇论文。

② William L. Rowe, *Philosophy of Religion: An Introduction*, Wadsworth: Cengage Learning, 2007, p. 72.

③ See, Richard Swinburne, *The Existence of God*, 2004.

④ See, William Alston, *Perceiving God*, Ithaca and London: Cornell University Press, 1991.

⑤ See, Alvin Plantinga, *Warranted Christian Belief*, Oxford: Oxford University Press, 2000.

与上述三个话题类似，宗教与道德之关系、宗教认识论、宗教语言、死亡与死后生命、生命的意义、宗教多元论等话题也引起了当代学者的热烈讨论，并获得了长足进展。限于篇幅，此处不一一展开说明，毋庸置疑的是，这些进展交相辉映，形成了"当代自然神学"这个引人注目的研究领域。

如我们所知，自然神学研究的相关话题大都拥有悠久的历史，然而大多数当代分析哲学家都没有把关注点放在文本考据及文献甄别等古典学的进路上，而是致力于根据哲学研究的当代范式在重构相关论证的前提下对之展开批评性考察。这些考察在赋予古典问题以时代特色的同时，也凭借当代哲学分析的矛尖刃利之便使得这些问题获得更深刻、精确的处理。

如前文所述，我们把当代自然神学的特点概括为三点：要求客观研究、注重学科交叉、强调当代重构。

与中世纪"哲学是神学的婢女"的局限不同，当代自然神学研究的重要特点是要求客观研究，即，针对同样的主题允许和鼓励持不同立场、指向不同目标的哲学家展开针锋相对的论辩，相信论辩的强度才是衡量具体论证过程及结论之优劣的尺度。如，在讨论"宇宙论证明"的章节中，针对卡拉姆宇宙论证明所涉及的"无穷"问题，作为反对者的欧佩的工作显然要比作为辩护者的克雷格的工作更为充分、扎实，在后继的讨论中，没有人因为欧佩的无神论立场和克雷格的有神论立场而有所偏向，双方都在汲取对手批评的前提下不断完善自己的论证；在讨论"神迹问题"的章节中，关于这个问题的当代讨论是在休谟思路的当代支持者与反对者相互争论的宏观背景下展开的，双方论辩的着力点都放在构造论证、提供证据上。客观研究使得当代自然神学研究摆脱了立场之争的羁绊，回归问题本身，这无疑是它至今依然持续繁荣的内在动力之一。

学科交叉的特征在本书所处理的各个话题中都有所体现。如，本体论证明中的模态论证是在当代模态逻辑取得丰硕成绩的前提下实现的；卡拉姆宇宙论证明的相关论辩以及设计论证明的诸当代版本都广泛涉及数学、天文学以及生物化学等领域的新进展；恶的论证运用到概率理论；关于神迹的论证也离不开对物理学、生命科学等领域的基本定律的理解等。实际上，从阿奎那的原始论述看，自然神学就是神学与哲学的交叉领域，在这个领域中可以充分利用哲学的思考来讨论相关的神学话题，而无须担心信仰受到理性冲击的问题。

以当代语言重构古典论证往往是分析哲学家讨论问题的第一步，关于自然神学的当代讨论同样如此。就这方面，当代哲学家把高尼罗针对安瑟尔谟本体论证明提出的"遗失的岛屿"批评重构为"戏仿论证"；设计论证明的当代支持者把经典设计论证明重构为"贝叶斯式证明""微调论证""智能设计论"；以及追溯奥古斯丁，用人对自由意志的滥用来回应恶的问题这一思路的当代支持者将之重构为"自由意志辩护"以及"扩展的自由意志辩护"等。这些重构一方面赋予古典论证以新的内容，另一方面也为在新的理论框架、逻辑系统中讨论这些论证提供了前提条件。

除了上述三个特点，我们还认为，当代自然神学研究的还有奉行尊重传统的态度、认同作为分析哲学分支学科的学术定位两个倾向。首先，我们知道，当代自然神学的复兴是发生在逻辑实证主义衰落的时代背景之下的。逻辑实证主义者的"拒斥形而上学"口号把诸多传统的哲学问题排除在哲学的思考之外，逻辑实证主义的衰落也导致"时代精神"的变迁，尊重传统的哲学问题、努力从中发掘思想资源逐渐得到分析哲学家的认可，在此精神的指引下，当代学者也把尊重传统作为开展自然神学研究的基本态度。就本书所涉及的相关论辩而言，当代学者是在奥古斯丁、安瑟尔谟、阿奎那等中世纪哲学家，以及笛卡尔、休谟、康德等近代哲学家的既有思考的基础上开展工作的，没有人采纳完全抛开传统、另起炉灶的方式进行研究。其次，如我们在"绪言"中提到的，在当代英美学界，"自然神学"与"分析的宗教哲学"两个概念之间存在着大量重叠，其差别往往只体现在使用习惯上，神学系的教授更偏爱前者，哲学系的教授则更偏爱后者。鉴于与"思辨"相对的"分析"是当代英美哲学的主导研究进路，本书所讨论的这些话题在哲学系中往往被归在"宗教哲学"这个分支学科的名下，由于身处同一个学术圈之中，神学系的教授们也多采纳"分析"的研究进路。在此意义上，我们称英美学界研究自然神学的学者大都认同自然神学作为分析哲学的分支学科这样的学术定位。

如我们所见，在英美学界，当代自然神学研究至今依然处于欣欣向荣的鼎盛期。汉语学界①从20世纪90年代开始关注当代英语学界围绕自然神学所进行的相关争论，近三十年来，一些国内学者分别从宗教哲学、逻辑学、认识论等视角对自然神学在英语学界的发展进行跟踪，并展开了初步研究。宗教哲学视角的研究主要关注两个层次的问题：其一，进一步讨论休谟和康德等近代哲学家的工作；其二，对当代自然神学的整体状况及具体问题进行介绍、评论和论证。这个视角最为出色的成果包括李科政的《康德与本体论证明的批判——当代争论中的阐释与辩护》一书，这本书基于对康德哲学的扎实把握清楚阐释了康德批判本体论证明的思路，并结合德语、英语、汉语学界的相关当代讨论为康德的思路提供进一步澄清。②以及王晓阳的"自然界没有奇迹吗？——自然主义与奇迹的兼容论"③一文，这篇文章辩称，在接受本体论的自然主义、同时承认科学无法认识自然界的一切的条件下，自然界里可以有奇迹（即，本书所讨论的"神迹"），因此自然主义与奇迹是兼容的。逻辑学视角的研究为汉语学界准确把握和理解模态本体论证明提供了坚实的保障，其中邢滔滔、张力锋的工作更为引人注目。④认识论视角的研究则主要聚焦于普兰丁格等美国哲学家所倡导的改革宗认识论上，如周伟驰辩称普兰丁格的认识论是自相矛盾的；⑤孙清海（2015）指出，普兰丁格的担保概念相对于核证概念的优越性；⑥等等。除这些研究之外，汉语学界对于自然神学研究领域经典著作的翻译也有了一些进展：其中普兰丁格的 *Warranted Christian Belief* 一书在英文版出版四年后就由邢滔滔等译为汉语出版；⑦斯温伯恩的 *Faith and*

---

① 仅限于内地学界，不包括港澳台学术圈，"国内学界"也在同样的意义上使用。
② 李科政：《康德与本体论证明的批判——当代争论中的阐释与辩护》，中国社会科学出版社2022年版。
③ 王晓阳：《自然界没有奇迹吗？——自然主义与奇迹的兼容论》，《哲学研究》2020年第5期。
④ 参见邢滔滔《上帝——概念与本体论证明》，《深圳大学学报》2013年第5期；张力锋：《从可能到必然——贯穿普兰丁格本体论证明的逻辑之旅》，《学术月刊》2011年9月号。
⑤ 参见周伟驰《普兰丁格的矛盾——普兰丁格的宗教排他论与有保证的基督教信念》，《现代哲学》2007年第3期。
⑥ 参见孙清海《普兰丁格对邦杰整体联贯主义的批判》，《自然辩证法研究》2015年第12期。
⑦ [美]阿尔文·普兰丁格：《基督教信念的知识地位》，邢滔滔等译，北京大学出版社2004年版。

Reason 一书也由曹剑波译为汉语出版;[①] 此外，由梅尔威利·斯图尔特（Melville Y. Stewart）主编的《科学与宗教：二十一世纪的对话——英美四名家复旦演讲集》[②]、《科学与宗教：当前对话》[③] 以及《科学与宗教：当前争论》[④] 等论文集都及时出版了汉译本。汉语学界讨论当代自然神学的上述既有成果为进一步研究准备了条件，但相对于英美学界来说，这些成果尚显单薄，期待国内学者能够更多地关注、更深入地探讨此领域的相关问题，以推动相关研究的不断展开。

[①] ［英］理查德·斯温伯恩：《信仰与理性》，曹剑波译，道风书社2012年版；东方出版社2020年版。

[②] 徐英瑾、［美］梅尔威利·斯图尔特主编：《科学与宗教：二十一世纪的对话——英美四名家复旦演讲集》（*Science and Religion: 21st Century Issue*），徐英瑾、冷欣等译，复旦大学出版社2008年版。

[③] 傅有德、梅尔·斯图尔特主编：《科学与宗教：当前对话》，黄福武等译，北京大学出版社2010年版。

[④] 朱东华、［美］梅尔·斯图尔特主编：《科学与宗教：当前争论》，王旭等译，北京大学出版社2014年版。

参考文献

一 中文著作

［美］阿尔文·普兰丁格：《基督教信念的知识地位》，邢滔滔等译，北京大学出版社2004年版。

陈波、韩林合主编：《逻辑与语言：分析哲学经典文选》，东方出版社2005年版。

［美］戴尔·杰凯特编：《爱思唯尔科学哲学手册·逻辑哲学（上）》，刘杰、郭建萍译，北京师范大学出版社2015年版。

傅有德、梅尔·斯图尔特主编：《科学与宗教：当前对话》，黄福武等译，北京大学出版社2010年版。

胡景钟、张庆熊主编：《西方宗教哲学文选》，上海人民出版社2002年版。

［英］理查德·道金斯：《上帝的错觉》，陈蓉霞译，海南出版社2017年版。

［英］理查德·斯温伯恩：《信仰与理性》，曹剑波译，道风书社2012年版；东方出版社2020年版。

［英］麦格拉斯：《微调的宇宙——在科学与神学中探索上帝》，蔡蓁译，华东师范大学出版社2013年版。

［英］休谟：《自然宗教对话录》，陈修斋、曹棉之译，郑之骧校，商务印书馆1989年版。

徐英瑾、［美］梅尔威利·斯图尔特主编：《科学与宗教：二十一世纪的对话——英美四名家复旦演讲集》，徐英瑾、冷欣等译，复旦大学出版社2008年版。

朱东华、［美］梅尔·斯图尔特主编：《科学与宗教：当前争论》，王旭等译，北京大学出版社2014年版。

赵敦华、凯利·克拉克、邢滔滔主编：《知识·信念与自然主义》，宗教文化出版社 2007 年版。

赵敦华：《圣经历史哲学》（上卷），江苏人民出版社 2011 年版。

赵敦华、傅乐安主编：《中世纪哲学》（上卷），吴天岳审校，商务印书馆 2013 年版。

二 中文论文

［英］艾丽斯特 E. 麦葛福：《自然神学的历史一瞥》，马晓秦译，《金陵神学志》2005 年第 3 期。

孙清海：《普兰丁格对邦杰整体联贯主义的批判》，《自然辩证法研究》2015 年第 12 期。

王晓阳：《自然界没有奇迹吗？——自然主义与奇迹的兼容论》，《哲学研究》2020 年第 5 期。

邢滔滔：《上帝——概念与本体论证明》，《深圳大学学报》2013 年第 5 期。

张力锋：《从可能到必然——贯穿普兰丁格本体论证明的逻辑之旅》，《学术月刊》2011 年 9 月号。

周伟驰：《普兰丁格的矛盾——普兰丁格的宗教排他论与有保证的基督教信念》，《现代哲学》2007 年第 3 期。

三 英文著作

Adams, Robert Merrihew, *Leibniz: Determinist, Theist, Idealist*, Oxford: Oxford University Press, 1994.

Almeida, Michael, *Cosmological Arguments: Cambridge Elements*, Cambridge: Cambridge University Press, 2018.

Alston, William, *Perceiving God*, Ithaca and London: Cornell University Press, 1991.

Aquinas, St. Thomas, *Summa Theologica*, translated by Fathers of the English Dominican Province, available from, http://www.freecatholicbooks.com/books/summa.pdf.

Ayer, A. J., *Language, Truth and Logic*, London: Penguin Books, 1971.

Basinger, David, *Miracles*, Cambridge: Cambridge University Press, 2018.

Beckwith, Francis J., *Hume's Argument against miracle*, Lanham · New York · London: University of America, 1989.

Bche, Michael J., *Darwin's Black Box*, 10th Anniversary Edition, New York · London · Toronto · Sydney: Free Press, 2006.

Brown Colin, *Miracles And The Critical Mind*, Exeter: Wm. B. Eerdmans Publishing Company, 1984.

Burns, R. M., *The Great Debate on Miracles, From Joseph Glanvill to David Hume*, East Brunswick · London · Toronto: Associated University Presses, Inc., 1981.

Clark, Kelly James (ed.), *Our Knowledge of God: Essay on Natural and Philosophical Theology*, Amsterdam: Kluwer Academic Publishers, 1992.

Coady, C. A. J., *Testimony: A Philosophical Study*, Oxford: Clarendon Press, 1992.

Craig, William Lane and Moreland, J. P. (eds), *The Blackwell Companion to Natural Theology*, West Sussex: Blackwell Publishing Ltd, 2009.

Craig, William Lane and Moreland, J. P. (eds), *Naturalism: A Critical Analysis*, London and Now York: Routledge, 2000.

Craig, William Lane and Smith, Quentin, *Theism, Atheism, and Big Bang Cosmology*, Oxford: Clarendon Press, 1993.

Craig, William Lane, *The Cosmological Argument From Plato to Leibniz*, London: The Macmillan Press LTD, 1980.

Craig, William Lane, *The Kalām Cosmological Argument*, London and Basingstoke: The Macmillan Press Ltd., 1979.

Cruz, Helen De and Smedt, Johan De, *A Natural History of Natural Theology*, Cambridge Massachusetts and London: MIT Press, 2014.

Dawes, Gregory W., *Theism and Explanation*, New York and London: Routledge, 2009.

Davis, Brian, *Introduction to the Philosophy of Religion* (second edition), Oxford:

Oxford University Press, 1993.

Dawkins, Richard, *The Blind Watchmaker*, New York and London: W. W. Norton & Company, Inc., 1997.

Dembski, William A. and Ruse, Michael (eds.), *Debating Design: From Darwin to DNA*, Cambridge: Cambridge University Press, 2006.

Dembski, William A., *The Design Revolution: Answering The Toughest Questions About Intelligent Design*, Downers Grove: InterVarsity Press, 2004.

Dembski, William A., *Intelligent Design: The Bridge between Science & Thology*, Downers Grove: InterVarsity Press, 1999.

Descartes, René, *Meditation on the First Philosophy With Selections from the Objections and Replies*, Translated with an Introduction and Notes by Michael Moriarty, Oxford: Oxford University Press, 2008.

Dicker, Georges, *Hume's Epistemology and Metaphysics: an introduction*, London and New York: Routledge, 1998.

Dombrowski, Daniel A., *Rethinking the Ontological Argument: A Neoclassical Theistic Response*, Cambridge: Cambridge University Press, 2006.

Draper, Paul and Quinn, Philip L., *A Companion to Philosophy of Religion*, Second Edition, West Sussex: Blackwell Publishing Ltd., 2010.

Fieser, James, (ed.), *Early Responses to Hume*, Volumes 5, Bristol: Thoemmes Press, 2005.

Fieser, James (ed.), *Early Responses to Hume*, Volumes 6, Bristol: Thoemmes Press, 2005.

Flew, Antony, *Hume's Philosophy of Belief: A Study of His First Inquiry*, London and New York: Routledge & Kegan Paul Ltd, 1961.

Flew, Antony and MacIntyre, Alasdair (eds.), *New Essays in Philosophical Theology*, London: SCM Press LTD., 1955.

Flinn, Frank K., *Encyclopedia of Catholicism*, New York: Facts on File, Inc., 2007.

Flint, Thomas P. and Rea, Michael C. (eds.), *The Oxford Handbook of Philo-

sophical Theology, Oxford: Oxford University Press, 2009.

Fogelin, Robert J., *A Defense of Hume on Miracles*, Princeton and Oxford: Princeton University Press, 2003.

Frege, Gottlob, *Foundations of Arithmetic: A Logico-mathematical Enquiry into the Concept of Number*, translated by J. L. Austin, second revised edition, New York: Harper Torchbooks/ The Science Library, 1960.

Gale, Richard M., *On the Nature and Existence of God*, Cambridge: Cambridge University Press, 1991.

Goldman, Alvin I., *Knowledge in a Social World*, Oxford: Clarendon Press, 1999.

Habermas, Gray R., Antony G. N. Flew and Terry L. Miethe, *Did Jesus Rise From The Dead? The Resurrection Debate*, San Francisco: Harper & Row, 1987.

Hartshorne, Charles, *The Logic of Perfection*, Chicago and La Salle, Illinos: Open Court Publishing Company, 1962, Fourth printing, 1991.

Hester, Marcus (ed.), *Faith, Reason, And Skepticism*, Philadelphia: Temple University Press, 1992.

Hick, John, *Arguments for the Existence of God*, New York: Herder and Herder, 1971.

Hick, John, *The Existence of God*, New York and London: The Macmillan Company, 1964.

Hoitenga, Dewey J., *Faith and Reason From Plato to Plantinga: An Introduction to Reformed Epistemology*, New York: State University of New York Press, 1991.

Howard-Snyder, Daniel (ed.), *The Evidential Argument from Evil*, Bloomington: Indiana University Press, 1996.

Hume, David, *Dialogues concerning Natural Religion and Other Writings*, edited by Dorothy Coleman, Cambridge: Cambridge University Press, 2007.

Hume, David, *A Treatise of Human Nature*, Edited with an Analytical Index by, L. A. Selby-Bigge, M. A., Oxford: The Clarendon Press, 1888.

Jantzen, Benjamin C., *An Introduction to Design Arguments*, Cambridge: Cambridge University Press, 2014.

Kant, Immanuel, *Critique of Pure Reason*, Translated by Norman Kemp Smith, London: The Macmillan Press Ltd., 1933.

Keller, John A., ed., *Being, Freedom and Method: Themes from the Philosophy of Peter van Inwagen*, Oxford: Oxford University Press, 2017.

Larmer, Robert A. (ed.), *Questions of Miracle*, Montreal & Kingston · London · Buffalo: McGill-Queen's University Press, 1996.

Leibniz, G. W., *Philosophical Essays*, Edited, and Translated by Roger Ariew and Daniel Garber, Indianapolis & Cambridge: Hackett Publishing Company, 1989.

Leslie, John, *Universes*, London and New York: Routledge, 1989.

Livingston, Donald W. & King, James T. (eds.), *Hume: A Re-evaluation*, New York: Fordham University Press, 1976.

Kerr, Fergus, *Thomas Aquinas: A Very Short Introduction*, Oxford: Oxford University Press, 2009.

McBrayer, Justin P. and Howard-Snyder, Baniel (eds.) *The Blackwell Company to the Problem of Evil*, West Sussex: John Wiley & Sons Ltd., 2013.

Mackie, J. L., *The Miracle of Theism: Arguments For and Against the Existence of God*, Oxford: Clarendon Press, 1982.

Mann, William E. (ed.), *The Blackwell Guide to the Philosophy of Religion*, Oxford: Blackwell Publishing Ltd., 2005.

Manson, Neil A., *God and Design: The Teleological Argument and Modern Science*, London and New York: Routledge, 2003.

Mawson, T. J., *Belief in God: An Introduction to the Philosophy of Religion*, Oxford: Oxford University Press, 2005.

Mawson, T. J., *The Divine Attributes*, Cambridge: Cambridge University Press, 2019.

Oppy, Graham, (ed.), *Ontological Arguments*, Cambridge: Cambridge University Press, 2018.

Oppy, Graham, *Arguing About Gods*, Cambridge: Cambridge University Press, 2006.

Oppy, Graham, *Philosophical Perspectives on Infinity*, Cambridge: Cambridge University Press, 2006.

Oppy, Graham, *Ontological Arguments and Belief in God*, Cambridge: Cambridge University Press, 1995.

Paley, William, *Natural Theology or Evidence of the Existence and Attributes of the Deity, collected from the appearances of nature*, Edited with an Introduction and Notes by Matthew D. Eddy and David Knight, Oxford: Oxford University Press, 2006.

Plantinga, Alvin, *Warranted Christian Belief*, Oxford: Oxford University Press, 2000.

Plantinga, Alvin, *Warrant and Proper Function*, Oxford: Oxford University Press, 1993.

Plantinga, Alvin, and Wolterstorff, Nicholas (eds.), *Faith and Rationality: Reason and Belief in God*, Notre Dame: University of Notre Dame, 1983.

Plantinga, Alvin, *God, Freedom, and Evil*, New York: Harper and Row, 1974.

Plantinga, Alvin, *The Nature of Necessity*, Oxford: Oxford University Press, 1974.

Plantinga, Alvin (ed.), *The Ontological Argument: From St. Anselm to Contemporary Philosophers*, London and Melbourne: Macmillan and Co LTD, 1965.

Pojman Louis P. and Rea, Michael (eds.), *Philosophy of Religion: An Anthology*, sixth edition, Wadsworth: Cengage Learning, 2012.

Pruss, Alexander R., *The Principle of Sufficient Reason: A Reassessment*, Cambridge: Cambridge University Press, 2006.

Read, Rupert & Richman, Kenneth A. (eds.), *The new Hume debate*, London and New York: Routledge, 2000.

Rowe, William L., *Philosophy of Religion: An Introduction*, Wadsworth: Cengage Learning, 2007.

Ruse, Michael, *Darwin and Design: Does Evolution Have a Purpose?* Cambridge Massachusetts and London: Harvard University Press, 2003.

Schopenhauer, Arthur, *Two Essays by Arthur Schopenhauer*, A Literal Translation,

Toronto: George Bell And Sons, 1889.

Sober, Elliot, *The Design Argument*, Cambridge: Cambridge University Press, 2019.

Sobel, Jordan Howard, *Logic and Theism: Argument For and Against Beliefs in God*, Cambridge: Cambridge University Press, 2004.

Stewart, Melville Y., ed., *Philosophy of Religion: An Anthology of Contemporary Views*, Boston · London · Singapore: Jones and Bartlett Publishers, 1996.

Strawson, P. F., *The Bounds of Sense: An Essay on Kant's Critique of Pure Reason*, London and New York: Routledge, 2006.

Strawson, P. F., *Introduction to Logical Theory*, London: Methuen & Co Ltd., 1952.

Strickland, Lloyd, *Leibniz's Monadology: A New Translation and Guide*, Edinburgh: Edinburgh University Press, Ltd., 2014.

Swinburne, Richard, *Faith and Reason*, second edition, Oxford: Clarendon Press, 2005.

Swinburne, Richard, *The Existence of God*, second edition, Oxford: Clarendon Press, 2004.

Swinburne, Richard, *The Concept of Miracle*, London and Basingstoke: Macmillan and CO LTD., 1970.

Taliaferro, Charles, Draper, Paul and Quinn, Philip L. (eds.) *A Companion to Philosophy of Religion* (Second Edition), West Sussex: Blackwell Publishing Ltd., 2010.

Tomberlin, James E. and van Inwagen, Peter (eds.), *Alvin Plantinga*, Dordrecht: D. Reidel Publishing Company, 1985.

van Invagen, Peter, *The Problem of Evil*, Oxford: Clarendon Press, 2006.

van Invagen, Peter, *An Essay on Free Will*, Oxford: Clarendon Press, 1983.

Wainwright, William J., ed., *The Oxford Handbook of Philosophy of Religion*, Oxford: Oxford University Press, 2005.

Young, Matt and Edis, Taner, eds., *Why Intelligent Design Fails: A Scientific Critique of the New Creationism, New Brunswick, New Jersey and London: Rutgers University Press, 2004.

四 英文论文

Adams, Marilyn McCord, Horrendous Evil and the Goodness of God, in *Proceedings of the Aristotelian Society*, Supplementary Volumes, 1989, Vol. 63 (1989), pp. 297–323.

Almeida, Michael J. and Judisch, Neal D., A New Cosmological Argument Undone, in *International Journal for Philosophy of Religion*, Feb., 2002, Vol. 51, No. 1 (Feb., 2002), pp. 55–64.

Alston, William, P., The Inductive Argument from Evil and the Human Cognitive Condition, in *Philosophical Perspectives*, 1991, Vol. 5, Philosophy of Religion (1991), pp. 29–67.

Alston, William P., The Ontological Argument Revisited, in *The Philosophical Review*, Vol. 69, No. 4 (Oct., 1960), pp. 452–474.

Armstrong, Benjamin F., Jr., Hume on Miracles: Begging-the-Question against Believers, in *History of Philosophy Quarterly*, Jul., 1992, Vol. 9, No. 3 (Jul., 1992), pp. 319–328.

Behe, Michael J., Thinking outside Darwin's Box, in *American Libraries*, May, 2001, Vol. 32, No. 5 (May, 2001), p. 42.

Bergmann, Michael, Skeptical Theism and Rowe's New Evidential Argument from Evil, in *Noûs*, Jun., 2001, Vol. 35, No. 2 (Jun., 2001), pp. 278–296.

Bowler, Peter J., Darwinism and the Argument from Design: Suggestions for a Reevaluation, in *Journal of the History of Biology*, Spring, 1977, Vol. 10, No. 1 (Spring, 1977), pp. 29–43.

Bradley, M. C., The Fine-Tuning Argument: The Bayesian Version, in *Religious Studies*, Dec., 2002, Vol. 38, No. 4 (Dec., 2002), pp. 375–404.

Broad, C. D. Hume's Theory of the Credibility of Miracles, in *Proceedings of the Aristotelian Society*, New Series, Vol. 17 (1916–1917), pp. 77–94.

Burgess-Jackson, Keith, Does Anselm beg the question? in *International Journal for Philosophy of Religion*, August 2014, Vol. 76, No. 1 (August 2014), pp. 5 – 18.

Capetz, Paul E., Kant and Hartshorne on the Ontological Argument, in *The Pluralist*, Vol. 12, No. 3 (Fall 2017), pp. 80 – 113.

Chryssides, George D., Miracles and Agents, in *Religious Studies*, Sep., 1975, Vol. 11, No. 3 (Sep., 1975), pp. 319 – 327.

Craig, William Lane, Professor Mackie and the Kalām Cosmological Argument, in *Religious Studies*, Sep., 1984, Vol. 20, No. 3 (Sep., 1984), pp. 367 – 375.

Cuffaro, Michael E., Kant and Frege on Existence and the Ontological Argument, in *History of Philosophy Quarterly*, October 2012, Vol. 29, No. 4, pp. 337 – 354.

Davey, Kevin and Clifton, Rob, Insufficient Reason in the 'New Cosmological Argument', in *Religious Studies*, Dec., 2001, Vol. 37, No. 4 (Dec., 2001), pp. 485 – 490.

Davis, Stephen T., Does the Ontological Argument Beg the Question? in *International Journal for Philosophy of Religion*, 1976, Vol. 7, No. 4 (1976), pp. 433 – 442.

Dietl, Paul, On Miracles, in *American Philosophical Quarterly*, Apr., 1968, Vol. 5, No. 2 (Apr., 1968), pp. 130 – 134.

Erlandson, Douglas K., A New Look at Miracles, in *Religious Studies*, Dec., 1977, Vol. 13, No. 4 (Dec., 1977), pp. 417 – 428.

Fawkes, Don and Smythe, Tom, Simplicity and Theology, in *Religious Studies*, Jun., 1996, Vol. 32, No. 2 (Jun., 1996), pp. 259 – 270.

Elizabeth Fricker, Second-Hand Knowledge, in *Philosophy and Phenomenological Research*, Nov., 2006, Vol. 73, No. 3 (Nov., 2006), pp. 592 – 618.

Gale, Richard M. and Pruss, Alexander R., A Response to Oppy, and to Davey and Clifton, in *Religious Studies*, Mar., 2002, Vol. 38, No. 1 (Mar., 2002), pp. 89 – 99.

Gale, Richard M. and Pruss, Alexander R., A New Cosmological Argument, in *Religious Studies*, Dec., 1999, Vol. 35, No. 4 (Dec., 1999), pp. 461 – 476.

Grim, Patrick, In Behalf of 'In Behalf of the Fool', in *International Journal for*

Philosophy of Religion, Vol. 13, No. 1 (1982), pp. 33 – 42.

Grünbaum, Adolf, Is Simplicity Evidence of Truth? in *American Philosophical Quarterly*, Apr., 2008, Vol. 45, No. 2 (Apr., 2008), pp. 179 – 189.

Hartshorne, Charles, What Did Anselm Discover? in *Union Seminary Quarterly Review*, vol. 17, no. 3, 1962, pp. 213 – 22.

Henle, Paul, Uses of the Ontological Argument, in *The Philosophical Review*, Jan., 1961, Vol. 70, No. 1 (Jan., 1961), pp. 102 – 109.

Holder, Rodney D., Fine-Tuning, Multiple Universes and Theism, in *Nous*, Jun., 2002, Vol. 36, No. 2. (Jun., 2002), pp. 295 – 312.

Jordan, Jeff, Blocking Rowe's New Evidential Argument from Evil, in *Religious Studies*, Dec., 2001, Vol. 37, No. 4 (Dec., 2001), pp. 435 – 449.

Kane, R. The Modal Ontological Argument, in *Mind, New Series*, Vol. 93, No. 371 (Jul., 1984), pp. 336 – 350.

Kiteley, Murray, Is Existence a Predicate? in *Mind*, Jul., 1964, New Series, Vol. 73, No. 291 (Jul., 1964), pp. 364 – 373.

Kneale, W. and Moore, G. E., Symposium: Is Existence a Predicate? in *Proceedings of the Aristotelian Society*, Supplementary Volumes, 1936, Vol. 15, What can Philosophy Determine? (1936), pp. 154 – 188.

Koons, Robert C., A New Look at the Cosmological Argument, in *American Philosophical Quarterly*, Apr., 1997, Vol. 34, No. 2 (Apr., 1997), pp. 193 – 211.

Mackie, J. L., Evil and Omnipotence, in *Mind*, Apr., 1955, Vol. 64, No. 254 (Apr., 1955), pp. 200 – 212.

Malcolm, Norman, Anselm's Ontological Arguments, in *The Philosophical Review*, Vol. 69, No. 1. (Jan., 1960).

Mavrodes, George I., David Hume and the Probability of Miracles, in *International Journal for Philosophy of Religion*, Vol. 43, No. 3 (Jun., 1998), pp. 167 – 182.

Mawson, T. J., Miracles and Laws of Nature, in *Religious Studies*, Mar., 2001, Vol. 37, No. 1 (Mar., 2001), pp. 33 – 58.

McCluskey, Colleen, A Review to *The Problem of Evil* by Peter van Inwagen, in *The*

Review of Metaphysics, Vol. 60, No. 4 (Jun., 2007), pp. 889 – 890.

McGarth, P. J., The Refutation of the Ontological Argument, in *The Philosophical Quarterly* (1950 –), Apr., 1990, Vol. 40, No. 159 (Apr., 1990), pp. 195 – 212.

McKinnon, Alastair, "Miracle" and "Paradox", in *American Philosophical Quarterly*, Oct., 1967, Vol. 4, No. 4 (Oct., 1967), pp. 308 – 314.

Millican, Peter, "Twenty Questions about Hume's 'Of Miracles'", in *Royal Institute of Philosophy Supplement* 68, pp. 151 – 192.

Monton, Bradley, God, Fine-Tuning, and the Problem of Old Evidence, in *The British Journal for the Philosophy of Science*, Jun., 2006, Vol. 57, No. 2 (Jun., 2006), pp. 405 – 424.

Nagasawa, Yujin, The Ontological Argument and the Devil, in *The Philosophical Quarterly* (1950 –), Jan., 2010, Vol. 60, No. 238 (Jan., 2010), pp. 72 – 91.

Olding, A., The Argument from Design, A Reply to R. G. Swinburne, in *Religious Studies*, Vol. 7, No. 4 (Dec., 1971), pp. 361 – 373.

Oppy, Graham, On 'A New Cosmological Argument', in *Religious Studies*, Sep., 2000, Vol. 36, No. 3 (Sep., 2000), pp. 345 – 353.

Oppy, Graham, Craig, Mackie, and the Kalam Cosmological Argument, in *Religious Studies*, Jun., 1991, Vol. 27, No. 2 (Jun., 1991), pp. 189 – 197.

Orr, H. Allen, Dennett's Dangerous Idea, Review to Daniel C. Dennett's *Darwin's Dangerous Idea*, in *Evolution*, Feb., 1996, Vol. 50, No. 1 (Feb.), 1996, pp. 467 – 472.

Overall, Christine, Miracles As Evidence Against The Existence of God, in *The Southern Journal of Philosophy* (1985) Vol. XXIII, No. 3, pp. 347 – 353.

Peetz, Vera, Is Existence a Predicate? in *Philosophy*, Jul., 1982, Vol. 57, No. 221 (Jul., 1982), pp. 395 – 401.

Plantinga, Alvin, Degenerate Evidence and Rowe's New Evidential Argument from Evil, in *Noûs*, Dec., 1998, Vol. 32, No. 4 (Dec., 1998), pp. 531 – 544.

Plantinga, Alvin, The Prospects for Natural Theology, in *Philosophical Perspectives*, Vol. 5, Philosophy of Religion (1991), pp. 287 – 315.

Pruss, Alexander R., A Restricted Principle of Sufficient Reason and the Cosmological Argument, in *Religious Studies*, Jun., 2004, Vol. 40, No. 2 (Jun., 2004), pp. 165 – 179.

Pruss, Alexander R. and Gale, Richard M., A Response to Almeida and Judisch, in *International Journal for Philosophy of Religion*, Apr., 2003, Vol. 53, No. 2 (Apr., 2003), pp. 65 – 72.

Pruss, Alexander R., The Hume-Edwards Principle and the Cosmological Argument, in *International Journal for Philosophy of Religion*, Jun., 1998, Vol. 43, No. 3 (Jun., 1998), pp. 149 – 165.

Rancourt, Benjamin T., Egoism or the problem of evil: a dilemma for sceptical theism, in *Religious Studies*, September 2013, Vol. 49, No. 3 (September 2013), pp. 313 – 325.

Roberts, John T., Fine-tuning and The Infrared Bull's-eye, in *Philosophical Studies: An International Journal for Philosophy in the Analytic Tradition*, September 2012, Vol. 160, No. 2 (September 2012), pp. 287 – 303.

Root, Michael, Hume on the Virtues of Testimony, in *American Philosophical Quarterly*, Jan., 2001, Vol. 38, No. 1 (Jan., 2001), pp. 19 – 35.

Ross, Glenn, Undefeated Naturalism, in *Philosophical Studies: An International Journal for Philosophy in the Analytic Tradition*, Vol. 87, No. 2 (Aug., 1997), pp. 159 – 184.

Rowe, William L., Skeptical Theism: A Response to Bergmann, in *Noûs*, Jun., 2001, Vol. 35, No. 2 (Jun., 2001), pp. 297 – 303.

Rowe, William L., The Problem of Evil and Some Varieties of Atheism, in *American Philosophical Quarterly*, Oct., 1979, Vol. 16, No. 4 (Oct., 1979), pp. 335 – 341.

Rowe, William L., The Ontological Argument and Question-Begging, in *International Journal for Philosophy of Religion*, Vol. 7, No. 4 (1976), pp. 425 – 432.

Rowe, William L., Two Criticisms of the Cosmological Argument, in *The Monist*, July, 1970, Vol. 54, No. 3, (July, 1970), pp. 441 – 459.

Schlesinger, George N., Miracles and Probabilities, in *Noûs*, Jun., 1987, Vol. 21,

No. 2 (Jun., 1987), pp. 219 –232.

Swinburne, Richard, Rewiew to *The Problem of Evil* by Peter van Inwagen, in *Mind*, New Series, Vol. 116, No. 463 (Jul. 2007), pp. 789 –792.

Swinburne, R. G., The Argument from Design, in *Philosophy*, Jul., 1968, Vol. 43, No. 165 (Jul., 1968), pp. 199 –212.

Swinburne, R. G., Miracles, in *The Philosophical Quarterly* (1950 –), Oct., 1968, Vol. 18, No. 73 (Oct., 1968), pp. 320 –328.

Thornton, J. C., Miracles and God's Existence, in *Philosophy*, Apr., 1984, Vol. 59, No. 228 (Apr., 1984), pp. 219 –229.

Tooley, Michael, The Argument From Evil, in *Philosophical Perspectives*, 1991, Vol. 5, Philosophy of Religion (1991), pp. 89 –134.

Tooley, Michael, Plantinga's Defence of the Ontological Argument, in *Mind*, New Series, Vol. 90, No. 359 (Jul., 1981), pp. 422 –427.

van Inwagen, Peter, The Problem of Evil, The Problem of Air, and the Problem of Silence, in *Philosophical Perspectives*, 1991, Vol. 5, Philosophy of Religion (1991), pp. 135 –165.

Walker, Ian Miracles and Violations, in *International Journal for Philosophy of Religion*, 1982, Vol. 13, No. 2 (1982), pp. 103 –108.

Westphal, Jonathan, Leibniz's Argument for the Principle of Sufficient Reason from Necessary and Sufficient Conditions, in *Studia Leibnitiana*, 2018, Bd. 50, H. 2 (2018), pp. 229 –241.

Wilks, Ian, The Structure of the Contemporary Debate on the Problem of Evil, in *Religious Studies*, Sep., 2004, Vol. 40, No. 3 (Sep., 2004), pp. 307 –321.

Wykstra, Stephen J., The Humean Obstacle to Evidential Arguments from Suffering: On Avoiding the Evils of "Appearance", in *International Journal for Philosophy of Religion*, 1984, Vol. 16, No. 2 (1984), pp. 73 –93.

Wynn, Mark, Some Reflections on Richard Swinburne's Argument from Design, in *Religious Studies*, Sep., 1993, Vol. 29, No. 3 (Sep., 1993), pp. 325 –335.